JN174425

Q思考

Warren Berger
A More Beautiful Question

シンプルな問いで本質をつかむ思考法

ウォーレン・バーガー
鈴木立哉 訳

ダイヤモンド社

A MORE BEAUTIFUL QUESTION
by
Warren Berger

Copyright © 2014 by Warren Berger
Japanese translation published by arrangement with
Bloomsbury Publishing Inc.
through The English Agency (Japan) Ltd.
All rights reserved.

Introduction

「美しい質問」だけが美しい思考を生む

私はプロのジャーナリストとして、これまでいつもだれかに、何かを問い続けてきた。けれども数年前までは、質問の技術、あるいはコツについて真剣に考えたことなどなかった。人がイノベーションを起こし、問題を解決し、仕事や生活を進めるうえで「疑問を抱くこと」、あるいは「質問をすること」がいかに重要な役割を果たしているか、なんてことにはまったく気がついていなかった。

それが変わったのは、デザイナーや発明家、エンジニアがどのようにアイデアを思いついたり問題を解決したりするかについて記事を書き、一冊の本にまとめたときのことだ。取材の過程で、世界トップクラスのイノベーターや創造性に富む人たちの話を聞いたのだが、彼らが課題に取り組む方法には、成功のための魔法の公式も、「これしかない」というたった一つの説明もなかった。

ところが、世の中のルールを変えるほどの偉業を成し遂げた人たちの共通点を探っているうちに、彼らの多くが、疑問を抱き、質問をすることが抜群にうまいということに気がついたのだ。

アイデアはつねに「疑問」から生まれる

「画期的なイノベーションを実現する」「世間の注目を浴びるような新興企業を立ち上げる」「難攻不落の難問に対する革新的な解決方法を発見する」といった偉業は、一つの疑問（または一連の疑問）とその答えが出発点となっているのではないか、と思えてきた。この思いつきにはかなり惹かれたものの、その本の主要テーマではなかったので、とりあえず忘れることにした。

しかしそれ以来、自分が目にする何もかもが疑問や質問を出発点としているように思えてきた。

ビジネスの世界では、たとえば私はハーバード・ビジネス・レビュー誌やファスト・カンパニー誌向けに経営者のインタビューをしていたのだが、彼らの「疑問」への関心がいかに高いかがわかってきた。疑問とイノベーションのあいだには一定のつながりがあることに多くのビジネスパーソンが気づいているようだった。私がインタビューした人たちは、偉大な製品、偉大な企業、そして偉大な産業でさえ、多くの場合、一つの疑問が出発点となっていると考えているようだった。

グーグルが、会長が言うように「疑問のうえを走り続けている」企業であることはよく知られている。スティーブ・ジョブズやアマゾンのジェフ・ベゾスも、あらゆることに疑問をぶつけて成功の階段を上っていった。

ところが、いざこのテーマを追い始めてみると、本当の意味で「問うこと」を促している企業など実際にはほとんどないことがわかってきた。疑問や質問を専門に取り扱う部門も教育プログラムもなければ、問うことに関する方針も、指針も、ベスト・プラクティスも存在しない。それどころか多くの企業は、(意識しているかどうかは別として)「なぜ我々はこれをこのやり方でやるのか?」といった疑問を抱くことを社員にできるだけ控えさせるような文化をつくりあげている。

「世界の変化」のスピードに対応する

教育の世界でも同じことが言えそうだった。学校現場で話を聞くと、先生方には、この問題に対する純粋な興味をひしひしと感じた。生徒が良い質問を自分で考え、それをぶつけられるようになることがいかに重要か、多くの先生がわかっていた。このスキルを身につけておけば、子どもたちが将来、いまよりも複雑な状況に出合ったときや、世界の変化のスピードが速くなったときにいっそう役に立つと考えている先生もいた。

ところが、質問の技術を教えている学校はなぜかほとんどなかった。どこの学校でも、覚えたことを正確に答えてほめられることはあっても、質問をしてほめられることはまずない。

貧困や飢餓《きが》、水の供給といった世界的に深刻な問題に取り組む社会起業家と話してみても、こうした問題について正しく問うことの重要性をわかっているイノベーターはわずかしかいなかった。旧式で決まり切った方法やアプローチが幅を利かせているのだ。非営利組織では、一般企業の大半と同じく、これまでにやってきたことをそのまま続ける傾向がある。だから善意の人たちが誤った問いに答えて問題解決を図ろうとすることが多いのだ。

しかし考えてみると、私たちはだれでも日常生活の中でこれと同じような考え方や行動をしているのかもしれない。とにもかくにも昔からのやり方や考え方を強引に推し進めがちで、一歩下がって自分が本当に正しい道を歩んでいるのかを自問することなどまずない。

人生の意義や達成感、あるいは幸福感とは何か、といった重大な疑問については、世の中には専門家や権威から与えられた助言やヒント、戦略などがあふれている。しかし、そうした一般的な解決法では納得のいく答えが得られないとしても不思議ではない。自分なりの答えを得るには、自分自身で疑問を抱き、それを解決しようと努力しなければならないのだ。しかし、そうするための時間や忍耐力を持った人などいるだろうか?

企業のエグゼクティブや学校の先生たちと同様、私たちもある程度は疑問や質問が重要で、問うこと（とくに考えるきっかけとなるような、意味のある問い）にもっと注意を払うべきだということを認識しなければならない。偉大な思想家たちは、ソクラテスの時代からこのことを言い続けてきたし、詩人は昔からこの主題についての詩を詠《よ》んできた。

E・E・カミングスは、「美しい答えを得られるのは、いつも美しい質問のできる人」と書いた。ピカソやチャック・クロース〔写真を用いて対象を克明に描写するスーパーリアリズムの旗手〕など、多くの現代のアーティストたちも、疑問や質問の持つ神秘的な力について語っている。

科学者たちも疑問や質問の重要性を声高に訴えてきた。なかでも雄弁なのはアインシュタインだろう。アインシュタインは、コンパスがなぜ北を向いているかを不思議に思った4歳のときから鋭い問いを発し続け、その人生を通じて、好奇心こそが「神聖なもの」と考えていた。そして、じつにさまざまなことに疑問を抱いたが、どの疑問の解決に取り組むかの選択には慎重に構えていた。

アインシュタインの名言とされているものの一つに（これを本人が本当に言ったかどうかは別として）、こんなものがある。

「もし私がある問題を解決するのに1時間を与えられ、しかもそれが解けるか解けないかで人生が変わるような大問題だとすると、そのうちの55分は自分が正しい問いに答えようとしているのかどうかを確認することに費やすだろう」

質問をし続ける方法を見つけ出せ

疑問や質問が重要だということについては、これだけ有利な証拠が揃い、アインシュタインからスティーブ・ジョブズまで、だれもがそれを支持している。それでも、ビジネスの現場では疑問を抱いたり質問をしたりすることが重んじられることはなく、学校では教えられず、日常生活でも利用されていない。いったいなぜだろう？

一つの理由として考えられるのは、問うという行為はあまりに基本的で直感的なものであるため、それについて考える必要がないから、ということがある。

「私たちは生まれたときから問い続けている」。こう語るのは米国学校改革の潮流の一つ、「スモール・スクール」運動の先駆者、デボラ・マイヤーだ。

たしかに、就学前の子どもは気楽に、平気でさまざまな質問をする。最近の研究で、イギリスの4歳の女児は、一日で平均390回の質問を母親にすることがわかった（ちなみに、4歳の男児はこれよりもはるかに少ないとのこと）。

つまり、この年齢の女の子にとって質問は呼吸のようなものと言えるのではないだろうか。質問は、生まれながらの、生活における基本中の基本の、だれもが当然のこととして受け入れている行為であり、そして子どもでもできる行為なのだ。

けれどもおそらく、その4歳の女の子がその後の人生の中で、光り輝くその瞬間ほど直感的に、独創的に、そして自由に質問をするときは二度とやってこないだろう。よほど非凡な子でないかぎり、質問のピークは4歳のときに訪れる。

この興味深い事実は、それ自体がさまざまな疑問を誘発してくれる。

Q：4歳の少女が5歳や6歳になると、どうしてそれほどものを尋ねなくなるのだろう？
Q：それが彼女や彼女をとりまく世界にどのような影響を及ぼすのか？
Q：もし、アインシュタインの言っているように問うことが重要であるのなら、質問をし続ける方法を見つけ出して、4歳以降の質問の低下傾向に歯止めをかけるべきではないか？

その一方で、「4歳」が例外的に質問の多い年齢なのだ、という考え方もあり得る。人は4歳のときだけ、ベゾスやジョブズのような稀《まれ》な人たちの仲間入りをできるけれど、4歳を過ぎると皆平凡に戻ってしまう、というわけだ。だとすると、別の疑問も湧いてくる。

Q：問い続ける子どもと、やめてしまう子どもがいるのはなぜか？（遺伝によるのか、それとも学校教育、あるいは家庭教育の影響なのか？）
Q：質問をする人とそうでない人を比べると、どちらが得をしているだろうか？

ビジネスの世界と質問は、一種の愛憎相半ばする関係にある。ビジネス・イノベーションの〝教祖〟クレイトン・クリステンセンは（彼自身も質問の達人だが）、「質問を発することは、多くのビジネスリーダーから非効率と見られている」と指摘している。ビジネスリーダーは行動したい気持ちが強く、自分たちが取り組んでいることに疑問を抱く余裕などないと感じている、というのだ。

そして、リーダーの地位にいない場合、質問をすると自分のキャリアを傷つけることになるのではないか、と心配する人が多く、そしてその心配はえてして杞憂《きゆう》ではない。会議室で手を上げて「なぜですか？」と声を上げることは、周りの人から勉強不足だと思われたり、場合によっては反抗的、あるいはその両方と取られかねないからだ。

出世のスピードは質問の多さに比例する

ところが、数千人の経営トップを対象にした、とても興味深い最近の調査結果がある。最も創造的で、成功しているビジネスリーダーの多くは、専門家と言えるほどの卓越した質問家《クエスチョナー》だというのだ。彼らは、当たり前のように業界の既成概念、自社の習慣、さらには自分自身が定めた前提条件の有効性にさえ疑問を抱く。

にもかかわらず、成功スピードが鈍るわけではなく、むしろ「（その疑問または質問が）会社に活力を与える」。これを指摘しているのは、クリステンセンとジェフリー・ダイアー教授とともに、革新的な経営者のあいだでは、質問をすることが重要な成功要因だとする研究論文を書いたインシアード（欧州経営大学院）のハル・グレガーセン教授だ。

実際、正しい質問をする能力を備えたビジネスリーダーは、急速に変貌する市場に順応できるとグレガーセンは指摘している。探究心があると、競争相手が気づく前に新しい機会や可能性を見つけ出せる。つまり、会社内で出世するには、以前なら「何でもわかっている」ように見せる必要があったが、今日では、少なくともビジネスの最先端の現場では、よく質問する者にこそ役員の座が待っているというわけだ。

以上をすべて考慮すると、次のような質問をせざるを得なくなる。

Q：イノベーションのためには疑問を抱く／質問をすることが出発点だと知っている（あるいは少なくともそうではないかと強く思っている）のなら、企業はなぜ質問を積極的に受け入れないのだろう？

Q：なぜ企業は社員が質問できるように教育し、質問をし続けることを促すようなシステムや環境をつくらないのだろう？

この問いに対して考えられる一つの答えは、質問は権威に刃向かい、確立された仕組み、プロセス、システムを混乱させるものであり、質問をする、あるいは疑問を抱くと、現場の人たちが前例とは違ったやり方を検討しなければならなくなるから、ということではないだろうか。

そしてこれは非営利組織がなぜ多くの疑問を抱かないのか、そして学校がなぜ質問を教えたり促したりしないのか、といった疑問への回答にもなりそうだ。

質問を促したり許したりすることは、質問者に権限を譲ることにほかならない。これはタテ社会の企業や政府機関、あるいは学校の教室でさえ気軽に採り入れられるシステムではないのだ。たとえば学校で質問を促そうと思えば、先生方は生徒たちに対する統制権を積極的に放棄しなければならない。

質問は脳に負荷がかかる

疑問や質問のきっかけをつかむことは簡単ではない。だからこそ、人は日常生活の中でそうそう疑問を抱くことはなく、必要なだけの質問もしない。

疑問を投げかける必要を感じずに日々を送れれば、そのほうが明らかに楽（質問に否定的な経営者に言わせれば「効率的」）だ。そのように振る舞うことは自然で、理に適《かな》ってもいる。

神経学者のジョン・クーニオスによると、人間の脳は「心理的な負荷」を減らす方法を知っており、その一つが、どんなときでも自分の周りで起きていることの多くについて、疑問を抱かずに受け入れる（あるいはたんに無視する）ことだ。事なかれ主義で生きていると、精神的なエネルギーを節約でき、同時に複数のことに取り組むことができ、日々の単調な仕事を乗り越えられる。

ところが、日常生活を改善し、変化を引き起こそうとすると、慣れ親しんできた思考パターンや安易な前提条件から抜け出すことが必要になる。踏みならされた道から外へ出なければならない。そして多くの場合、私たちは「疑問／質問」によってその一歩を踏み出す。

今日のように変化の激しい時代には、事なかれ主義よりも、周りに問いを発しようと身構える時間を増やさなければならないのかもしれない。つまり、変化する環境に順応し、新しい仕事にチャレンジし、生活や仕事、引退についての古い考えを見直し、優先順位を再検討し、創造的であるために、あるいは自分の生活や他人の生活に起きるさまざまな問題を解決するために、新たな道を求めることに時間を費やすのだ。

「私たちは〝変化し続ける時代〟に突入したのだ」と未来学者のジョン・シーリー・ブラウンは指摘している。

大きくて、意味深く、美しい質問をできることと、そのような質問を投げ掛けられたらどう対処すべきかを知っておくことは同じくらい重要だ。そのような能力を身につけることは、古い習慣や行動を乗り越えて新たな発想を受け入れるための最初のステップになり得る。

3つのアプローチ「なぜ？」「もし～だったら？」「どうすれば？」

どうすれば質問する能力を開発し、伸ばせるのか？　4歳のときに持っていた「教えて！」という熱い情熱を再び燃え上がらせることは可能なのだろうか？

私は、100人を超える科学者や芸術家、エンジニア、映画製作者、教育者、デザイナー、社会起業家、そしてビジネスで革新的な偉業を遂げた人々を訪問し会話を重ね、質問をしたり問題を解決したりする方法についての意見を聞いた。また、疑問を抱き、質問をすることがキャリアやビジネスにどのような影響を与えたかを聞いた。ある疑問がきっかけとなって人生が変わったという人がいたり、多くの人が問うことの意味合いや技術、ヒントについて語ってくれた。

こうしたインタビューに加えて、創造性やデザイン思考、問題解決に関するこれまでの理論から発想を借りたり影響を受けながら、私は世の中や人生を左右するような「美しい質問」をするための、「なぜ?」「もし〜だったら?」「どうすれば?」という3つのアプローチに気がついた。

もっともこれは、正確な意味での「公式」ではない。疑問を抱くことに公式など存在しないからだ。むしろ、問うという行為のさまざまな段階を通じて私たちを導いてくれる一つの枠組みと言ったほうがいいかもしれない。

意欲的で、周りに影響を与えるような問いは、論理的に展開していくことが多い。目の前の状況から一歩下がり、違った視点から眺め、それから特定の問いに基づいて行動を起こす、といった流れをたどることになる。

問い続け、ついには(できれば)変化を起こせるはずの旅は、途中で落とし穴に落ちたり迂《う》回路《かいろ》に迷い込んだり答えが見えなくなったりして、なかなか目的地にたどりつけないかもしれない。それゆえ、疑問/質問の技術を、ステップ・バイ・ステップで体系的に身につけていくことは役に立つはずだ。最も優れたイノベーターは、答えをすぐに得られなくても道に迷うことなく、次の疑問探しに夢中でいられる。

グーグルには絶対に予測できない質問

本書は、質問を次から次へと検討していく構成になっている。質問の数は全部で44。これをセグメントとして各章は成り立っているが、各セグメントにはさらに多くの質問が組み込まれている。本書のあちこちに33本の「補足記事」をちりばめ、強力な（時に斬新な）質問で始まる画期的なアイデアやイノベーション、新しい思考方法に関するエピソードを紹介している。

さて、そもそも「美しい質問」とは何か？

本書の土台となった「ア・モア・ビューティフル・クエスチョン」というブログでこれについて検討したとき、私はかなり主観的な定義をした。

「ア・ビューティフル・クエスチョン」（美しい質問）とは、私たちが物事を受け止める、あるいは考える方法を変えるきっかけとなる野心的だが実践的な質問のことである――さらにそれは、変化を引き起こす触媒となり得る。

つまり、「なぜ我々はここに存在しているのか？」「善とは何か？」「死後の世界はあるのか？」といった問いは、いつまでも終わらない熱い議論を呼び起こすものだが、本書はこの手の哲学的、あるいは精神的な問いを対象としてはいない。私にはこれらについて論じるだけの知識も見識もないし、そもそもそうした問いは「実践的」ではないからだ。

本書で取り上げたいのは、行動に結びつく疑問、目に見える形で確認できる結果や変化に結びつくような質問だ。著名な理論物理学者であるエドワード・ウィッテンはかつて、「私はいつも、回答しがいがあるほどに難しく（そして面白く）、実際に答えられる程度にはやさしい質問を探している」

と語った。そのような質問は、グーグルの検索ボックスに入力して探すような類の「知りたいこと」とは違い、それほど頻繁に発することのできるものではない。

現代は「質問の黄金時代」と呼ぶべき時代かもしれない。オンラインのソースからすぐに答えが手に入るのだから、人々の質問の数が以前よりも多くなるのは当然のことだ。しかしこの「黄金」は純粋に量に基づくもので、必ずしもその問いの質や思慮深さに基づくものではない。

実際、グーグルでは「どの有名人がゲイなのか」という質問が最も人気のある検索フレーズに入っている。また、グーグル検索はあまりに創造性がなく、意外性もないので、検索語が3ワードも入力される前にグーグルの側が検索フレーズを推測できてしまうことさえ珍しくない。

本書はグーグルが容易には予想できなかったり、適切に答えられないような質問、グーグルとは違う種類の検索を必要とする質問のほうに焦点をあてていく。

Q：自分のビジネスを際立たせるにはどのような新鮮なアイデアがあるだろう？
Q：自分の仕事や芸術にこれまでとまったく違う方法で取り組んだらどうなるだろう？
Q：自分のコミュニティや家族に影響を及ぼす長期的な問題にどのように対処すればよいだろう？

これらは、個別的で、難解で、ゲームのルールを変えてしまうかもしれない問いだ。質問の価値を探りながら、私は、いま何が問題で、好機はどこに眠っていて、どうすればそんな好機をつかめるのかと考えてきた。その過程で私は、以前よりもいまのほうが、そして将来はさらに「質問」が重要になっていくと確信するようになった。

私たちは皆、よりよい答えを心の底から求めている。しかし、そんな答えを得るために、まずは「正しい質問をする方法」を学ぶことから始めなくてはならない。

Q思考　目次

Introduction 「美しい質問」だけが美しい思考を生む 1

第1章 「Q」で思考にブレイクスルーを起こす
——次々と問いを重ねる思考法

第2章 子どものように「なぜ」と問い続ける

——質問し続けるアタマをつくる

第3章 「美しい質問」を自分のものにする
——Q思考の「3ステップ」をマスターする

第4章 ビジネスに「より美しい質問」を与えよ
——あなたの仕事を劇的に変える「Q」

第5章 「無知」を耕せ
――問いであらゆる可能性を掘り起こす

本文中の〔　〕は訳注を表す。

第1章 「Q」で思考にブレイクスルーを起こす
──次々と問いを重ねる思考法

Q：人を月に送れるなら、まともな足ぐらいつくれるのでは？
Q：質問には「何」ができるのか？
Q：自分がいる業界はどんな業界か？　そこにはまだ私の仕事はあるか？
Q：質問は答えより価値が高くなっているのか？
Q：「知る行為」は時代遅れか？
Q：何もかもが「なぜ？」から始まるのはなぜか？
Q：どうすれば、問いを「行動」に移せるか？

人を月に送れるなら、まともな足ぐらいつくれるのでは？

1976年、グーグルがありとあらゆる問いに対応するようになるずっと以前、ヴァン・フィリップスという青年が右の問いを発した。まずは自分の頭の中で、そして次に声に出して。フィリップスは、これに「良い答え」を見つけられるかどうかで自分の将来が決まること、そして、どうやら自分のためにその答えを見つけ出してくれそうな人はいそうにないことを感じていた。

運動神経は抜群で、ハンサムで、聡明な21歳の若者は、希望に満ちた学生生活を送っていた。ところがその年の夏に運命が一変する。アリゾナの湖で水上スキーを楽しんでいたとき、スキーを引っ張るボートに火がついたのだ。ボートの運転手はパニックに陥り、別のボートが見えにくい角度からカーブを描いてフィリップスに向かってくるのを見逃してしまった。フィリップスが麻酔から目を覚ましたのは翌日のことだ。毛布をめくると、「自分の左足があるべきところになかったんです」。フィリップスの足は、ちょうど膝下のところで、ボートのプロペラに切断されていた。

病院では、「アルミの軸に巻きつけたピンク色の足」を装着させられた。この「足」は、スポンジでくるんだ棒切れとそう変わるものではなかったが、当時の義足とはその程度のものだった。フィリップスは次のような助言を受けて退院した。1日2回はそれをつけて散歩をし、「新しい無二の親友」に慣れること、そして「足の残った部分を鍛えなさい」と。

「質問家」が示す明確な兆候

義足を使って歩いてみると、「まめ粒大の小石」につまずいた。この義足が役に立たないことは明らかだった。ガールフレンドの家を訪ね、彼女の父親から「ヴァン、君はこの現実を受け入れなくちゃならない」と囁かれたときには、「くやしいけど、黙っているしかありませんでした。彼の言う通りです。足を切ったという事実を受け入れる必要がある、それはわかっていました。でも、これをつけなければならないということは受け入れたくなかった」

この瞬間、フィリップスは、革新的な質問家《クエスチョナー》が示す明確な兆候の一つを示した。「いまある現実に対する拒否反応」だ。

じつは、彼は子どものときからすでに別の兆候も示していた。まだ小さかったころ、家中のドアノブを取ってしまったことがあるというのだ（「もしこれを取ったらどうなるだろう？」というようないたずら心は、〝質問家〟の子ども時代のエピソードに共通して見られるものだ）。こうして大人になり、「なぜ僕がこのおそまつな足で我慢しなければならないのだろう？」という、じつに重要な「なぜ？」の瞬間を迎えたのだった。

フィリップスにとってみれば、これはべつに突拍子もない疑問というわけではなかった。というのも、当時テクノロジーの世界では驚くべきことが実現しており、その最たるものがアメリカの宇宙計画であることを、フィリップスはもちろん、世の中のだれもが知っていたからだ。人類に、人を月に送れるだけの膨大な手段とノウハウが蓄積されているのなら、その一部を使えば、自分の現実的な問題を解決できるはず、そう考えたのも無理はない。

ただ、そのときに気づかなかったのは、政府や大企業はどんな問題にも全力を傾けるわけではない、ということだった。これはその後フィリップスが人工装具の分野について深く知るにつれ明らかになっていった現実である。

フィリップスは、「人工装具産業は、何十年にもわたってそこだけ時間が止まっているも同然でした」と振り返る。顧客となる切断手術を受けた人たちが魅力的な市場になり得るという発想が、だれの頭にもなかった。

「けれども、このことはある意味で私にとって有利に働きました」

この分野の進歩があまりにも長いあいだ停滞していたので、時代遅れのやり方や従来の方法に疑問をぶつけて新鮮な発想を吹き込む余地がたくさん残っていたのだ。

疑問を抱かなくなった瞬間に成長は止まる

それでもフィリップスは、素朴な質問家がしばしば出合う壁にすぐにぶつかった。自分の「なぜ?」「たとえば?」という質問は、「これは○○である」という考え方の支配する世界ではあまり歓迎されないことに気がついたのだ。

病院や医師のオフィス、企業の会議室といった〝エキスパート〟の活躍する場ではもちろんのこと、学校の教室でさえ、基本的で、根本的な質問がされると生徒は苛立ち、場がしらけたりするものだ。「なぜ優れた義足がないのか」「状況は変えられないのか」という質問は、医師や義肢のエンジニア、その他、何が可能かを理解しているつもりの人たちにとって、彼らの専門知識に対する挑戦と受け取られかねなかった。

実際にはフィリップスは、この分野の完全な部外者という、質問をするのに最も適した立場にいた。問いを発するという行為には興味深い、そして魅力的な面がたくさんあるが、その一つは、往々にして専門家のほうがつまらない質問をしがちだ、ということが挙げられる。要するに、「専門的な知識」と「質問のレベル」は逆の関係になることが多いのだ。

近代建築の三大巨匠の一人と言われるフランク・ロイド・ライトはかつて次のように言った。「専門家とは、自分が〝知っている〟がゆえに考えることをやめてしまう人のことだ」

何かを「知って」いれば、尋ねる必要がない。尋ねなければ、自身の専門家としての知識に頼ることになるが、その知識は間違いなく範囲が限られたものだ。また、すでに時代遅れの知識かもしれないし、まるっきり間違っている可能性だってある。

フィリップスは、自分のほうがよく知っているということを専門家に納得させようとはしなかった（実際、フィリップスのほうがよく「知っていた」わけではない。たんに疑っていただけだ）。そのうち、課題に挑戦する質問家にとってじつに重要な次の段階に踏み込んでいった。

「なぜ彼らはもっとよい足をつくれないのだろう？」

そして、この疑問を自分で引き受けることにした。つまり、この質問の主語を「彼ら」から「自分」に置き換えたのだ。

自分で行動しなければ、疑問は「ぼやき」になる

この重要なコンセプトを説明するために、規模は小さいながら独立した発明家で、質問魔でもあるマーク・ノーナンの経験を紹介したい。ノーナンは雪かきのせいで何度も腰痛に悩まされ、「なぜもっと優れたシャベルがないのだろう?」と思っていたのだが、持ち手の長い、レバーと車輪のついたシャベルを自分で発明し、ついにその問題を解決した。これを使えば、もう背中や腰の痛みに悩まされることがない。ノーナンは「自分で解決しようと行動しなければ、それは問いを発しているのではなく、ぼやいているだけだ」と言っている。文句を言っているだけでは何も変わらない。

アメリカ国防高等研究計画局（DARPA）の局長を務めていたレジーナ・デューガンは、私たちがふだん遭遇する問題全般について次のように語っている。「この問題は、だれか自分より賢く、能力が高く、知識や情報を持っている人が解決してくれるはずだ――私たちはそう考えてしまいがちです。しかしそんな人はどこにもいません」

ヴァン・フィリップスは、自分の発した問いには自分で答えなければならないと気づいたとき、同時に、人工装具について本格的に取り組むのであれば、自分でその世界に飛び込まなければならないことを理解した。

大学では放送学を専攻していたが、進路を変え、義肢ではアメリカでトップクラスの教育

プログラムを提供するノースウエスタン大学に入学、その後ユタ州にある人工装具研究所に就職した。そこで初めて、当時の義肢がなぜ、そのようにつくられているかを理解するようになった。

その後およそ10年にわたって最初に抱いた疑問に取り組み、また新たな疑問を抱き、さらにそれを出発点に行動を起こしていった。「答えを求める」ために、一風変わった分野も研究対象になった。動物の世界からヒントをつかみ、地元のプールから古代中国の戦場まで研究をした。

よりよい足を追い求める過程では、つまずいたりよろけたりすることも一度や二度ではなかった。「この試作品は前のものよりうまく歩けるだろうか?」という疑問に答えようと義足をつけて試走しては文字通り何度も地面に倒れた。新しい試作品が壊れるたびに、自分の問いに対する残念な「答え」を得たというわけだ。そして試作品をののしり悪態をついた末に新しい疑問にたどりつく、つまりは失敗のたびにその原因を理解し、何かを得ようと努力を重ねた。

そんなある日、装着した義足が壊れなくなった。その瞬間、ようやくフィリップスは、自分が世界を変えようとしていることに気づいたのだ。

質問には「何」ができるのか？

ピューリッツァー賞受賞者である歴史家のデイビッド・ハケット・フィッシャーは、質問、あるいは疑問は「知性のエンジンである。言い換えれば好奇心を抑制の利いた探求に転換する知的な仕組みのことだ」と述べている。フィッシャーの言う「エンジン」とは、問いの持つ驚くべきパワーを説明するのに使われてきた多くの比喩の一つにすぎない。問いは地中に埋まっている真実を掘り出すシャベルにたとえられることもあるし、ライト・クエスチョン・インスティテュートのダン・ロスシュタインが言うように「あなたの行く手を照らす懐中電灯」と表現されることもある。

民族間の文化的な違いを埋めるための「戦略的質問」に関する著作のある社会活動家の故フランシス・ピーヴィーは、良い問いとは「ペンキ缶の固い蓋《ふた》をこじ開けるためのテコ」のようなものだと指摘している〔356ページ参照〕。

このように、私たちが問いというものを何かにたとえるのは、その本質を真正面から把握することが難しいからだ。多くの人は問いを言葉の一種と考えがちだが、だとすると、もしそれを口に出さなければ問いは存在しないことになる。だが、問いは発せられることなく、長いこと（もしかするといつまでも）心の中にとどまることもある。

口頭であれその他の手段であれ、「問う」という能力は、私たち人類が持っていて、下等な霊長類にはない数多くの特徴の一つだ。ハーバード大学のポール・ハリス教授（教育学）は、子どもの質問行為を研究し、次のように指摘している。「私たち人類はほかの霊長類と違って、若い種が年長者に文化的な情報を求めるように設計されている」。彼はこれを、重要な「エボリューショナリー・ディバイド」（進化上の格差）とみている。

ヒトは、成長のかなり初期の段階、まだ言葉も発しないうちから、情報を得るために何らかのかたちでものを尋ねるという。幼児は果物のキウイを手に取って、「もっと知りたい」という意思を近くの大人に視線か姿勢で示す。チンパンジーはこうしたことはしない。何らかの合図で意思を訴えるかもしれないが、それは情報を求める問いかけではなく、食べ物を欲しいという要望に過ぎない。

「何を知らないか」に気づく

つまり、問いを促す推進力の一つは「自分が何を知らないかに気づく」ということにある。これはヒトとサル、さらには「賢明で好奇心に満ちあふれた人」と、「何も知らず、何も気にしない鈍感な人」を隔てる一種の高度な「気づき」だ。良い質問をする人は、自らの無知によく気づき、そのことを苦にしない。そして、質問という懐中電灯を使いながら自分の広大な無知のフィールドをつねに探究し続ける。いやむしろ、質問という鍬《くわ》で掘り続けると言ってもよいかもしれない。

コロンビア大学の生物学部長で、神経科学を教えているステュアート・ファイアスタインは『イグノランス――無知こそ科学の原動力』（佐倉統・小田文子訳、東京化学同人）の中で、科学的発見にとっての重要な鍵の一つは、科学者が無知を受け入れ、新たな発見に進むための手段として問いを使うことだと主張している。「優れた一つの問いは、何層もの答えを導き出し、数十年にも及んだ模索に解決の糸口を与え、まったく新しい探求分野を切り開き、凝り固まった考えを変えさせることができる」とファイアスタインは書いている。「その一方、答えはそのプロセスを終了させてしまう」

ダン・ロスシュタインは、問いが及ぼすこの拡張的な影響を研究してきた。彼は同僚のルズ・サンタナと小さいながら優れた研究所として名高い非営利団体「ライト・クエスチョン・インスティテュート」を設立し、質問による教授法を発展させている。

ロスシュタインは、質問は人々に「心の鍵を開かせる」何らかの（それが具体的には何かはわからないものの）影響を及ぼせると考えている。「私たちはだれもが一度や二度はそういう経験をしたことがあるものです」「ある特定の言い方で質問をしたりされたりするだけで、『見つけた！』『わかった！』という感覚をはっきりと自覚することがあります。質問にはひらめきを促す効果があるのです」

ロスシュタインは教室の中で、生徒たちに（大人か子どもかは関係なく）質問だけを用いて物事を考えたりブレイン・ストーミングをしたりするよう指示し、ひらめきの瞬間を観察した。すると、生徒の心の中に閉じ込められていた想像力が一気に開花したという。参加者は目の前の課題に強い関心を示して積極的に取り組むようになり、さまざまなアイデアが質問の形で飛び出し始めた。

ハーバード・ビジネス・レビュー誌の執筆者ポリー・ラーベルは、想像力に富む生き生きとした質問がビジネスの場に及ぼす影響を説明して、この見方に賛同している。そのような質問は、「根本的に破壊的性質を持ちながらも楽しい」もので、「人々を新しいものを生み出そうとするモードに切り替える」という。

正しい問いは「洗練された思考」になる

質問はどのようにしてこのような効果を発揮するのか？　神経学者で脳の創造的活動についての最先端の専門家、ケネス・ハイルマンは、私たちがものを尋ねるときに脳の中で何が起きているのかについてはまだまだ研究が足りないことを認めている。

現代の神経学者は、私たちが楽しい空想にふけったり、テレビコマーシャルを見たり、クロスワード・パズルをしているときに大脳皮質で何が起きているかを説明することはできるが、奇妙なことに、疑問を抱いてそれを尋ねるときの思考プロセスについてはあまりよくわかっていないのだ。

だが、拡散的思考（次々と新しい発想をつかまえようとする思考プロセス）に関しては、これまでおびただしい研究が行われてきたとハイルマンは指摘している。「拡散的思考とはつまり、『ところで、これについて違う考え方をするとどうなるだろう?』と考えることで、じつはこれはある種の質問をしていることにほかなりません」

私たちは拡散的思考について多くのことを知っている。拡散的思考は、たとえば創造的な発想に適した右脳で起きやすく、想像力を刺激し、互いに脈絡のないさまざまな連想をたびたび喚起する(これが創造力の主な源泉だ)。知性が刺激され、知的好奇心が満たされることもある。問いは拡散的思考を引き起こす。したがって、ロスシュタインがライト・クエスチョン・インスティテュートの教室で、質問に基づく教授法を用いたときに現れたように、質問には当然人々の心を解放する効果がある。

Column

どうすれば、戦時に提供するものを平時に準備できるか?

戦争という緊急事態は多くの美しい質問を生み出す。1859年、スイス人でカルヴァン主義者のアンリ・デュナンという青年が、オーストリアとフランス両軍で血まみれの戦闘があった直後にイタリアを旅行した。戦場にはおよそ4万人もの死傷者が横たわっており、デュナンはすぐに地元の人たちと救護隊を組織してけが人の手当てをし、食事を提供した。そして帰国すると、次のように書いた。「平和で静かなときに、十分な資格を持ったボランティアによる救援団体をつくっておき、戦時に情熱と真心を持ってけが人を手当てできるよう準備しておく方法はないだろうか?」。こうして赤十字社が誕生した。その後デュナンは、戦時だけでなく平時にも人道支援を提供できるようにさまざまなスキルやリソースを蓄積しておくという考えを主張するようになった。

ロスシュタインはさらに、問いには思考を切り開くだけでなく、思考を方向づけ、焦点を絞り込ませる効果もあると指摘している。生徒たちは、開放的で拡散的な「もし〜だったら？」という仮説で演習を始めたとしても、難しい問題の中心に近づき、「どう進めようか？」と皆の考えをまとめていく段階に入ると、次第に「収束的な」（的を絞った）思考をするようになっていく。自分なりの疑問を分析し、じっくりと考察するうちに、そういう知的活動を行っている自分自身を対象化する「メタ認知的思考」に関する質問さえも考えるようになる。

「多くの人が問いというものを単純にとらえています。しかしそれは正しく行われると、極めて洗練された、高水準の思考形態になります」とロスシュタインは指摘する。

質問には〝平等主義〟という側面もある。「効果的な質問をするのに、何らの権威も必要ない」とポリー・ラーベルはいう。なまじ権威を持っているほうが質問をしにくかったり、質問をすることが危険な場合さえある。

ハル・グレガーセンはビジネスリーダーの研究を通じ、質問をするビジネスリーダーにはある種の屈折した「謙遜と自信」が混在していることを見出した。つまり彼らは知識がないことを認めるほど謙虚であると同時に、他人の前で自分の無知を認められるほど自分に自信を持っている、というわけだ。教育思想家のケン・ロビンソンが「私たちの文化では、無知は社会的に悪いことととされている」と指摘しているが、人前で無知を認めるのはとても難しい。

「どんな質問をするか」で、住む世界は決まる

「質問しよう」という意思を持つことと、いい質問ができるかということは別問題だ。すべての質問が先に紹介したようなプラスの効果を生むとは限らない。「なぜ？」「もし〜だったら？」「どうすれば？」といったタイプのいわゆる「オープン・クエスチョン」は、「はい／いいえ」で答えられるような、あるいはたんなる事実を確認する「クローズド・クエスチョン」よりも創造的な思考を促す傾向がある（「クローズド・クエスチョン」にも、もちろん一定の役割はあるが）。

そして意外と重要なのが質問のトーンだ。課題や問題にぶつかると、「ああ、どうしよう。どうすればいいんだ？」というネガティブな反応になる人が多いものだ。だが人は同じ状況に出会ったときに「この変化はチャンスともいえないだろうか？　これを生かすにはどうすればいい？」と考えることも可能だ。

対象の価値を認めたうえで疑問を抱く「鑑賞的探求」という方法を考案したケース・ウェスタン・リザーブ大学のデイビッド・クーパーライダー教授は、ポジティブな問いのほうが良い答えを生むことが多いと指摘している。「組織は自らが発する問いに引き寄せられる」というのだ。

リーダーやマネジャーからの質問が「なぜ我が社はいつも他社に出遅れるのか？」とか

「悪いのはだれだ?」といったものばかりだと、その組織では、縄張り意識の強い、互いに責任をなすりつけ合う文化が育ちやすくなる。逆に、明るく開放的な質問が多いと、ギスギスした雰囲気が消えていく。これは会社だけの話ではない。国やコミュニティ、家族、個人について話すときも「私たちはみな、自分たちの問いかけがつくりだす世界に生きているのだ」。

自分がいる業界はどんな業界か? そこにはまだ私の仕事はあるか?

質問が果たす最も重要な役割の一つは、先の見えない局面に立たされた人々に考え、行動する機会を与えるということだ。ライト・クエスチョン・インスティテュートのスティーブ・クアトラーノが述べているように、私たちはものを尋ねようとすると「自分の知らないことについての思考を整理できる」。だからこそ、シリコンバレーのようなイノベーションのメッカで質問がこれほどに重要なのかもしれない。シリコンバレーの起業家たちは、競争の大変に厳しい、大きく変動する市場環境の中を進みながら、毎日のように、何もないところから新しい製品やビジネスを生み出す方法を見つけなければならないからだ。

グーグルの実験的な無人(自動運転)自動車の開発に携わったエンジニア/発明家で、オンライン教育のプラットフォーム「ユダシティ」の設立者でもあるセバスチアン・スランは、イノベーションと質問との双方向的な関係を認めている。変化は質問を受けることによって加速し、その変化がさらに多くの質問を喚起するというのだ。というのも、人は前進するとそのたびに立ち止まり、「さて、知るべきことを知ったいま、ここから何ができるだろう？」と考えるはずだからだ。

ある意味で、イノベーションとは、時間をかければ答えられそうな新しい疑問を見つけ、つくりだそうという行為のことだ。こうした問いは、いったんそれが確認されると、新しいベンチャー企業をスタートする基礎になることが多い。実際、フォースクエア、エアビーアンドビー、パンドラ・インターネット・ラジオといったトップクラスのハイテク企業の多くは、その源流をたどると「なぜ、だれかがこれをしないのだろう？」「自分でしてみたらどうだろう？」といった創業者の疑問に行き着く。

そのような例の一つが、いまや現代の代表的な成功物語といえるネットフリックスのビデオレンタルだ。創業者のリード・ヘイスティングスがこのビジネスを始めることになったきっかけは、日常生活でだれもがよく経験する不満だった。彼はレンタルビデオを借りたとき、返却が遅れてしまい、莫大な遅延金を支払う羽目に陥った。腹が立ち、「なぜこんな罰金を支払わなければならないのだろう？」と思ったという（心に浮かんだもう一つの問いは「この金額を妻にどう説明しようか？」だった）。

もちろん、同じように遅延金に腹を立てる人たちは他にもいる。けれども、ヘイスティングスはこの問題を解決するために行動しようと決めた。それが次の疑問につながった。「ビデオレンタル事業をヘルスクラブのように運営したらどうなるだろう?」)。

そして、遅延金の発生しない、ヘルスクラブのような月極めの会員制で、ビデオレンタルのビジネスモデルを設計し始めたのだ(それから数年のうちにネットフリックスは「さらにビジネスモデルを拡大できるし、そうすべきではないか?」という疑問を抱くようになった。「映画や番組のレンタルしかしていないのはなぜだろう? 自分たちで制作もしたらどうなるだろう?」と)。

ポラロイド(「なぜ写真ができるまで、こんなに待たなければならないのか?」)からピクサー(「アニメはもっとかわいくできるのではないか?」)まで、疑問を出発点にしてさまざまな企業が生まれている。ところが、ものを尋ねることに関しては、企業は人に似ている。最初は疑問を抱き、質問をぶつけることから始まっても、徐々に保守的になっていくのだ。会社が大きくなるにつれて組織が生まれ、手法が確立し、ルールが決まってしまうと、もはや尋ねることなどなくなってしまう。

ところが、ビジネスリーダーは景気が悪くなったり大きく変動したりすると、それまで頼っていたルールや手法がもはや効かなくなって、「質問モード」に押し戻されることがある。今日のビジネス市場が置かれている状況がまさにそうだ。イノベーションのスピードと必要性が段々と高まり、自社がそもそも何の会社なのか、何を使命にしているのか、顧客はだれか、コア・コンピタンスはどうあるべきかに至るまで、ありとあらゆることについて、大きく問題を考え直す必要に迫られている。そうした問いは、究極的には、いま多くの企業が抱えているような根本的な疑問に落ち着く。

「世界や顧客の生活がこれほどに変わっていくなかで、自分たちがしている仕事というのは、本当は何なのか?」

自分を状況に「適応」させていく

企業が変化に直面して厳しい問いかけを強いられるようになり、そこに勤める従業員も、あるいは、自営業の人やたんに仕事を探している人までもが同じ問題を考えざるを得なくなってきた。イノベーションがとてつもない勢いで進み、仕事のやり方や求められる技術が変わるなど、企業はさまざまな要素によって混乱しているが、それと同じことが人々のあいだでも起こっている。

すなわち、ホワイトカラー、ブルーカラーを問わず、専門性のあるなしも関係なく、だれも彼もがやり方を変えずにはいられないような——ニューヨーク・タイムズ紙が最近、「パーフェクト・ストーム」と名付けたような——とんでもない状況が起きているのだ。

「自分をつねに状況に適応させていくことが、多くの労働者にとって新たな現実となっている」というのが「適応の時代」というこの記事のテーマで、いま多くの労働者に必要とされているある用語が紹介されていた。それが「連続修得《シリアル・マスタリー》」だ。

現代の労働者は、たとえば教育訓練コースを受講して、新たなスキルを次々と学ばなければばならない。ところがそうした労働者は「自分の価値を高め、あるいは自分を陳腐化させないためにはどのような新しいスキルを身につければよいかに悩んでしまうことが多い」という。

最近は、この手の話題をよく見かけるようになった。ニューヨーク・タイムズ紙のコラムニスト、トーマス・フリードマンは、新しいグローバル経済が労働者に「もっとスキルを、もっと革新性を」と無慈悲に要求し続けている、とさまざまなコラムで指摘している。

ネットの記事のコメント欄を見るだけでも、人々がこの現象をどう捉えているかがすぐにわかる。不安で困惑し、場合によっては怒り、苦痛に感じている人さえいる。「学校に通って学歴を得て、スキルを少しは学んで、自分の分野で専門知識も得てきた。つまりもう何年もかけていまの地位を築き上げたのに、なぜまた最初からやり直さなけりゃならないのか」というわけだ。

「知っていること」を次々と更新していく

残念なことに、この「なぜ?」という疑問は、それがいかに正しく、また合理的に見えたとしても、何の解決にもつながらない。なぜならフリードマンが話しているルールの変化は、すでに起こってしまったからだ。そうなったことが公平なのかどうか、好きか嫌いかは別として。いまの課題は、いまの新しい状況が私たち一人ひとりにとってどんな意味があるのかを知ることだ。

そこにはどのような機会がつくりだされているのか、そして機会や可能性をどう利用すればよいのかを考えるのだ。何かのトレーニング・プログラムを改めて受けるのも悪くないが、そのような行動に出る前に、根本的な問いを発してみることが必要である。まずは次のような問いを考えないことには、再訓練に価値があるかどうか、あるいはどのような訓練に価値があるのかがわからないはずだ。

・私が属している分野や業界はどう変わっているのか？
・どのようなトレンドが私の専門分野に最も大きな影響を及ぼしているのか？　それは今後数年のあいだにどのような現象として現れてきそうか？
・私がいま持っているスキルのうちで新しい環境に最も役に立ち、使えそうなのはどれか？どのようなスキルを加える必要があるだろうか？
・自分の得意分野を広げるべきか、それとも絞るべきか？
・「仕事を探す」のか、「仕事をつくりだす」のか？　どちらの方向から考えるべきか？

キャリアの軌道修正をするのも、個人レベルでの〝イノベーション〟といえる。したがって、企業が新たな方向性や戦略を追い求めるときに踏むべき地道な調査や努力を、個人もしなければならない。必要なものは、一時しのぎの適応力ではない。むしろ、前進を続けながら臨機応変に変化していくことに慣れる必要がある。

MITメディアラボのディレクター、伊藤穰一は、「人は生涯にわたって適応し続けることが必要だ」という興味深い持論を展開している。世の中がゆっくりと動いていて、物事がいまほど複雑ではなかったときには、私たちは人生の前半を学びのために費やしていた。そうして大人になると、「自分の仕事を見つけ、その後は一生同じことを何度も何度も繰り返していた」。

だがいまはどうだろう。世の中はつねに変化し、どんどん複雑になっている。「大人になってから同じことを繰り返すというアプローチはもう効かない」と伊藤は説明する。知っていることの大半が変更を迫られ、あるいは廃れてしまう時代にあって、「自分は専門家だ」と自信を持って言えるためには「学び続ける人」でなければならないのだ。

質問は答えより価値が高くなっているのか？

専門知識は〝賞味期限〟が短くなってきており、その価値も少しずつ低下している。「質問」と「答え」を上場株にたとえると、現在のような環境では、質問の値段が上がり、答えの値段が下がっているといえるだろう。ハーバード大学のトニー・ワグナー教授（教育学）は「いま、知識はコモディティ（一般化して、価値が薄まったもの）と化している。答えはいつでもどこでも手に入るのだから」と言っている。

私たちは膨大な知識に埋没してしまっているので、ワグナー教授の同僚で、イノベーションが専門のポール・ボッチノ教授によると「客観的事実やデータといった明示的な情報の価値は落ちている」。本当の価値は「問いの答えを追求する際に、その知識をどう生かせるか」にあるのだ。

世の中に知識があふれすぎると、別の興味深い影響が現れる。スチュアート・ファイアスタイン教授は「人がどんどん無知になっていく」という。つまり、集合知が増えるとともに、その構成員である私たちは多すぎる知識に追いつけなくなっていき、集合知の総量に対して個々人が知っていることの割合は小さくなっていくというわけだ。

この現象の良い点は、個人が探索すべき未

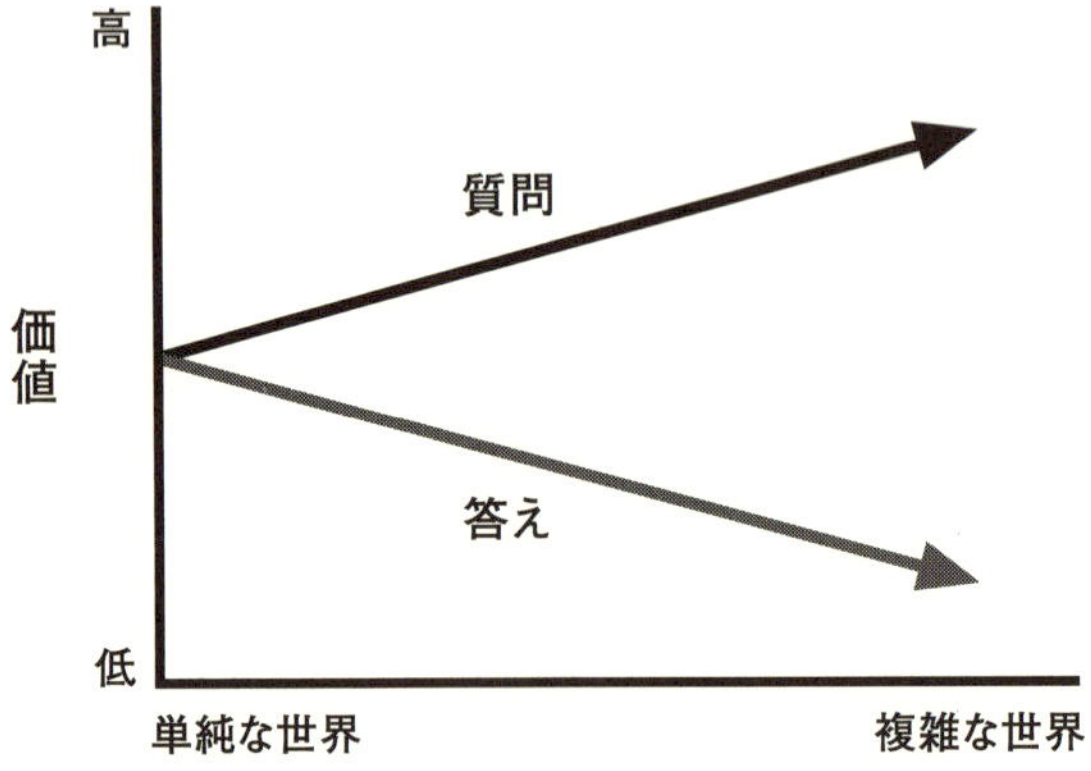

世界が複雑になるにしたがい、知識の価値は落ちる

知の領域が増えることだ、とファイアスタインは指摘する。「みんなが知っていること」が増えるにつれて、個々人が「問いという懐中電灯」を照らすことのできる暗闇も増えていくのだ。

私たちは次第に、新しくて、なじみのない、知らない人たちに囲まれるようになっていて、あたかも小さい子どものような経験をするようになった、と考えることができる。どこを向いても、驚きと知るべきことばかりなのだ。

MITメディアラボの伊藤によると、(子どものときばかりでなく)人生を通じて学び続けなければならないという新しい現実に折り合いをつけるには、子どものときのような好奇心や何事にも新鮮に驚ける気持ち、何でも挑戦しようという意気込み、そして新しいものに適応し、吸収していく能力を持ちつづけなければならない。つまり「ネオテニー的」(「ネオテニー」とは大人になっても子どものような特質を保持している状態を説明する生物学の用語。幼形成熟)にならなければならない、というわけだ。

そのためには、子どものころにはよく使うはずのあのツールを再発見しなければならない。それが質問だ。そのことを伊藤は一言で要約している。「質問をしなければ学べない」

情報の真偽を知るために問う

質問は答えに勝る。このことを昔から言い続けている人々の中に、ジョン・シーリー・ブラウンがいる。ブラウンはゼロックスのチーフ・サイエンティストであり、有名なパロアルト研究所所長を長年務めた。最近では、イノベーションのシンクタンク、デロイト先端研究所の共同創立者として、激動する世界の中でどう後れを取らずに生き残れるかについて、世界最先端の企業に助言をしている。また彼は、私たちに降りかかってくる「指数関数的な変化」を前に、教育に対するアプローチをどう根本的に考え直していくべきかについても書いている。

何もかもがあまりに速いテンポで変わっているので、「いまのテクノロジーを使う方法についてどう考えるべきか、ということすら考え直さなければならない。私はいま、あらゆる種類の基本的な問いを考えている。そうするうちに、まわりの世界を見るために覗いているレンズのほうが間違っており、これまでとはまったく異なる考え方の枠組みをつくらなければならないということに気がついた」。

問題はたんに急激な変化だけではない。あらゆる方向、そして多くのソースから押し寄せてくる情報のとてつもない「量」にも対処しなければならない。濾過器《ろかき》でも使わなければ、関係のあるものや信頼できるものと、そうでないものとを区別できそうにないほどだ。情報過多の時代には「コンテキスト（文脈）が決定的に重要になる」とブラウンは指摘する。「いま重要なのは、測定し、多角的に眺め、自分が信頼しようとしていることについて正当な理由を築き上げられる能力だ」。

そこには「あらゆることに疑問を抱く」ことも含まれる。「この情報の裏にある課題は何か？」「それはどの程度新しいのか？」「これは自分が見つけたい他の情報とどうつながっているのか？」

著作家のセス・ゴーディンも同じような考え方に触れている。「我々の新たな現実はプライベートも職業生活も、すべて疑うことで成り立っている。現状について疑問を呈し、マーケティングや政治的主張に問いを発し、何といっても『次は何か？』と尋ねつづけている」。

バード・カレッジのレオン・ボトシュタイン学長によると、私たちが現在のような「情報の沼地」を進んでいくには「リスクを評価しデマを認識する能力

Column

もし、ミスを塗りつぶせたら？

1950年代、電動タイプライターの人気が高まったころ、タイプミスを消すことが難しくなったことにベット・ネスミス・グラハムは気づいた。グラハムは、昼間は銀行秘書として大量にタイプを打ち、夜はコマーシャルアーティスト〔当時のグラフィックデザイナー〕の仕事をしていた。そしてある晩、絵を描いているときにこんなことを思った。「タイプでミスをした部分を、絵を描くときのように、上から塗りつぶしたらどうなるだろう？」。そこで小瓶に絵の具と水を混ぜたものを入れて、オフィスに持っていった。その「魔法の薬」を使うとタイプミスを簡単に隠せたので、グラハムはその“修正液”を大勢の他の秘書たちにも配った。

1980年に亡くなる前年、グラハムがリキッド・ペーパー社を売却した値段は5000万ドル近くに達し、彼女はその半額を息子のマイク・ネスミスに与えた。ロックバンド「ザ・モンキーズ」のメンバーでもあったマイクは、その資金を使い、先駆的なマルチメディア・レコード会社パシフィック・アート社でイノベーションを起こすことになる。

と、他人の考えだけでなく自分の立てた前提条件にも疑問を抱ける能力」を身につける必要がある。押し寄せてくる情報や〝事実〟（本当に事実のものもあればそうでないものもあるだろう）、見解、主張、提案、選択が多くなるほど、私たちは厳しく疑いながら、見たもの聞いたものをふるいにかけ、分類し、解読し、理解できなければならない。

コンピューターが人の質問力を磨く

テクノロジーは優れた問いを発するのに役立つのか？　たいていの場合、質問をするより質問に答えるほうに向いているといえそうだ。50年前に、ピカソはこの真理に気づいていた。「コンピューターは役に立たない。答えしかくれないからだ」と彼は言っている。

一方でテクノロジーは、私たちがどのような答えを必要としているかを自覚していれば、人生を変えるほどの、革新的で、驚くような答えを提供できる。その可能性がいかに大きいかを示したのが、ＩＢＭの開発した質問応答システム「ワトソン」だ。

２０１１年、ワトソンはアメリカのクイズ番組「ジョパディ！」に出演した。人がふつうに使う自然言語での質問に対して、文脈を含めて理解し、適切な回答を出すことが求められるこの番組で、ワトソンはシステムが人よりも優れた答えを出せることを示した。

今日、ＩＢＭは、医師が考えそうな（もし患者が症状A、B、Cを示したとき、それはどんな病気を示唆《しさ》しているか、といった）どんな質問にも答えられるよう、とくに医療関係の情報をこのシステムに提供し続けている。それでも、医師はそもそも何を尋ねるべきかを知っていなくてはならない。ワトソンの答えは技術的には正確でも、常識的ではないかもしれない。それゆえ、出た回答に対してさらに質問できなければならない。

最近、私はＩＢＭの研究施設本部にあるワトソンとプログラマーたちを訪ねた。何台ものサーバーで構成されているワトソンはたった一人（?）で地下室に置かれ、静かにハミングしながら、質問を待っていた。私が訪問したのは、ワトソンが立場を逆転して、こちらに意地悪なほど難しい質問をしてくるものなのかどうかを調べるためだった（とはいえ、実際に私が質問した相手はそばにいたプログラマーで、機械ではないのだが）。

訪問の目的とは違ったのだが、プログラマーたちは、将来に希望を持てるような面白い点を指摘してくれた。医師や医学部の学生たちとの接触が増えるにつれて、ワトソンはゆっくりと利用者を教育するようになっている、というのだ。

つまり医師や学生たちは、ワトソンとのやり取りを通じて、システムから必要な情報を引き出せるような優れた質問をできるようになっていた。これは、もともとワトソンを利用する際には期待されていなかった効果だ。ワトソンが今後優れた医師の養成に貢献することはほぼ間違いなさそうだ。

「知る行為」は時代遅れか？

今日、自分たちの疑問に答えるためにワトソンを利用している医療の専門家はまだ少人数のグループにすぎない。

しかしいつの日かすべての医師が、そして医師以外のすべての人々も、ほとんどあらゆる事実に関する質問に対して、現在の私たちよりもはるかに正確に、しかも高い専門性を持って答えられる、クラウドベースの超検索エンジンに接続できる日が来るだろう。すると、さらに質問の価値が上昇して、答えの価値が低下する傾向が強まるはずだ。

いつかテクノロジーがあらゆる質問に答えを用意できる日が来るだろう。そうなれば私たちはかつてのように、頭に答えを詰め込む必要がなくなり、「アインシュタインの電話帳」としてよく知られるエピソードのような日がやってくるのかもしれない。アインシュタインにインタビューをしていたあるレポーターが最後に自宅の電話番号を尋ねたという。するとアインシュタインは手近にある電話帳に手を伸ばした。

レポーターは「なぜあなたのように頭の良い人が自宅の電話番号をおぼえていられないのですか?」と尋ねた。それに対する答えが「簡単に調べがつく情報で頭を埋める理由はないじゃないか」だったという。

いまやグーグルやワトソンのように、私たちのために「知る作業」の多くを代行してくれるツールが手に入る時代だ。事実《ファクト》を暗記させるような教育システムに疑問を抱く批評家も少なくない。

そのような教育評論家の一人、スガタ・ミトラはTEDカンファレンスで「『知る行為』は時代遅れか？」という挑発的な質問をして問題提起している。

もちろん、すべての知識がファクトに過ぎないというわけではない。TEDで問われた問題点は、文字通りに取ると意味がやや広すぎる。

だが、もし狭い意味での知識、つまり蓄積された事実や答えに絞ると、この種の「知る行為」は、もはや記憶容量の大きい機械に委ねたほうがはるかによいのかもしれない。

Column

なぜ、僕のチョコバーは溶けたのか？

第２次世界大戦中、独学で学んだエンジニア、パーシー・スペンサーはアメリカの軍需品メーカー、レイセオンで電力増幅管部門を率いており、マグネトロンの製造に取り組んでいた。マグネトロンは、レーダーの性能を強化するマイクロ波発生装置で、アメリカの爆撃機はこれを使ってドイツの潜水艦の潜望鏡を探知していた。ある日、スペンサーがマグネトロンの近くに立っていたところ、ポケットのチョコレートバーが溶けたことに気づいた。「電波のエネルギーは食べ物を調理するのに使えるのだろうか？」。そう思った彼は、今度は増幅管の横にポップコーン豆を置いてみた。するとそれはすぐにはじけ、彼は世界初の電子レンジ製ポップコーンを食べることができた。1947年、レイセオンは最初の電子レンジを発売したが、それが台所のカウンターに乗るほどに小さくなるにはさらに20年を要した。

質問で無限のリソースにアクセスする

もし答えを保存する能力ではテクノロジーにかなわないのであれば、切り札となるのは、問いを発するというじつに人間的な能力だ。ワトソンが人間の好奇心や創造性、拡散的思考の技術、想像力、判断力に相当する能力を獲得しない限り、革新的な思想家が（あるいは平均的な4歳の子どもですら）到達できるような独創的で、直感的で、予想もつかない質問をできるようにはならないだろう。

また、効果的な問いを通して初めて、テクノロジーが保存したすべての答えを十分に検討したり、精査したり、引き出したり、そしてできればその使い方を判断したり、といったことができるようになる。これはたんに検索エンジンやデータベースでものを調べられる以上の能力だ。オンライン上のネットワークにアクセスしてそれを縦横に使いこなせる人であれば、いまやとてつもない量の資源《リソース》や性能を利用できる時代なのだ。

SNSに参加したり、オンラインの情報やコミュニティを利用すれば、個人が大きな課題や疑問に取り組んだり、独創性を発揮したり、ムーブメントを起こすことができるとMITの伊藤は指摘する。しかも「必要に応じて答えや専門的なアドバイス、パートナー、資金、そして影響力といったさまざまなリソースをネットワークから」迅速に引き出すことができる。とはいえ、「ネットワークから支援を得る主な方法は、問うことだ。そしてベストの反応を得るには、その問いを組み立てる方法を理解しなければならない」。

こう考えると、いまほど質問家《クエスチョナー》になるのに適したときはない。情報や支援、アイデア、フィードバックを求めようと思えば対象はいくらでもあるし、それらを求めて探究の旅に出ることも、また同じ疑問に興味を抱いているかもしれない潜在的な協力者を見つけ出すことも、昔より楽々とできる。

未来学者のジョン・シーリー・ブラウンによると、現在のように物事が指数関数的に変化する時代には、質問家が力強く成長できる。「疑問を抱く癖を身につけておかないと、変化を恐れるようになるだろう」。けれども「疑問を抱いたり、試したり、いろいろなことを結びつけることに抵抗を感じなければ、変化が冒険に見えてくるはずだ」。

何もかもが「なぜ？」から始まるのはなぜか？

自分の旅に本格的に出発したころのヴァン・フィリップスは、ブラウンの言葉を借りれば、「ものを尋ねたり、試したり、いろいろなことを結びつけて考えていた」ことになる。最初の疑問は「人を月に送ることができるのなら、まともな足ぐらいできるのではないか？」だった。しかしその後、人工装具の世界にどっぷりと浸《つ》かり、さまざまなことを学んでいるうちに、原材料（「ほかにもいろいろな素材があるのに、なぜ木材が使われているのだろう？」）、形（「義足がかさばった人間の足のような形でなければならない理由はあるのか？」）、あるいは義足の主な目的（「そもそもなぜ、人間の足の形に似せることをこれほど重視するのだろう？　義足に何ができるかのほうが重要ではないか？」）など、疑問の内容は多様化していった。

このすべてが革新的な質問の第1段階となる。まずは目の前にある課題を質問のかたちで明瞭にしてこれを認識し、系統立てて考え、工夫する。そして文脈をつかんでいく。これが最初の「なぜ？」の段階だ。

もっとも、実際にはこの段階で問われるすべての質問が「なぜ？」という言葉で始まるとは限らない。とはいえ、この段階では次のようなことが問われることが多いだろう。

・なぜ、この状況が存在しているのだろう？
・なぜ、ここに問題が現れている、あるいは必要性や機会が生まれているのだろう？　それはだれのためのものだろう？
・この必要性に応えたり、問題を解決できる人がこれまでいなかったのはなぜだろう？
・なぜ自分（あるいは会社、または組織）は、この問題について考える時間を増やし、質問をしたいのだろう？

ヴァン・フィリップスが直面した状況はいくつかの面で異例だった。彼は「なぜ？」という問題を探す必要がなかった。問いのほうからやってきたのだ。だれに影響を及ぼすのか、それに自分の時間を費やす価値があるのかを思い悩む必要もなかった。

だが、問題が身に迫ってきたとき彼は、ポジティブな「なぜ?」の質問（「なぜこんなことが自分に起きなければならなかったのか?」というネガティブな質問ではなく）を発した。そして、問題の性格や特質を掘り下げながら「なぜ?」と問い続けた。

革新的な質問家は理想的でない状況に直面すると、「なぜ?」という問いを深めながら、何が欠けているかを見つけ出そうとする。こうした問いは、リード・ヘイスティングスがネットフリックスを設立する前に感じていた「遅延料金」問題のように、日常から生まれることも多い。

パンドラ・インターネット・ラジオの創業者で、以前はミュージシャンだったティム・ウェスターグレンも、ふだんから、才能に恵まれながらなかなか売れないミュージシャンたちを知っていて、なぜ彼らは当然得られるはずの聴衆を集められないのだろう、と思っていた。エアビーアンドビーの共同創業者ジョー・ゲビアは、ルームメートのブライアン・チェスキーと共に、毎年決まった時期に自分の町に来る人たちがホテルを探すのにあれほど苦労するのはなぜなのかと思っていた。

ニューヨーク・タイムズ紙にテクノロジー系の記事を書いているデイビッド・ポーグは、ATMや電子文書、シャンプーのボトルなど、いまや日常生活の一部になっているものの多くが元々は同じように始まっていて、「だれかが、これまでずっと同じように実践されてきたことを見て、『なぜそうなのか？』と疑問を抱いたとき」にブレイクスルーが生まれると書いている。

ほかの人よりも「早く」問題を発見する

こうした現象はビジネスのイノベーションや発明物語に限らない。「なぜそうなのか？」と問うことは、ほとんどどのような文脈でも変化を引き起こす最初のステップになり得る。

作家のグレッチェン・ルービンは、単純な「なぜ？」という疑問が、どのようにして日常に当てはまり、劇的な変化につながるきっかけになるかを示している。

ある雨の日、ニューヨークでバスの窓から外を眺めていたとき、ルービンはこう思ったという。「なぜありのままの人生に幸せを感じられないのだろう？」。この疑問をきっかけに、彼女は幸せの質について考えはじめた。さまざまなことを調べ、学んだことを自分の人生に生かしただけでなく、（ここが重要なところだが）他人の人生にも適用しはじめた。そうしてハピネス・プロジェクトとして知られるマルチメディア・ベンチャー企業をスタートさせて大成功を収めた。

私たちは、仕事や家族関係、地域社会の抱えている問題など、変化や改善が必要だと思えるさまざまなことについて「なぜ？」と問いかけることができるし、またそうすべきだ。「なぜ思ったように出世できないのか？」「順調なキャリアを積んでいるのに幸せな気分になれないのはなぜだろう?」「自分のつくった製品や提供するサービスは、もっと多くの人に愛されるはずなのに、どうしてそうならない?」「お義父さんはどうしてこうもつきあいづらいのだろう?」

質問家は、折にふれて自分から「なぜ?」という問いを探しにいく。自分たちが取り組んで答えを見つけ出せそうな疑問を探すのだ。「問題発見」という言葉はこの手の追究を指している。問題を見つけようとするなど奇妙に思えるかもしれないが、ビジネス・コンサルタントとしてトップ企業の役員向けに問題発見のスキルを教えているミン・バサデュー

Column

なぜ、選手たちはもっとトイレに行かないのだろう?

多くの企業や、産業全体でさえ、その起源を一つの「疑問」にまでさかのぼることができるものだが、ここに紹介する疑問ほど変わったルーツはなかなかない。1965年、フロリダ大学でフットボール部のコーチをしていたドウェイン・ダグラスは、「なぜ、フットボールの選手たちは試合後、もっとトイレに行かないのだろう?」と不思議に思った。というのも、選手たちが試合中にサイドラインの外で水を飲んでいることを知っていたからだ。ただ、選手たちが飲む以上の汗を流していることには思い至らなかった。

ダグラスはフロリダ大学の医学・生理学者(腎臓)のロバート・ケード教授に相談し、教授は汗で失われる電解質を補給できる飲み物の考案に着手した。そうしてつくった飲み物を、まずフットボールチームの新入生に飲ませたところ、練習試合で上級生チームに勝ってしまった。この飲み物は、チーム名のゲーターズから「ゲータレード」として知られるようになり、いまや市場規模が200億ドル近くになるスポーツ飲料産業の先駆けとなった。

によると、これは規模の大小にかかわらず、確立した企業が取り組むべき最も重要なことの一つだという。

バサデューが指摘するように、ほかの人よりも早く問題を「発見」し、その問題に関する疑問や質問にうまく答えられれば、新しい事業、新しいキャリア、新しい産業を生み出すことができる。これは人生にも当てはまる。人生の諸問題を、それが明らかになって危機的な段階に達する前に見つけられれば、改善と改革の好機があるうちに対処することができる。

「Q＋A」が結果を生む

たんに「なぜ?」と問うだけで何も行動をしなければ、思考や会話を刺激するきっかけにはなるかもしれないが、イノベーションにまでは至らないだろう。

基本の公式は「Q（問い）＋A（アクション）＝I（イノベーション）」だ。同時に「Q－A＝P（フィロソフィー）」となる。

質問家が問題に対処する様子を観察しているうちに、私は彼らの物語には一つのパターンがあることに気づいた。

・主人公が理想とはほど遠い状況に遭遇し「なぜ?」と問う。
・改善策／解決策のアイデアを思いつきはじめる。多くの場合、それは「もし～だったたら？」という仮説のかたちで現れる。

・主人公はそれらの可能性の一つに注目し、それを現実に移そうとする。多くの場合、この段階には「どうすれば？」を見つけ出すプロセスが入っている。

「なぜ？」「もし～だったら？」「どうすれば？」という流れは基本的かつ論理的な形式で、既存の創造的な問題解決のプロセスからヒントを得た部分もある。

たとえば、デザインコンサルティングファームのIDEOやその他トップクラスのデザイナーたちが体系的に問題解決をするために用いている「デザイン思考」に関する現在の理論は、問題を考案してそれについて学ぶこと（「なぜ？」段階に似ている）から始め、その後アイデアを生み出す段階に進み（「もし～だったら？」に相当）、そのアイデアをもとに試作品をつくる（これは「どうすれば？」の段階と考えることができる）というプロセスを明確にしたものだ。

「問題を理解して考えられる解決策を想

像し、その可能性をつぶしていく」というこれと同じような工程も、ビジネス・コンサルタントのミン・バサデューの創造的な問題解決プロセスに見ることができる（彼は彼で、知る人ぞ知る創造的問題解決学会で開発されたプロセスからヒントを得ている）。また、いまから100年ほど前にイギリスの心理学者、グラハム・ワルサスが開発した古典的な創造プロセスの4段階、つまり「準備」「孵化《ふか》」「啓示」「実行」にも似た発想を見て取ることができる。

問題解決の合理的なプロセスとは？

これらはすべて、質問プロセスが本書で説く順番で進行するのにはそれなりの理由があることを示している。それはさまざまな問題に対処し、解決に向かうにはどうするのが最もよいのかについて人々が長年のあいだに身につけた知恵なのだ。本書で取り上げる質問家の多くが革新的な解決策を思いつくプロセスを観察してもそれは確認できる。

「なぜ？」「もし〜だったら？」「どうすれば？」というプロセスは、質問というものの本質をとらえるための単純化した方法だ。質問のプロセスはそもそも混沌としていて予測不可能なものだが、これによって一定の秩序をもってとらえることができるだろう。

問いに向かう旅の中では、必然的に見知らぬものに行き当たるし、行き当たるべきだ。だが、そのさまざまな段階で何を問うべきかについて一定の感覚を持っていれば、せめて道しるべにはなるだろう。実際、これこそプロセスというものの美しさでもある。それ自体は回答や解決策を提供するものではないが、あるデザインシンカーが私に語ってくれたように、一つのプロセスを持てば次に進むことができる。そうすれば、「たとえ自分がいましていることが何かをわかっていないときでさえ、何をすべきかはわかっていられる」。

どうすれば、問いを「行動」に移せるか？

ある段階で、ヴァン・フィリップスは「なぜ？」から「もし〜だったら？」へと進んだ。フィリップスは人工装具業界で働きながら、そのビジネスの実態を理解しようと努力する過程で、自分なりの文脈的探求（文脈の中での本質に迫った問い）を行っていた。その結果、さらに賢明な問いを立てられるようになった。

フィリップスは、人工装具の分野で専門知識を身につけはじめてからも、「アウトサイダー」としての視点を持ち続けようとした。たとえばメンター（指導者）から、特許事務所に行ってこれまでの義足関係の発明についてすべて調べてはどうかとアドバイスを受けたとき、「私の最初の反応は、〝既存のアイデアで自分のイメージを汚したくない。だれかの後を行くのではなく、自分自身で道を拓いていきたい〟というものでした」。

フィリップスは急いでいなかった。専門家から手早く答えを得ようとは思っていなかった。「時間があって気持ちに余裕があれば、やがて自分で深く考えていけるはずだと考えていました」と彼は言う。「そうすれば、何に取り組むべきかが明確になるはずだ、と」。そしてゆっくりと、その対象がフィリップスの頭の中で表面化していった。

「もし～だったら？」の段階になると、意識しているかどうかにかかわらず、想像力が働きはじめる。そのままその問いから頭がずっと離れずにいると、いずれ答えにたどりつくかもしれないが、この段階ではまだ臆測であり、試されていない仮説であり、初期の啓示にすぎない（そうした啓示は「アハ！体験」として説明されることが多く、問題が一瞬のひらめきで解けることを示唆している。しかし実際はむしろ「もし～だったら？」というかたちで、まだ検証されておらず、疑問の余地も残っている〝ポジティブな可能性〟としてヒントが訪れる）。「もし～だったら？」を突き詰めるのは、裾野が広く楽しいステップなので、急ぐべきではない。

今日では、ある疑問と「ずっと付き合う」とか「ともに生きる」といった発想は奇妙に見えるかもしれない。私たちは疑問を抱くとすぐ、ちょっとした努力で解決できるという状況に慣れてしまっている。ステュアート・ファイアスタインは『イグノランス』の中で、私たちは答えをすぐに得られる状況に甘えていると指摘する。「私たちは答えに心を奪われすぎているのではないか？　私たちは疑問を恐れているのだろうか？　とくにいつまでも去らない疑問を」

「組み合わせ」が新たな発想を生む

難しい問題に出くわしたときの対応で最悪なのは、拙速に答えを出すことだ。「もし〜だったら?」という可能性を考えだしても、新鮮なアイデアが心に染みこんで、かたちになるには時間がかかる。その答えは、既存のアイデアを普段とは違う、面白い方法でつなげてみることによって現れることが多い。アインシュタインは、そのような「組み合わせ思考」の先がけである。今日この考え方は創造性を生む主な方法の一つとして幅広く受け入れられている。この種の思考はさまざまな要素の結合と問いを伴うので、私はこれを「結合的探求」と呼んでいる。

フィリップスはプロジェクトに没頭しながら、興味深い、数多くの斬新な結合的探求を行っていった。たとえば、飛び込み競技用のダイビング・ボードの反発力について考えて、「ダイビング・ボードの推進効果を義足に生かしたらどうなるだろう?」という疑問を抱いた。動物の足の動きについても研究した。とくにチーターは後ろ足を曲げて腱を縮めると、なぜいつも驚くほどの反発力を生み出せるのかと考えた。「人の足がもしチーターのようだったらどうだろう?」

はるか昔の思い出との精神的な結合も図った。彼はまだ子どものころ、古い中国の三日月刀を持っていた。思えば、あの曲がった剣はまっすぐな剣よりもずっと強く柔軟だった。これを思い出したとき、また新たな可能性がひらめいた。「下腿《かたい》から足首にかけてのかたちをいまのL字形ではなく、かかとをなくして、足からつま先までなめらかなカーブにしてみたらどうだろう?」。そのようなデザインで正しい素材を使えば、チーターの腱の力強さとダイビング・ボードの反発力を融合させられるのではないか。そのような足ができれば、足を失った人は歩けるようになるだけでなく、走ることも飛び跳ねることもできるのではないか。

「試して検証」を繰り返し続ける

「もし～だったら?」はイノベーションの源泉になる強力な質問だ。ところが、たとえ自分にどんなジャンプ力があっても、一足飛びでアイデアが現実になることはない。革新的な質問家が他より秀でているのは、アイデアにかたちを与え、現実のものに変えられる能力だ。そしてその能力は、絶え間ない努力と決意から生まれることがほとんどだ。

すべての「なぜ?」を尋ね尽くし、「もし～だったら?」を検討し尽くして、最後の、そして極めて重要な「どうすれば?」という問いの段階に入る。「どうすれば実現できるのか?」を確かめるのだ。これは行動のステップといえるが、それでもまだ問いが(これまでよりもずっと実践的ではあるものの)先に立つ。

「いくつものアイデアのうち、どのアイデアを突き詰めるべきか? それはどう決めるのか?」

「決めたアイデアをどう試すか？　それが機能するかしないかはどう確認すればいいか？」
「もし機能しないことがわかったら、どう間違いを見つけ、どう修正すべきか？」

今日、私たちの大半は自分のアイデアや疑問に取り組むとき、以前よりずっと有利な立場にいる。コンピューターで簡単にスケッチできるし、自分がしていることを撮影してＹｏｕＴｕｂｅに上げたり、ウェブサイトのベータ版をつくったり、ソーシャルネットワークで相談したり、さらには「キックスターター」〔クラウドファンディングを提供するサービス〕で資金を集めたりして、問題を解き、新しいものをつくることができる。

フィリップスが足をつくりはじめたころ、そんなものは一つもなかった。手でスケッチを描き、自宅の地下の研究室で粘土の試作品をつくった。それから階段を上ってはキッチンのオーブンで材料を焼いて具合を確認した。

フィリップスは「フレックス・フット」の試作品を２００～３００ぐらいはつくったものの、「その多くが足を乗せたとたんに壊れた」という。壊れるたびに、あらゆる疑問をぶつけて失敗の原因を調べ上げた。

なぜ壊れたのか？　材料の配合を変えたらどうか？　丈夫な仕上がりにするにはどうすべきか？　そうして失敗するたびに、一歩先に着地し、ブレイクスルーの段階へと近づいていった。彼はつねに、前に倒れていたのだ。

フィリップスが開発した義足「フレックス・フット」は１９８０年代半ばに発売され、２０００年に彼が製造ラインと会社を売却するまで、義足業界に革命を起こし続けた。フレックス・フットの製造ラインにはさまざまな用途のモデルがあったが、最も劇的だったのは「チーター」だ。これは多種多様な異なる力（ダイビング・ボード、動物の足、中国の刀剣）を組み合わせた製品だった。義足に対する私たちの考え方、どう見えるべきか、どう使うべきかといったすべてを「チーター」のJカーブは変えた。

この義足でエベレストを登った人もいれば、アスリートのエミー・マランスは、両足を切断したアスリートとして初めて、ジョージタウン大学の代表選手としてNCAA（全米大学体育協会）選手権に出場した。最も有名な例は、南アフリカの〝ブレードラン

Column

もし、車のフロントガラスが「まばたき」できたら？

1902年、アラバマからニューヨークに旅行に来たメアリー・アンダーソンは、路面電車の運転手が、雪で覆われたフロントガラスに四苦八苦しているのを見て思った。「なぜ、だれかが雪を取り除く器具をつくらないのだろう？」。もちろん、その「だれか」になったのはメアリー自身だった。彼女は最初のフロントガラス用ワイパーの設計者となった。

それから60年後、ロバート・カーンズは新たな疑問によって、フロントガラス用ワイパーを現代に持ち込んだ。外が大雨でも霧雨でも同じテンポでしか動かないワイパーに不満を抱いていたカーンズは、こう考えたのだ。「なぜ、ワイパーは人のまぶたみたいに必要なだけ動かせないのだろう？」。そうしてカーンズは自宅の地下で「間欠ワイパー」〔一定の間隔をおいて作動するワイパー〕のアイデアに取り組み、最終的に、三つの部品からなるシンプルな電子式の感知装置にたどりついた（なお、2008年の映画「幸せのきずな」に、自動車三大企業《ビッグスリー》が彼の特許を侵害した悲しい物語が描かれている）。

ナー〟、オスカー・ピストリウスだろう。彼は両足に「チーター」を使用して2012年のロンドン・オリンピックに出場した。

フィリップス自身、彼の最初の問いに対する数十年後の答えとなった義足のおかげで、自身の最も深い情熱の一つを取り戻すことができた。彼はいま、カリフォルニア州メンドシーノで、自宅近くの海岸を毎日走っている。

走っていないときは、安くて高性能の義肢の新バージョンをつくりだすプロジェクトに夢中で取り組んでいる。実際、彼は「チーター」の開発が終わるとすぐに疑問を抱き始めたという。「なぜこんなにコストがかかるのだろう？」「新素材を使うか、製造工程を変えるなどプロセスを改良して、もっと多くの人が義足や義手を手に入れやすくしてはどうだろう？」「どうすればそれができるだろう？」

質問家たちにとってこうしたことはごく普通のことだ。一つの答えに達すると、新たな疑問の波が湧いてくる。彼らにとって問い続けることは、息をするのと同様、ごく自然なことだ。

しかし、彼らはどうやってそのような習慣を身につけたのだろう？

なぜ、もっと多くの人たちが彼らのようにならないのだろう？

第2章 子どものように「なぜ」と問い続ける
——質問し続けるアタマをつくる

Q：なぜ、子どもはあんなに質問するのか？
Q：なぜ、質問の回数が突然減るのか？
Q：「質問に立脚した学校」は成立し得るだろうか？
Q：クラスの中で質問できるのはだれか？
Q：生まれながらの「質問魔」に、なぜ質問を教える必要があるのだろう？
Q：質問の仕方は自分に教えられるか？

なぜ、子どもはあんなに質問するのか？

数年前、アメリカのコメディアン、ルイ・C・Kは、スタンダップ・コメディのネタとして子どもたちの「なぜ？」についての台本を書いている。それは悩める母親とその子どもの、マクドナルドでの会話から始まる。「空はどうして青いの？」。母親はピシャリと答える。「いいから黙ってポテトを食べてなさい！」

一見どうしようもない母親に見えるが、「でも、実際のところ」とルイは続ける。「大人は子どもの質問に答えられない。何を答えたって納得してくれないからね」。答えようものなら、「なぜ、なぜ」の無限ループにはまってしまう。ルイは自分の娘との会話を詳しく説明してみせる。

最初は「パパ、今日はどうしてお出かけしないの？」という無邪気な会話から始まるが、そのうちに「どうして雨が降ってるの？」「どうやって雲ができるの？」「どうしてパパは雲ができる仕組みを知らないの？」「どうしてパパは学校でちゃんとお勉強しなかったの？」「どうしておじいちゃんとおばあちゃんはパパの学校の成績を気にしなかったの？」「どうしてパパのご先祖様はそんなだったの？」と次々と質問責めに遭い、あげく「どうしてそんなの知ったこっちゃないの？」にまでエスカレートしてしまい、とうとう「黙ってポテトを食べてなさい！」になる、という落ちだ。

この小話は、どんな親でも、あるいは周りに一定の年齢の子どもがいる人であればだれもが経験したことのある一コマをうまく描写している。面白いのは、子どもの質問責めにさらされることがいかに苛立たしいかをじつにあけすけに描いているところだ。

話の中で大人は怒り、不安になり、自らの無知に改めて気づき、自分がいかにちっぽけな存在かということまで思い知らされる。そのすべての始まりは、子どもの「どうして？」という一言なのだ。

「複数の答え」への想像力が問いを生む

ルイ・C・Kがはっきりと示しているように、私たちは「子どもの好奇心は素晴らしい！」と口ではいいながら、あるところまでくると、もううんざりと思ってしまう。

それは、次々と発せられる質問の圧倒的な数に疲れ果ててしまうからだろう。ハーバード大学の児童心理学者、ポール・ハリスは、子どもは2歳から5歳までのあいだにおよそ4万の質問をするという調査結果を発表している。そしてこの3年間のうちに、子どもが発する質問は変化していく。最初は物の名前などたんなる事実についての質問だが、月齢30カ月（2歳半）ごろから説明を求めはじめる。そして4歳になるころまでに、質問の大半は事実についてではなく、説明を求めるものになる。

この過程で、子どもの脳は急速に成長していく。ワシントン大学の最先端の脳スキャン技術が、子どもの脳の中で神経細胞がつながっていく様子を解明している。脳内ではニューロン（神経細胞）をつなげるシナプス（神経結合）が爆発的に増えていき、およそ1000兆という、大人の脳に見出される数の3倍以上に達する。子どもの脳は刺激やアイデアをつねに結びつけている。頭の中でさまざまな思考がつながってくると、子どもは質問によっていっそう多くの情報や説明を求めるようになる。

けれども、子どもにとって一つの問いを発することは決して容易なことではない。ハリスは子どもの質問を「一連の複雑な知的操作」としているが、それは自分が何を知らないかを知ることから始まる。「質問する」ということは、子どもがさまざまな答えがあり得ると理解していることを示している。

「『夕食は何?』と聞くとき、子どもは『スープだろうか、パスタだろうか?』といったことを想像できている」とハリスは『言われたことを信じるということ(Trusting What You're Told)』(未邦訳)の中で書いている。「複数の答えの存在を思い浮かべる能力がなければ、そもそも質問はできないはずだ」。また、子どもが質問するということは、彼らが想像し

Column

どうして、空は青いの?

　これは親になった人ならだれもが一度は尋ねられる、究極の子どもの質問かもしれない。読者の皆さんがこの答えを難しいと思われたとしても、心配には及ばない。仲間はたくさんいる。アリストテレスからアイザック・ニュートンなど世界の偉人たちが何世紀にもわたってこの問いに取り組んできたと、ニコラス・クリスタキスがウェブメディア「エッジ・オルグ」に書いている。クリスタキスは、光の屈折実験で「白色光はさまざまな色の光に分解できる」と最初に示したニュートンを称賛するが、この事実は必然的にもう一つの別の質問を呼び起こしただけだった。「ではなぜ、青色が他の色よりも多く私たちの目に届くのだろう?」。紆余曲折の末、科学者たちは、入射光が空気中で気体の分子と影響し合い、スペクトルの青の部分が他の色よりも多く拡散することをつかんだ。また、生物学者たちは、空が青く見えるもう一つの理由にたどりついた。私たちの目は青色への感度が高いのだ。クリスタキスは指摘しているが、科学の世界の大半は「子どもが尋ねられる質問」の範囲内にある。

た可能性と答えとの隙間を埋める効果的な方法を見つけたことを意味している。

子どもたちが世界に飛び出ていこうとする過程で、頭の中のシナプスが発火して、自分では「それが何か？」を分類できない物事に出合い続けるのだ。児童専門の神経学者、スチュワート・モストフスキーの指摘によると、子どもたちにはまだ物事を分類整理するだけの精神的なモデルが発達していないので、大人に質問することによって、周りで起きていることを分類し、ラベルを貼り、脳の中の適切なファイルの引き出しにしまう、という大変な作業を助けてもらおうとしているというわけだ。

一度「分類」すると、問題が見えなくなる

初心の感覚、あるいはMITメディアラボの伊藤が好んで用いる「ネオテニー」（幼形成熟）の利点についてイノベーターたちが話すときによく指摘するのは、物事を見るときに「レッテルを貼らない」「分類しない」という点だ。いったんレッテルが貼られると、それは「もう知っているもの」となってしまい、私たちはそれ以上そのことを考えなくなり、その存在に気づかなくなることすらある。

4歳から5歳になるまでのどこかの時期に、子どもたちの脳はものを尋ねるのに最も適した状態になる。わからないことを聞くだけの言語能力をすでに身につけ、脳はなお拡大を続けながら神経細胞がものすごい勢いでつながっていき、しかもレッテルや前提条件なしに、

物事を素直に眺めることができる。まさに完璧な探究者といえる。

物理学者のニール・ドグラース・タイソンは、この年齢の子どもたちを「科学者」だという。あらゆるものをひっくり返し、一緒くたにしてすりつぶそうとするからだ。ハーバード大のポール・ハリスは彼らを人類学者のようだとも指摘する。子どもたちはただ実験を繰り返すだけでなく、周辺の人々にさまざまな問いを投げかけていく。

「子どもたちは答えについてはそれほど気にしていない」と大人は考えがちだ。さきほどのルイ・C・Kの話でも明らかなように、子どもたちは答えが何であれ何度も「なぜ？」を繰り返すからだ。ところがじつは子どもたちは、自分たちの得た答えを大いに気にしているようだ。

ミシガン大学が最近行った調査によると、「なぜ？」と聞き続ける就学前の子どもたちは、なにも大人を困らせてやろうとか、たんに会話を長引かせようと思ってそうしているのではない。「彼らは物事のいちばん底にたどりつこうとしているのだ」。実験では、子どもたちは実際に説明を与えられると、それに同意あるいは満足の意を示し、そうでない場合には関連した質問をする。一方、良い答えをもらわないと、不満が高まって最初の質問を繰り返す傾向が高かった。

インシアードの教授で質問に関する専門家でもあるハル・グレガーセンは、大人に質問をする子どもたちの様子をよく観察していると、「『どうして？』と何度も繰り返す理由の多くは、私たち大人が子どもたちの質問を理解していないか、質問に耳を傾けていない場合が多い。何度も何度も質問するのは、『僕の言うことをもっと聞いてよ。僕が聞いていることをわかってくれていないじゃないか』と言っているのと同じだ」と言っている。

リラックスした環境でこそ、創造性は開花する

そうして幼稚園に通いはじめると、質問に興味深い変化が現れる。幼稚園児たちは、刺激にあふれた環境に入る。自分と同じように詮索《せんさく》好きな子どもたちに囲まれて、質問に答えてくれる大人（先生）に気軽に尋ねられるようになる。これは一見、質問にとって理想的な環境にみえるだろう。ところが、幼稚園児はそのうちにものを尋ねなくなるとハリスはいう。世界中のさまざまな文化について調べてみても、同じような結果になる。ハリスは、これは「快適さ」の要素が関係していると説明する。自分の家で親といるときのほうが積極的に質問をする気になるのだ。

しかしそういう傾向があるにせよ、幼稚園児は小学生に比べるとよく質問をする。ほとんどの幼稚園では、子どもたちはあまり制約を受けずに、自由な遊びや探究をしやすい環境に置かれる。その結果、いろいろなことを調べたい、学びたいという性向を高く維持できる。

興味深いことに、幼稚園が普通の学校を真似しようとすると、つまり子どもたちにさまざまな情報を詰め込んで、聞いてもいない質問の答えまで提供するようになると、自然な好奇心は抑え込まれてしまう。児童心理学者のアリソン・ゴプニックは、幼稚園を学校に変えよ

うとする傾向を公然と批判してきた。彼女によると、この動きは過度に教育熱心な親と、(少なくともアメリカでは)幼稚園教育を標準化しようという連邦政府の要請によって推進されている。

あまりに小さいころから多くのことを教えすぎると、子どもたちが自分で追い求めてきた、尋ねたり調べたりという過程を中断させてしまう。ゴプニック曰く「子どもは人類の研究開発部門」だ。いろいろな実験をすることを許されると――大人からうるさく指示されずに、知りたいことを自由に探究できると――創造性と好奇心をどんどん発揮するようになる。

彼らは自ら調べ、実験することを通じて、まさに科学者と同じプロセスで学んでいるのだから、硬直的な早期教育プログラムを導入するのはよくよく注意する必要があるとゴプニックは主張する。いずれにせよ、小学校に上がると学問的な訓練が始まり、子どもたちの質問は急速に消えてしまう。

なぜ、質問の回数が突然減るのか?

2010年、ウィリアム・アンド・メリー・カレッジのキョンヒ・キム教授は、アメリカの学校で実施されている創造性テスト(「トーランス・システム」として知られている)の結果が1990年代以降下がり続けている事実を発表した。これはアメリカのマスメディアに一大センセーションを巻き起こし、ニューズウィーク誌は「創造性の危機」と題する特集を組み、子どもたちへの創造性の教え方をどう改善すればこの問題に対処できるか、という複雑な問題を取り上げた。

神経回路、右脳と左脳の機能の差、拡散的な思考と収束的な思考など、創造性と神経科学に関する内容の濃い記事の中に、あるさりげない一節があり、それが私にはこの問題の核心に触れているように思えた。「幼稚園児は、平均すると毎日100の質問を親に尋ねる。ところが、中学に入るまでのあいだに、見事なまでに尋ねなくなってしまう」

子どもの「質問」にいったい何が起きているのか？　ライト・クエスチョン・インスティテュートが2009年の全米統一テスト

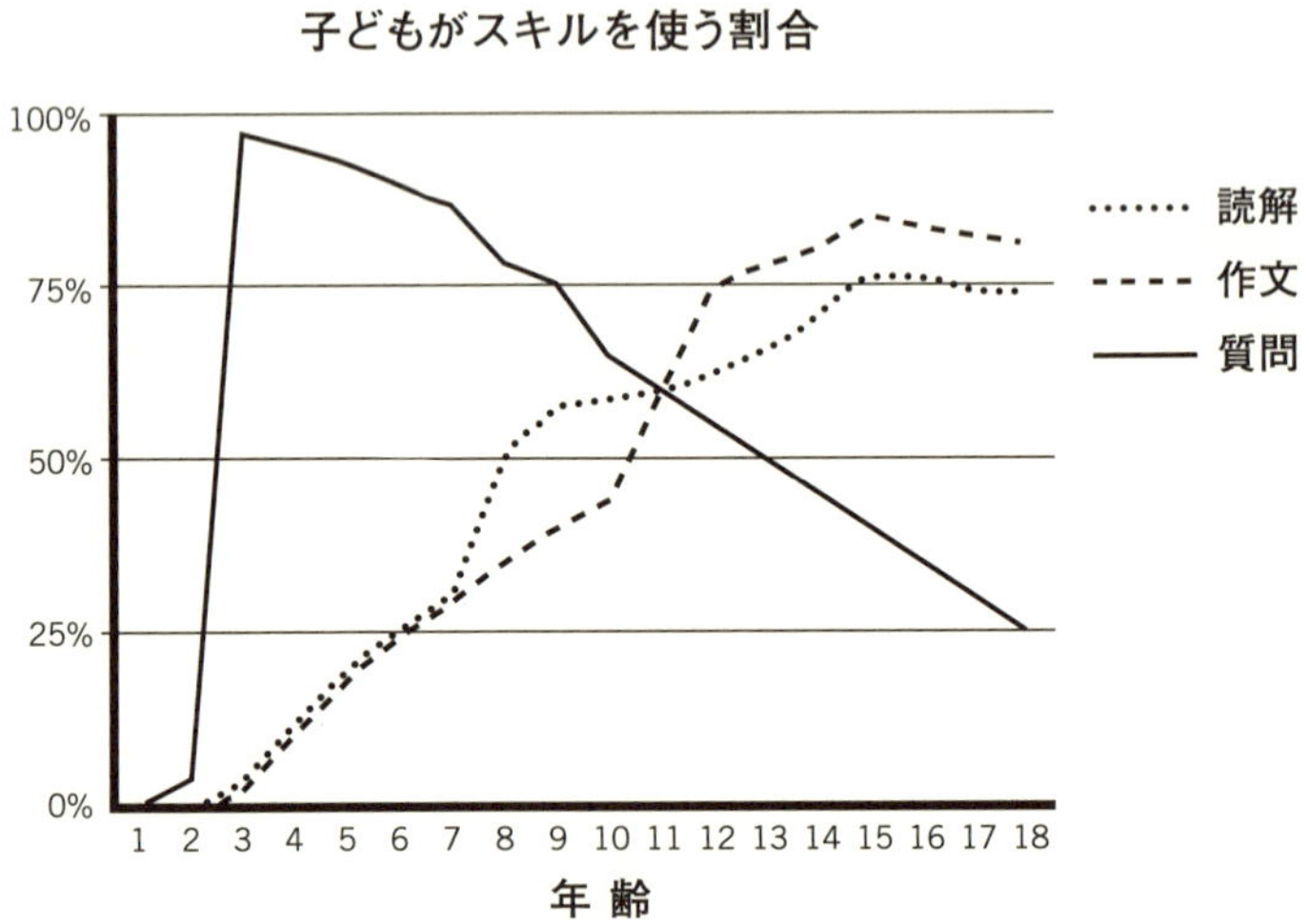

の結果報告を調べたところ、読解力と作文力は学年が上がるにつれて伸びているのに対し、質問の割合は崖から落ちるように急落していることがわかった。

質問の回数がこれほど急激に落ちることは、それ自体は大変なことではないかもしれない。子どもたちがものを読み、書けるようになると(メールを送りグーグルで検索するようになると)、以前ほど多くを尋ねる必要がなくなるからだ、という考え方もあり得るだろう。ところが問題は、子どもたちが質問をしなくなるとともに、学校生活に身が入らなくなるのだ。

ギャラップ社の調査で、生徒たちの学校や勉強への関心度をみると、小学校から中学、高校へと上がっていくにつれて、質問の回数と同じような「崖から落ちる」現象が起こっていた。

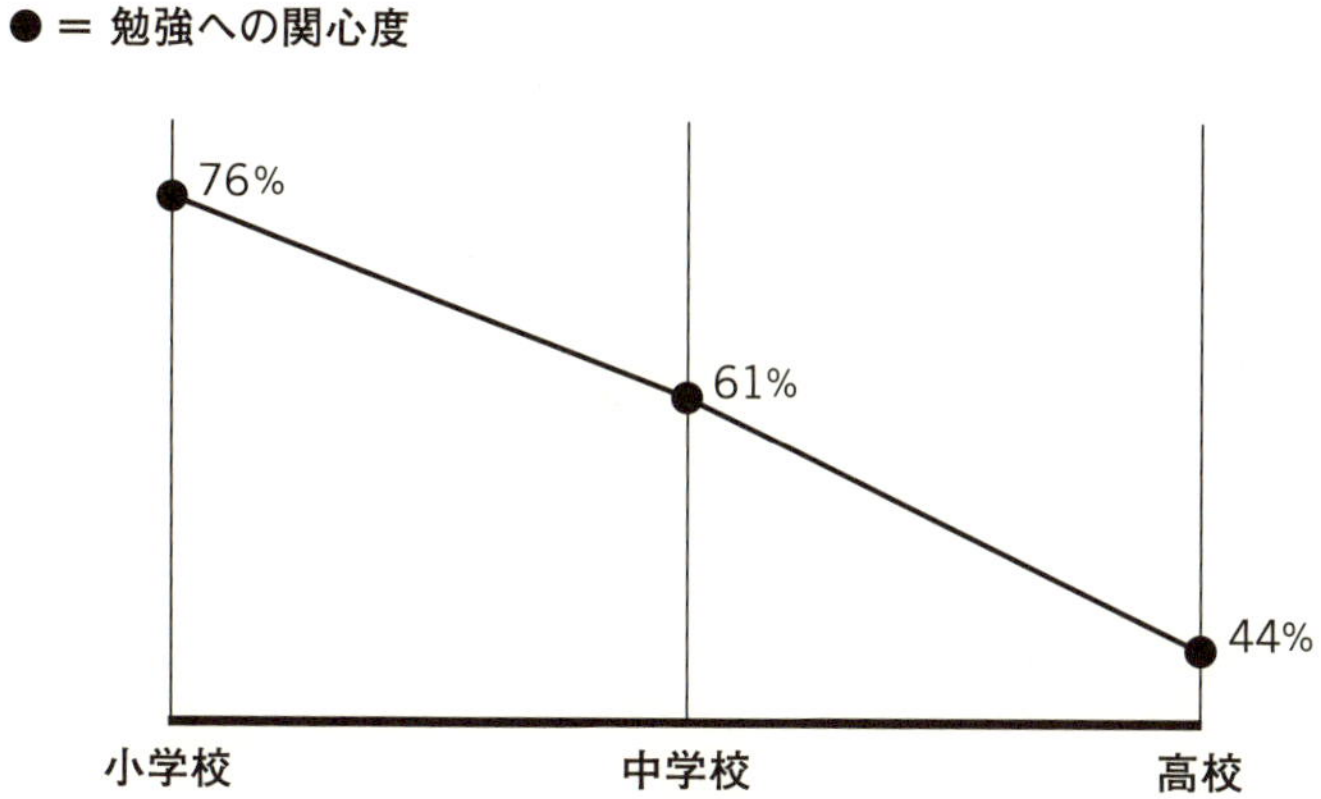

年齢とともに勉強への関心が落ちていく

このことは、生徒たちの質問の回数と学ぶことへの関心度の高さとのあいだには何らかの関係がありそうなことを示唆している（もっとも、正式な調査をしなくても多くの先生方はおわかりのことだと思う）。ここからは鶏と卵の問題のような疑問がわいてくる。子どもたちは学校に関心がなくなるにつれて、質問をしなくなるのだろうか？　それとも、もともとの好奇心（質問しようという傾向）が何らかのかたちで抑えられるにつれて、学校への関心を失っていくのだろうか？

私はこの疑問を数多くの小児神経学者や児童心理学者、さらには学校の教師や教育学者に尋ねた。どうやら子どもは成長するにしたがって、質問する姿勢や好奇心にさまざまな影響を受けるようだ。たとえば、生まれてから最初の数年間は、脳の神経結合は急速に進むが、5歳ぐらいからそれがやや後退しはじめる。この「シナプス刈り込み」（シナプスの不要な結合が除去されていく現象）が原因で周囲の世界に対する驚きの気持ちや質問の回数が減っている可能性がある。

また、周囲の世界に対する精神的なモデルが発達してくると（分類やレッテル貼りが進んでくると）、「これは何？」「あれは何？」と尋ねる必要がなくなってくる。

しかし多くの教育や学習の専門家は、現在の教育システムは質問を後押しすることを教えることもせず、質問を許さないケースさえあると主張している。

ハーバード大学のトニー・ワグナーによると、「どういうわけか、私たちは学校教育の目標を、子どもたちが隣にいる子よりも多くの〝正解〟を答えられるようにすること、と決めてしまったのです。そして間違った答えを出した子には指導をします。しかも私たちはこれを、だれもが試験勉強で忙しくしているいま、多様な質問を受けられる余裕がないほどのペースで行っているのです」。

お手本があると「問い」を拒絶してしまう

ワグナーは質問の力学を観察するために、よく子どもたちの教室に座らせてもらうことがあるという。「中学1年の授業を見たときのことです。子どもたちが宇宙と星についてありとあらゆる質問をしはじめたのに対して、教師はただ『皆さん、これが惑星です。さあこれを覚えて！』と言ったのです。じつに衝撃的なシーンでした。これでは『質問なんて受けている時間はない。そんなことをしていたら私がカバーすべきたくさんの答えのための時間がなくなってしまう』と言っているも同然です」

念のため付言すると、多くの教師がこの現実に直面して無力感を抱いている。カリフォルニア州の高校の教師が嘆いていた。「州の基準に従って教えるべき理論や考え方があまりに多いので、私が最も大事だと思っていること、つまりこの世の中について生徒に探究させようにも、時間を取れないのです」

ニューヨークのリバーデイル・カントリー・スクールの校長、ドミニク・ランドルフは、今日の多くの学校の特徴を「プロダクト・ドリブン」（製品主導主義）という企業用語を用いて説明する。どの学校も、テストの点数を上げようとするプレッシャーの下で、事務的な効率性を教育システムに持ち込み、一定の時間内に可能な限り多くの情報を詰め込もうとしてきた。その結果、生徒の質問を受けつける時間などほとんどないか、まったくないほどになってしまった。

教師は指導要領の圧力にさらされると、生徒たちのアイデアや質問を受け入れることができなくなってしまう。そのことを見事に示した研究者がいる。

ウィリアムズ・カレッジのスー

Column

なぜ、子どもたちに「静かに座っていてほしい」のか？

ミネアポリス近くにあるマリーン小学校6年生の子どもたちは、よく席で身体をくねらせ、机に突っ伏し、蹴飛ばし、そわそわしていた。これは他の学校の12歳と変わったところはない。この年ごろの子たちはエネルギーがありあまっていて、それを抑えようとすると、静かに座ることに注意を向けることになり、むしろ授業に集中できなくなる。マリーン小学校の教師、アビー・ブラウンは考えた。「自分の席に座っていなくてもよいことにしたらどうだろう？」。ブラウンは、「活動許容教育」に関するメイヨー・クリニックの最新の研究結果を読んでいた。活動許容教育では、子どもたちが学んでいるときに動くことを推奨しているのだ。

ブラウンはまず、机に新しい設計を採り入れた。イスの高さを上げて子どもたちを半分立った姿勢にさせ、動きやすいようにしたのだ。新しい机とイスを与えられると、生徒たちの集中力はすぐに改善した。こうしてブラウンのつくった机は、他の教室からも一つの模範と見られるようになった。

ザン・エンゲルは教師を2種類のグループに分けて実験を行った。サイエンス・クラスを受け持つ際にとくに指針を与えなかったグループと、ワークシートを使うよう「さりげなく促した」グループだ。

第1のグループの教師たちは、生徒が自分の意見を述べると、興味を持って耳を傾け、生徒を励まそうという姿勢を見せた。一方、2番目のグループの教師たちは、「ちょっと待って。それは指示とはちがう」というようなことを言ったり態度で示した。「教師は外部からの影響をじつに受けやすい。教師が指導の目標をどう理解するかによって、自発的に調べようとする子どもたちへの反応は明らかに変わる」とエンゲルは結論づけている。

だれもが「疑問」を抱かないように教えられてきた

このところ、詰め込みすぎのカリキュラムと「テスト対策の教育」による弊害がますます大きくなっている。ただし、学校が創造的な問いよりも暗記できる答えを好むという問題自体は、べつに目新しいものではない。それは、いまとはまったくちがう産業革命時代につくられた教育システムに、いまとはまったくちがう目的で組み込まれたものだと指摘する声もある。

多くの教育評論家が指摘するように、多くの工業先進国では、革新的な思想家や質問家を生み出すためではなく、労働者をつくり出すために学校が設立された。著作家のセス・ゴーディンは「私たちの祖父や曾祖父の世代は、人々が工業経済の中で生産的な労働者としての道を一生歩める教育をしようと学校を建てた。そしてそれはうまく機能した」と述べている。

良質の労働者をつくりだすために、教育システムは従順さと基本的な知識の丸暗記、つまり工業労働者としての資質を磨く作業を重視している（あるいはアニメ「ザ・シンプソンズ」の作者マット・グレイニングによると、「伝統的な学校が教えている主なルールは、教室におとなしく並んで座る方法だ。これは大人になってから退屈なオフィスや工場で働くための訓練としては完璧だが、教育のためにいいとはいえない」）。

もちろん、質問のためにもいいとはいえない。学校が工場のようであればあるほど、物事の本質を問う生徒たちは反抗的に映り得る。そう考えると、少なくとも私の頭の中では、ある種極端な質問がわきあがる。

「学校が工場モデルに基づいてつくられたのなら、その教育システムも『疑問を抱くこと』を抑え込むようにつくられているのではないか？」

生産性を高めて成功するには何が必要か？

論理的に考えると、社会が工業社会から起業家的社会へと移行するのにしたがって、工場／服従的な学校モデルを質問重視型モデルへと移行させるのが当然の流れだろう。けれども、世界が変わり、職場も変わっているにもかかわらず、古い教育モデルはあまり進化していない。それゆえより創造的で自立的にものを考える労働者を求める現代経済のニーズに合わなくなっている。

セス・ゴーディンらは、学校教育の旧式モデルを現代化するなら、「目的は何か?」という基本的な問いから始めるべきだと考えている。ゴーディンは次の質問を出発点として提示する。

「学校は何のためにあるのか?」

この問いは「そもそも子どもたちを学校に通わせているのは何のためか?」とも言い換えられるだろう。

学校の教育モデルや教育哲学、さらにはテストの実施方法からカリキュラムの設計の仕方、先生に対する人事評価法など、教育改革をめぐってはあらゆる論争がある。それらはこの基本的な「なぜ?」を問うことによってより生産的になるはずなのに、この問いが検討されることはほとんどない。

学校は何のためにあるのか? この問いに決定的な答えを出せる人はいないかもしれないが、「生徒たちがこの21世紀に生産的な市民になる準備をするため」というのがその答えの一部だということに異を唱える人は少ないだろう。

すると、もう一つの基本的な疑問が浮かんでくる。

「現代の職場や社会は従業員や市民にどのような準備を求めているのか? いまの世の中で

生産性を高めて成功するにはどのようなスキルや知識、能力が必要なのか？」

これに対する答えもまた単純ではない。しかし教育的な観点から、進化する職場のニーズを研究している人々のあいだでは（とくにこの分野で最前線にいるのはトニー・ワグナーと未来学者のジョン・シーリー・ブラウンだ）、この新しい世界では「自主的に学べる人」「創造的で問題解決力に富む人」「変化し続ける状況に適応できる人」が求められている、という答えがコンセンサスを得ている。そして、ワグナーもブラウンも、新しい市場で生き残るための主なスキルとして「問う力」を第1位に挙げている。

では、新しい環境で不要になるスキルはあるだろうか？　事実を記憶し、反復する力だ。なぜなら第1章で述べたように、新たなテクノロジーのおかげで、多くの事実が指先を動かせば手に入るので、覚える必要がなくなっているからだ。

学校の目標は何かを考えたとき、その重要なものの一つが「一生学び続け、変化し続ける世界に合わせて自分を変えられる21世紀の市民を育てることだ」という点に同意するなら、またさらに、そのとき求められるスキルの中でも最重要のものの一つが「効果的にものを問う能力」だということを認めるなら……次のような質問が自然と浮かんでくるはずだ。

「もし学校が生徒たちを優れた質問家に育て、そのことによって生徒たちが一生学び続け、変化にうまく対応できるようになったとしたら、どうだろう？」

「どうすれば、そのような学校がつくれるだろう？」

こうした問いに答えるには、つまり「問うこと」がカリキュラムの中心に組み込まれている明日の学校を思い浮かべようと思うなら、１９７０年代のニューヨークのハーレム近郊を振り返るとよいヒントが得られるかもしれない。そこでは、代用教員から校長になったデボラ・マイヤーが、質問を促す学校の革命的なモデルをつくったからだ。

「質問に立脚した学校」は成立し得るだろうか？

いまはもう80代になったマイヤーは、教育界の〝レジェンド〟といわれている。数十年前に誕生した〝スモール・スクール運動〟のパイオニアとしてニューヨークのセントラルパーク・イーストの学校での革新的な努力が認められ、教育者として初めてマッカーサー財団の天才賞を受賞した。マイヤーはいまもニューヨーク・ノースイーストで彼女が始めた多くの学校に関わりながら、教育に関する人気の高いブログを書いており、非常に興味深い問いを次々と投げかけている。

「創意工夫に富む、精力的な大人を育てるには、テスト中心の教育が最も適しているのでしょうか？」

「できるだけ〝間違い〟を怖がらないようになるには、どんな雰囲気のクラスをつくればよいでしょうか？」

私がとくに好きな問いは、「子どもたちから疑問の芽を摘むのではなく、その精神を本当に伸ばしてあげたなら、人はどのように育つでしょう?」というものだ。

マイヤーにこの問いについて聞いたところ、これはもともと、約40年前に中学3年の生徒が次のように言ってきたときに浮かんだものだと教えてくれた。「この学校がほかと違うのは、先生が私たちの知っていることだけじゃなく、知らないことにも興味を持ってくれることだと思う」

マイヤーは感激したという。これまでに彼女の携わった学校がつかんだどんなに素晴らしいテスト結果よりも、最初に学校を始めたときに目指していたことが正しかったことを確認させてくれたからだ。

マイヤーは1974年に、イースト・ハーレムの古い荒れ果てた校舎に最初の学校を開いた。この地区で学校職員を務めていたサイマー・フリーゲルによると、当時のイースト・ハーレムは、「ニューヨークの学校制度の崩壊の縮図」だった。マイヤー自身は、ニューヨークの上品な私立学校の出身だった。修士号を取得した後、さまざまな経緯を経てシカゴの公立学校の教師になったのだが、その荒廃した状況に愕然《がくぜん》とした。そして教育に実験的な手法を採り入れはじめた。それがニューヨークの公立学校の教育長の目に留まった。教育長は当時ハーレムの絶望的な状況に直面しており、マイヤーに自身のアイデアを実践してみないかと持ちかけた。

学校は子どもたちに知識をただ押しつけるのでなく、どう理解すべきかを教える必要がある。そうすれば知識をどう尊重し、どう扱うべきかを理解することができるはず。そう彼女は感じていた。当時のインタビューでマイヤーはこう語っている。「民主的な社会が求めているのは、批判的なものの見方や、問題解決のできる人です。私が考えているのは、どうすれば生徒たちがそうなれるかということです」

5つの「思考の習慣」で問いを深める

彼女が学校の核としたのは「思考の習慣」と呼ばれる5つの学習スキルだ。その一つひとつが関連する問いをともなっている。

証　拠：何が「真」で何が「偽」かをどうやって知るのか？　どの証拠が信頼できるか？
観　点：他人の立場で考えると、あるいはほかの方向から見るとどう見えるか？
つながり：何らかのパターンはあるか？　前にも同じようなものを見たことがあるか？
推　測：それが異なっていたとしたらどうか？
関連性：なぜそれが重要なのか？

マイヤーの教育システムの核となったこれらの問いは、さまざまな要素を結びつけながら問いを深めていこうという彼女自身の姿勢、つまり「結合的探求」の姿勢が出発点となった。

5つの「思考の習慣」に落ち着く以前、マイヤーはとくに2つの考え方を重視し、それを教育の出発点としていた。それは「疑うこと」と「共感すること」だ。

「自分が間違っている、あるいは何かが間違っているかもしれないという可能性を素直に受け入れることが大切です」と彼女は言う。「私はつねに民主主義に強い関心を抱いてきました。自分が間違っているかもしれないことを想像できなければ、民主主義にどんな意味があるというのでしょう？　ほかの人たちがどのように、あるいはなぜ自分とは異なって考えるのかを想像できなければ、だれも民主主義を容認できなくなるでしょう」

マイヤーは質問を重視するアプローチの学校をつくった。そのクラスは、普通ではなかなかあり得ない方法で運営された。生徒たちに、普通の学校よりもはるかに高い自治と自由を認めたのだ。70年代後半に彼女の学校を訪問したとき、サイマー・フリーゲルは「驚くほど豊かな教育プログラム」に遭遇したという。「たとえば、通常より広い範囲をカバーする地図作り、17世紀のハーレムにおけるアメリカ先住民の森林文化、エジプト史とローマ史、ニューヨークへのオランダ人の入植、印刷業と新聞、都市の出現（学校のまわりについての独自調査を含む）、アフリカ系アメリカ人の歴史の研究などです」

中世社会を研究していた3年生のクラスでは、「本を読むだけでなく城や武器の模型をつくっていました」。一方、1年生のクラスでは「空想上の都市をつくる」ことについて考えをまとめていた。生徒たちは地元の博物館に連れていかれたり、セントラルパークで自然の研究をしたりした。「子どもたちは、クラスの外でのほうが物事を敏感に捉え、多くの質問をする傾向があります」とマイヤーは指摘している。

「地図の真ん中」に何を置くべきか？

マイヤーはさまざまな方法を用いて、幼稚園児が体験するようなことを学校の全学年に広げようとした。マイヤーにとって幼稚園で教えることは「驚くほど知的な経験」だった。だからこそ、「学校でも同じことをしてみたらどうか？」と考えたのだ。「子どもたちが主題からはずれた質問をしても大人たちが耐えているのは幼稚園の中だけ」だと彼女は言う。

マイヤーは生徒たちからの問いかけに注意深く耳を傾けるようにした。すると、自分が前提としていたことを見直したり、ときにはカリキュラムを考え直そうと思うことさえあるほど子どもたちの質問にはヒントが多いことに気がついた。

「クラスには、アメリカが真ん中に位置している普通の世界地図がありました。生徒の一人がそれを見て言ったのです。『東インド諸島がどうして西側にあるの？』。それを聞いて、私は何を真ん中に据えるかで大きな影響があることに気づかされました。また、何を真ん中に置くかでほかのものも大きな影響を受けるわけです。そんな影響について考えることも、私たちのカリキュラムの一部になりました。その授業は自分で自分のことをどう見るかについて、非常に示唆の多いものとなりました」

おそらく驚くべきことではないだろうが、生徒たちはマイヤーのアプローチを気に入ったようだった。だが、保護者たちの反応はちがった。普通とは異なる授業と子どもたちに与えられていた自由をどうとらえればよいかわからない親が多かった。マイヤーがつくりだした環境に規律や体系がないと感じる親もいた。

それから数十年後にマイヤーが指摘したように、多くの教師や学校管理者にとっては直感的には受け入れられないかもしれないが、子どもたちには自分の関心の高いものを追求する自由を多く与えるほうが、むしろ管理しやすくなる。5時間じっと自分の席に座らせて、好きでもない情報に注意を向けさせ続けるほうがずっと難しいのだ。

当時は保護者からの苦情を受けて調査が行われた。教育長の指示により調査を担当したフリーゲルは、その素晴らしさに感動してしまった。教育委員会はフリーゲルの報告に従って、マイヤーを支持した。その数年後には、セントラルパーク・イーストの学校の驚くべき成功が明らかになった。もともと中退率が40~60%だった町で、10年のあいだにマイヤーの学校の生徒で卒業できなかった生徒はわずか1%になっていたのだ。

知識は押しつけても身にならない

疑問や質問を重視するアプローチの学校運営は、マイヤーが退いた後は苦境に陥った。フォロワーが現れなかったからだ。だが最近になって、マイヤーの教育の原則を採用する学校が世界中で増えてきた。その原則とはつまり、「生徒たちは、学び、質問する〝習慣〟を身につけなければならず、知識は強制的に植えつけてはならない」という考え方だ。しかし、そのような学校は教育界全体からみれば「ほんのわずか」にすぎないと、学校の現代化に関する著作のあるニックヒル・ゴーヤルは指摘する。

ゴーヤルは自分が高校生のときに高校についての研究を始めた。数年前、まだ16歳でロング・アイランド高校の2年生だったころ、刺激のない学校生活に不満を抱いたゴーヤルは、「これがベストなのだろうか?」と考えていた。そうして国中のほかの学校について調べはじめた。

私は、ゴーヤルがまだ調査の真っ最中だった17歳のときに会った。彼は私のウェブサイト「ア・モア・ビューティフル・クエスチョン」をすでに知っており、自分でも質問をすることが大好きだったので、サイトのリサーチャーの一人になりたいと言ってくれた。だが、最も力を貸してくれたのは、探究学習〔学習者の要求に応じた学習〕の現状について私に集中講義してくれたことだ。

ゴーヤルはカリフォルニア州にあるブライトワークスやハイテク・ハイやその他いくつかの先進的な学校について研究していた。フィンランドの学校の改革のアプローチや、新境地を開いたシンガポールの学校などについても精通していた。

ゴーヤルはそうしたさまざまな学校を徹底的に研究するなかで、感動的な事例をいくつも発見した。一部の学校には学年もなければテストもなかった。テストがない、つまり彼自身の学校生活では圧倒的な時間を占めていた、事実を暗記する作業がなかったのだ。

そうした学校では、生徒たちは興味深い（ときに自分で選んだ）プロジェクトに取り組み、それが何カ月もかかることもあった。ブライトワークスなどは「カリキュラム全体が大きな問いに立脚していた」。こうしたプロジェクトや問いを重視するアプローチの学校で最も素晴らしいのは、生徒たちが「自分は何に興味があるのか？」という内省的な質問を促される点だとゴーヤルは言う。「これまでだれも子どもたちにそのことを聞いてこなかったからだ」

ベゾス、ブリン、ペイジの共通のルーツ

探求学習を実践しているのはまだ新しい学校が多く、この教育を受けて成人して大成功を収めた人や想像力に富んだ人が生まれるかどうかはまだわからない（もちろん、ある程度見当はつくが）。しかし、生徒たちに探求させる、自ら学習するよう仕向ける、テストを受けるのではなくプロジェクトに参加させる、といったことを重視するという教育方針はモンテッソーリ教育の学校にも見ることができる。この教育法に基づく学校は長い歴史を持っており、大人になって成功した実例も数多くある。

どれほどの輝かしい実績を生んでいるかというと、この学校システム（対象は最高でも中学2年生まで）は、ウィキペディア創設者のジミー・ウェールズ、アマゾンのジェフ・ベゾス、グーグルの共同創業者であるセルゲイ・ブリンとラリー・ペイジなど数多くのハイテク

系企業の経営者を輩出しており、彼らは「モンテッソーリ・マフィア」として知られているほどだ（グーグルの役員を務め、現在はヤフー！のトップを務めるマリッサ・メイヤーは、モンテッソーリ教育はブリンとペイジに決定的な影響を与えたと語っている。「二人がモンテッソーリ・キッズだったことを知らずしてグーグルを理解することはできないと思います。〈中略〉彼らはいつも『なぜそうじゃなきゃダメなんだろう？』と考えています。それが古くから二人の頭にプログラミングされている思考法なんです」）

モンテッソーリ・スクールは

Column

なぜ、映画のチケットは駄作も傑作も同じ値段なのだろう？

「生徒は実生活で経験する疑問に取り組むことで抽象的な概念を理解できるようになる」と指摘するのは、コーネル・ビジネス・スクールのロバート・H・フランク教授だ。だからこそフランクは、「自分が見たり経験した物事に基づく面白い質問をすること、そしてその答えを考えるために基本的な経済原則を使うこと」を生徒たちに求めている。

典型的な質問を一つ紹介しよう。フランクの生徒、ピーター・フラウィチュシカの質問だ。「ブロードウェイの人気ミュージカルのチケットはほかのショーより高いのに、なぜ、映画のチケットはどんなに人気があっても同じ値段なのだろう？」。フランクがニューヨーク・タイムズ紙に書いたところによると、それについてのフラウィチュシカの説明は、映画はブロードウェイとは異なり、人気映画の複製を低コストでつくり、たくさんのスクリーンで一日に何度も上映することができるから、というものだ。値段が安ければ、映画館のオーナーは多くの席を観客で埋めることができ、少ない上映回数で高い値段を課すよりもはるかに多くの収益を得ることができる。

私立学校で、学費が高く、閉鎖的だ。探求学習を実践する学校もそういうところが多く、公立でこのような方針を採っている学校は極めてまれだ。このアプローチを提供している学校は「おそらく全体の1％にも満たないだろう」とゴーヤルは指摘する。

圧倒的多数の学校では、先生が生徒たちに探求を促したいと思えば、小さな抵抗を試みなければならない。指導要領を離れて授業をしたり、あるいは標準的な教科書や教師用資料を書き換えたり。ニューヨークの数学教師、ダン・マイヤーは、生徒たちに自分で質問を考え、自ら問題を組み立てようというやる気を起こさせるためにどのような工夫をしなければならなかったか、その顚末《てんまつ》をTEDトークで語っている。

たとえば「貯水槽をいっぱいにするのにどれだけの時間がかかるか？」という問題を考える授業では、普通、ヒントが与えられすぎていると彼は指摘している。マイヤーは「子どもたちからヒントを取り上げ、自分でそれを見つけ出さなければならないようにしよう。何が問題かを教えるのではなく、何が問題かを自分で考えさせよう」と決心した。

最初、マイヤーは教師用教材から多くの文章を消し、子どもたちに与える教材を減らせば、尋ねたり考えたりする時間が増えると考えた。

ところがその後、もっと素晴らしいアイデアを思いついた。貯水槽が「驚くほどゆっくりと」いっぱいになっていくビデオを見せたのだ。すると生徒たちは「目を白黒させながら、時計を見はじめました。そしてとうとう『先生、これがいっぱいになるまでどれだけの時間がかかるの？』と聞いてきました。そうやって生徒を乗せていったのです」。

クラスの中で質問できるのはだれか?

ダン・マイヤーが、ビデオを見せて、生徒たちの頭の中に質問が生まれるまで待ったのは、質問の所有権を移したということにほかならない。質問をする代わりに、それについて生徒たちが自分で考える時間を与えることで、その問題を彼ら自身の問いに変えたのだ。

これは2つの理由で、極めて重要なプロセスだ。マイヤーの考えによると、もし生徒が自分で質問を考えたなら、それは当人にとって、ほかのだれの質問よりも関心の高いものになる。しかしこの「クラスの中でだれが最初に質問をするか」という問題は、目的、権力、管理、そして間違いなく人種や社会階級に関わってくる。

ブラウン大学のデニー・パーマー・ウルフ教授(教育学)は、「質問の技術」という論文を執筆するために学校内での質問の役割について調べるなかで、教師には「クラスで質問する権利を独占する傾向」があることに気づいた(生徒の側がその特権を共有する場合にも、それは「聡明で、英語を話す少数の男子だけに限られる」という研究を引いている)。

さらに、質問が教師から発せられるときは、生徒の興味を刺激するためではなく、主に生徒の理解度を確認するために質問が用いられることがわかった。つまり教室での質問の多くは、生徒が刺激を受けるのではなく、教師や他の生徒に「さらされる」感覚をもたらしていた。

ジョン・シーリー・ブラウンは、一部の教師は生徒からの質問を一種の脅威とみなす傾向がある、と指摘している。「教師は威厳を保つべきだという信念を持っていると、自分が知らないことを暴露される質問をなるべくなら避けたいと思うでしょう」

デボラ・マイヤーは、生徒を統制し、秩序を保ちたいという欲求は、必ずしも教師だけのものではないと考えている。

彼女と会ったとき、私は、「ルールを破れ《ブレイク・ザ・ルールズ》」とか「シンク・ディファレント」といったキャッチコピーに代表される今日のビジネス文化は、マイヤーが数十年前にハーレムの中学校で生徒たちに学ばせようとしていたのと同じ独立志向の精神を含んでいるように思う、と話した。その意味では、社会もあなたの理想に追いついてきたのではないか、イノベーション熱の高まりの中で、問いを促す教育に対しても寛容になり、教育に生かす方向になっているのではないか——そう尋ねたところ、彼女は疑問を示した。

だれかが質問をすべきである。しかし、だれにも尋ねる資格があるわけではない——私たちはいまもそういう社会に生きているというのだ。「たしかに、私たちはシリコンバレーを必要としています。しかし、3億人に自力で考えてほしいと本当に思っているのでしょうか？」

マイヤーは都会の学校で教えはじめたとき、とりわけ低所得家庭の子どもたちが「学校では質問をしないようにしつけられていた」ことに気づいて愕然としたという。そしてその後いまに至るまで、その状況はさほど変わっていないと彼女は考えている。

ほとんどの場合、教師は意図的に質問を抑えこんでいるわけではないだろう。教材を次々とこなさなければならないプレッシャーを受け、なかでも生徒が多すぎて予算が足りない都会の学校の教師たちは、手に余るほどの大教室を管理する羽目に陥っているのかもしれない。秩序を維持し、「ともかくカリキュラムを終わらせるべし」という教師の義務は、子どもたち

Column

「炎」って何だ?

これは一見、簡単な疑問のようだが、皆さんは答えを知っているだろうか？　俳優のアラン・アルダは、子どものころ、この問いに夢中になっていた。それから70年近くたち、アルダはニューヨークのストーニーブルック大学で、「アラン・アルダ・センター・フォー・コミュニケーティング・サイエンス」を開設し、「炎って何だ？」をだれが最もうまく説明できるかを競うコンテストを開催した。驚くべきことに、審査員は9歳から12歳の子どもたちだ。このコンテストには、800人を超える科学者や科学マニアが応募し、物理学者のベンジャミン・エイムスが優勝した。彼は7分間のアニメーションをつくり、酸素、炭素、水素、発光、酸化を説明した（原子はレゴを使って表現した）。

アルダとエイムスは、この課題とは別の美しい質問に答えたとも言えるかもしれない。それは、「どうすれば、科学を子どもたちにとって面白くできるか？」。アルダが取り組む次の質問は、「時間って何だ？」だ（優勝者の答えは、centerforcommunicatingscience.org をご参照あれ）。

からの質問を認めることとは相反するのだ。

「恐れの感情」が好奇心を邪魔する

さらに、別の繊細な力が働いて生徒の質問がさえぎられてしまうこともある。子どもたちは文化的な圧力を受けて自分たちの質問を自己検閲しているかもしれないのだ。

ニューヨーク大学のジョシュア・アロンソンは、少数民族の低所得の家庭に育った生徒が直面する問題について調査していた。たとえば、学校ではアフリカ系アメリカ人の少年が停学になる傾向が圧倒的に高い、といった問題などだ。

アロンソンはまた、彼が言うところの「ステレオタイプ（固定観念）への恐れ」に関する興味深い調査も実施している。これはスティグマ（汚点、欠点、ハンディキャップ）の心理学、とりわけ「自分の属する人種やジェンダーに関する典型的なステレオタイプについての自分の反応」に焦点を当てている。黒人、ラテンアメリカ人、女性の大学生の標準学力テストの成績を調査したところ、「（たとえば、女の子は数学が苦手といった）よく知られているステレオタイプの標的になっている」と自己を認識している学生ほど、学校での成績に悪影響が出ていることがわかった。

つまり、ステレオタイプと闘っている生徒ほど、自分が無知であることをクラスのみんなに知られたくないので、質問をして授業を中断しようとはしない傾向が高いのだろうか？

「まったくその通りです」とアロンソンは言う。「恐れの感情は好奇心の芽を摘んでしまいます。残念なことに、そのような状況に置かれると、自分がほかの子どもたちに特定の見方をされているのではないかというプレッシャーを感じることになるのです」。その結果、そんなことはとっくにわかっている、あるいは全然気にしていない、というような態度を取るようになる。「ステレオタイプを強めてしまうかもしれないリスクを冒すよりも、安全志向に走りがちになるのです」

どの子が学校で質問をするかが決まっていく過程で、親も一定の役割を担っていることは疑いない。インディアナ大学の社会学者ジェシカ・マクロリー・カラルコが小学4年生と5年生に対して実施した最近の調査では、高所得の家庭の生徒ほど親から学校で質問をするよう促されているのに対し、経済的に恵まれていない家庭の子どもたちは、親から教師の言うことをよく聞くように言われ、学校や教師に助けを求めるよりも、自分で何とかするように促されていることがわかった。

「中流家庭に育った生徒は、性格的にかなり内気な子であっても、教師に質問することをそれほど苦に感じず、質問で得られるメリットを認識していました」とカラルコは報告している。「一方、労働者階級の子どもたちは、タイミング悪く間違った方法で助けを求めると教師を怒らせてしまうのではないか、と心配していました。また、友人たちに質問することによって愚かに思われるかもしれないと感じていました」。カラルコによると、こうした違いは「子どもたちが家で親から学んでいること」によって生まれていた。

しかし、デボラ・マイヤーはこの分析に異を唱えている。「この調査結果を見ると、低所得家庭の保護者が間違ったことをしているような印象を抱きますが、そんなことはありません。彼らは自分の子どもが質問をすると、トラブルに巻き込まれるかもしれないことを知っているのです。だから学校では気をつけるように言っているのです」。中流家庭の子どもたちが置かれている状況はそれとは異なる。「彼らは、学校に来ても安心していられます」。だからこそ手を上げるリスクを取れるというわけだ。

質問がいくら得意でも、まったく質問できなくなる環境

しかし、親から質問をするように促されている中流家庭の生徒たちでさえ、典型的なクラスの環境は好奇心をかき立て、探求心を刺激する場ではないと感じているかもしれない。

私がインタビューした〝達人〟クラスの質問家の一人に、15歳の高校生ジャック・アンドレイカがいる。彼はすばらしい質問プロセスによって、ある種のタイプのがんを見つけ出せる、きわめて効果的かつコストのかからない方法を開発した（アンドレイカが質問を使ってどのように問題解決をしたかについては、次章で紹介する）。私はアンドレイカのような、明らかに質問をする傾向の強い子どもが、質問することを学校で教わったのか、そして学校でも多くの質問をするのかに興味を抱いた。

彼によると、質問をするよう教えてくれたのは両親だという。「父と母が僕に質問をし、僕にも質問をするようけしかけてくるのです。でも答えは教えてくれません。そのかわり、実験や体験を通じて答えを探させてくれたり、仮説を立てさせてくれたりします」

アンドレイカが通っているのはメリーランド州にある「普通の公立高校」だが、「たくさん質問をするとか、自分で答えを探そうという生徒はあまりいません。教師が指示して、子どもたちは言われたことをする、という感じです。僕たちは厳しいガイドラインに縛られています。これは学ぶためのすばらしい環境だとはいえないと思います」。

クラスメート同士では質問を多くし合うかどうか聞いてみた。「学校では普通、大人しく教室の隅に座って、みんなの話を聞きながらときどき鼻で笑う——これがいわゆる〝クール〟な態度です。だからすごく退屈です」。自分自身はどうか。「僕もじっと静かにして、膵《すい》臓《ぞう》がんをテストできる新しい方法を探したりしています。そうでないときは、一つひとつ質問に答えたり。でも、『これが起きると何が起きるだろう?』みたいな質問はしませんよ。その手の探求は学校の外でやっています。学校はそういうことをさせてくれる場所ではないんです」

アンドレイカのような生粋《きっすい》の質問家ですら学校で質問をしないという事実は、いまの学校には根本的な問題があることを示唆している。だがライト・クエスチョン・インスティテュートのダン・ロスシュタインとルズ・サンタナは、そんなことは不思議でもなんでもないと言う。最も先進的な学校でさえ、質問はいまでも主に教師の領域のものなのだ。

「授業中になされる質問は、ほとんどが一方通行です」とロスシュタインは言う。「しかも質問をするのは生徒ではなく、教師です。教師が生徒に答えを促すために考えた質問をするわけです」。このアプローチによって教師は「無意識に、質問の職業化に貢献してしまっているのです。ものを多く知っている者だけが質問できるという考え方に」。

ロスシュタインとサンタナは質問についての研究と教育に20年を費やしてきた。二人はいま、設立3年になるライト・クエスチョン・インスティテュートの運動を通じて、子どもたちが質問の主導権を握り、教室内のパワーバランスを変化させられることを目指してがんばっている。

生まれながらの「質問魔」に、なぜ質問を教える必要があるのだろう?

ボストンの高校教師、リンセ・ピートがライト・クエスチョン・インスティテュートの「質問醸成テクニック」を初めて人文科学の授業で使ったとき、25人の生徒に挑発的な命題を提示することから始めた。

それは、「拷問は正当化できる」というものだ。

ロスシュタインとサンタナの用語で言えば、これは「Qフォーカス」という方法になる。つまり、生徒の問いを引き出すことにフォーカスしたアプローチだ。

ピートはクラスを少人数のグループに分けた。各グループの最初の作業は、限られた時間のなかで、この命題に関してなるべく多くの問いを考え出すことだった。

ルールについて確認してから（すべての問いを書き出すこと。討論をしたり問いに答えようとしたりしないこと。ひたすら多くの問いをひねりだすこと）、生徒たちはさまざまな角度からこの命題を考えはじめた。

いくつかの問いはこの問題を明確にすることを目指していた。「拷問をどう定義するか？」「拷問はいつ用いられるものか？」

風変わりな、しかし興味深い問いもあった。「拷問は人を幸せにするか？」

検討範囲を広げる問いもあった。「拷問は正義と何か関係があるか？」「最も拷問を受けやすい人はだれか？」

子どもたちは、「問うこと」についてこのような訓練をしたことがなかった。しかしピートによると、最初はルールに関する誤解が一部あったものの（たとえば、問いを考えだすとすぐに答えなければならないと感じている生徒がいた）、まもなくどのグループでも自由に問いが考え出され、メンバーによって書き留められていった。

次に生徒たちは、第2段階に進んだ。オープン・クエスチョン（「はい」「いいえ」では答えられない質問）をクローズド・クエスチョン（「はい」「いいえ」で答えられる質問）に変え、クローズド・クエスチョンをオープン・クエスチョンに変えるよう指示された。たとえば「拷問はなぜ効果的なのか？」という問いなら「拷問は効果的か？」といったように変えるなどだ。

ロスシュタインによると、この練習の目的は、問いや疑問は場合によって狭めることも、拡張することもできると示すことにある。これに取り組むと「問い方を変えることで、答えが変わったり、考えが違う方向に展開していくことがある」ことがわかってくる。

次に生徒たちは、疑問に優先順位をつけるように指示された。議論をするうえで最も重要な3つの問いを考えるのだ。ロスシュタインとサンタナはこの「収束部」が重要だと言う。いつまでも問いを口に出させるだけでは十分ではない。効果的な質問ができるようになるには、自らの疑問を分析し、さらに深く追求したい問いを見つけ出す方法を学ばなければならない。

この最後の段階まで来た生徒たちの問いには次のようなものがあった。

「拷問はなぜ機能するのか？」「拷問が正当化できるかどうかを決めるのはだれか？」「必要な結果を得るために人に耐えさせる痛みの大きさを、どう決めることができるか？」

授業の終わりが近づくころには「疲れ切ってしまった」子もいたという。たしかに、これは難しいプロセスだとロスシュタインも認めている。「質問から考えるなんて、それまでやったこともないことをさせられるわけですから」

ところがこのクラスに限らず、ライト・クエスチョン・インスティテュートの手法が使われたクラスでは、高いレベルの学習意欲が観察された。それは、ロスシュタインとサンタナが賢明にもこのプロセスに遊びの要素を採り入れて、あたかもゲームのように設計した（問うことしか許されない。質問でないものはすべて質問に変えなければならない）からかもしれない。

そしておそらく質問には、クラス中のだれもの参加を歓迎し、積極的に認める性質がある。ものを問うときに答えを知っている必要はないので、賢い子がクラスを支配することはない。また生徒たちは自分で考え出した質問には夢中になるものだ。子どもたちの学習意欲が高まるのはこのこととも関係があるとロスシュタインは考えている。「この、自分の問題だと感じられることが極めて重要です」と彼は言う。「自分で問いを立てると、それに答えることが自分の仕事だという気分になると子どもたちは言っています」

正しく質問できないと「損」をする

ロスシュタインとサンタナが開発した質問のプロセスは、完成までに何年もかかった。そもそもこれは学校に通う子どもたちのためのプログラムとして始まったわけではなく、もともとは大人が役人や医師、地主や学校職員と接するときに質問をうまく使えるよう手助けをすることが目的だった。

サンタナは、正しい質問をする方法を知らないと、必要なものや当然の権利として得られるはずのものを得られないことを、自らの経験でよく知っていた。サンタナは20代のときにプエルトリコからアメリカに移住してきた。最初は政府の福祉制度の保護を受けた後、ある工場で仕事を見つけたもののすぐにクビになったと彼女は話してくれた。「そして社会福祉制度を利用して職業訓練プログラムを受けようとしたのですが、断られました」

サンタナは、なぜ自分が断られたのかについて正しく尋ねる術を知らなかった。「私は自分のことをどう訴えればよいか、わかりませんでした」。幸運なことに、ソーシャルワーカーがあいだに入ってくれて、実際には彼女はそのプログラムを受ける資格があることを主張してくれた。サンタナは訓練プログラムに参加し、仕事を得て学校に入り直し、ついには修士号まで取得できた。しかし彼女は、とくに不利な立場にある人はなおさらだが、自分のことをうまく主張できるようになる必要性について学んだ教訓を忘れることはなかった。そして、マサチューセッツ州ローレンスで、居住支援の社会福祉事業に飛び込んだ。

そこでロスシュタインと出会った。ロスシュタインはサンタナとはまったく異なるバックグラウンド（ケンタッキー生まれで、ハーバード大卒）だったが、彼女と同じような関心を抱いていた。ロスシュタインはハーバードで教育学の博士号を取り、次のような問題意識を持っていた。

「社会問題について考えたり、社会政策を立案している人は、実際にその手の問題を抱えている人たちから何を学べるだろうか？」

「何を尋ねていいかわからない」から抜け出す

ロスシュタインは、都市政策に興味を持ち、ローレンス地区の近隣計画のディレクターとして働いていたとき、市の住宅問題に関する会合でサンタナと出会った。会合の終わりごろ、サンタナは部屋の外から手をあげて、市はその住宅問題の被害を実際に受けている人たちから十分な意見を聞いたのかと聞いた。「会合を彼女の発言から始めるべきだったと思うほど素晴らしい質問でした」とロスシュタインは振り返る。

その後、ロスシュタインは、ローレンス地区の高校の退学率を下げる市の取り組みを手伝ってほしいとサンタナに頼んだ。二人はそのプログラムに携わるうちに、ある障害にぶつかった。学校の方針は教育にも子ども自体にも影響があるので、保護者がもっと関わることが明らかに必要だったが、多くの保護者が会合に参加しようとしなかったのだ。

ロスシュタインとサンタナは当然、「それはなぜか?」と考えた。保護者たちに尋ねたところ、「参加したって何を尋ねたらいいかわからないから」という答えが返ってきた。

これは二人にとってひらめきの瞬間だった。

「もし保護者が良い質問をできるよう手伝えたら、どうだろう?」

二人は「もし〜だったら?」という疑問をつかめたが、その後「どうすれば?」の段階に進むときに誤った方針を選んでしまった。保護者が学校で良い質問をするための最も効果的な方法は、彼らに良い質問を提供することだと考えてしまったのだ。そこで、さまざまな状況についての質問をさっそくまとめ（「学校の予算の決定プロセスはどうなっているのか?」「なぜある子どもが停学になったのか」等々）、それを保護者に配り、会合に持ってきてもらった。

サンタナは当時を思い出し、こう語る。「会合には保護者の皆さんが質問リストを持って来てくれました。そしてマイクのところまで来ると、リストの質問を読み上げたのです。ところが、学校側のだれかから何かを尋ねられるやいなや、彼らは私たちのほうを振り向きました。あたかも〝いったい私は何をやっているのだろう?〟とでも言いたげに」

ロスシュタインはすぐに自分たちの過ちに気づいた。

「保護者たちは自分の質問を自分で考えて持ってこなくちゃいけなかったのです」

二人はどう質問すればいいかについて、コーチングを始めた。とくに、子ども、そして保護者に影響を及ぼすような学校の決定事項についてどう質問すべきかを教えた。その理由や決定に至ったプロセス、そのプロセスで保護者が介入できた役割についてどう問いただすか、などだ。

コーチングを続けるにつれて、驚くほどの成果を示す保護者が現れはじめた。彼らは、病院で医師から情報を得たり、地主とのもめごとを解決したりと、学校以外の場でも質問の技術を使うようになった。

そうして二人は質問指導のプログラムを広げて、さまざまな状況で試していった。国中の診療所や社会福祉センター、生涯学習プログラムなどと協力を始めた。彼らの質問の技術はニューメキシコの移民の保護者、ルイビルのホームレス用シェルターの生活者、ハワイのサトウキビのプランテーションで働く労働者などにも使われはじめた。二人はNPOを設立し、2011年には「ライト・クエスチョン・インスティテュート」として知られるようになった。

「正しい問い」にたどりつく6つのステップ

二人の質問のテクニックが成人教育プログラムでゆっくりと、着実に広がっていくうちに、興味深い現象が起きていった。それを学んだ大人の生徒たちの中に、「なぜ、高校時代にこういったことを学ばなかったのだろう?」と不思議がる人々が出てきたのだ。そうして、ロスシュタインとサンタナにもう一つの「もし～だったら?」の瞬間がやってきた。「成人向けの質問策定プログラムを、学校に通う児童向けにつくり直したらどうなるだろう?」

そこで、幼稚園から高校生までの生徒向けのプログラムを設計し、プログラムをいくつかのステップに分けた。

1. 教師が「中心テーマを決める」:たとえば「拷問は正当化できる」など。
2. 生徒が「問いをつくる」:教師は手助けをしない。回答もせず、問いについての討論もしない。すべての問いを書き出す。すべての文章を質問形式にする。
3. 生徒が「問いを改善する」:オープン・クエスチョンをクローズド・クエスチョンに変える。あるいは、その逆の作業をする。
4. 生徒が「問いに優先順位をつける」:たいていは、最も優れている質問3つを合意で選ぶよう指示される。

5. 生徒と教師で「次のステップを決める」：優先度の高い質問を、どう行動に落としこむのか。

6. 生徒は自分が学んだことを振り返る。

一連のプロセスはシンプルなので、教師は1時間でノウハウを把握できるし、生徒もすぐに理解できる。だが、ここまで単純化するのは難しかった。実際、この公式ができるまでにおよそ10年がかかった。

良い質問は「自然」には生まれない

ライト・クエスチョン・インスティテュート（RQI）の技術は、教師たちから幅広い支持を得た。生徒たちが問いについて考え始めると、「子どもたちのために何かの扉が開かれたように見える」と、ボストンの高校教師マーシー・オストバーグは指摘している。

ロスシュタインによると、教師向けのカンファレンスにおいてRQIのセッションには先生方の行列ができるという。「私たちのセッションに参加した先生方は、頭をピシャリと叩いてこう言います。〝なんでいままでこれをやってこなかったんだろう？〟」

社会評論家のニール・ポストマンは、20年以上前にそう考えた一人だ。教育における質問の重要性についての記事の中で、次の疑問を示している。「人類にとって最も偉大な知的スキルが学校で教えられていないなんて、こんな不思議なことがあるだろうか」

ロスシュタインは新聞のインタビューで、「なぜ質問について教えることがこれまで長いあいだ失敗してきたのか」、そしてその理由は「教師が教える必要がないと考えているからか」、それとも「教え方を知らないからか」を問われてこう答えている。

「私の答えは、『どちらもその通り』」

最初の理由については、質問とはたんに「スピーチの自然な一部」で、人々が直感的に発する何かだと考えられている、とロスシュタインは言う。

子どもは生まれながらの質問家《クエスチョナー》なので、質問の仕方を教える必要はない。ただ質問する気を削ぐようなことをやめればよいのだ——デボラ・マイヤーをはじめとする多くの人たちはそう感じている。

これに対し、質問は多くの人が思っているよりもずっと微妙で複雑で、高度な思考技術だ、とロスシュタインは主張する。質問とは「拡散的思考」「収束的思考」「メタ認知的思考」という3つの思考の賜物《たまもの》なのだと。

これらの思考法は部分的には子どもに自然に備わっているが、きちんと学び、練習しなければならない側面もある。また、だれでも5歳ぐらいになると質問をしなくなるので、生まれながらにして持っているはずの質問の技術が、中学や高校では長く放っておかれる。そしてその年齢になるころには質問をする筋肉＝「質問筋」（ロスシュタインはこう呼んでいる）

が萎縮《いしゅく》してしまうので鍛え直す必要がある。

質問の仕方は自分に教えられるか？

もし「質問筋」が中学生になるころまでに萎縮してしまったら、大学に入るころにはどうなっているか想像がつくだろう。実際、ロスシュタインが描いたグラフでは、大学生になるまで、質問の回数は年齢とともに右肩下がりに減少していく。私がインタビューした大学の教授たちも、アイビーリーグのような有名大学ですら学生からの質問がじつに少ないと認めている。

「私はもう20年もハーバード・ビジネス・スクールで教鞭を執ってきました」クレイトン・クリステンセン教授は話してくれた。「私はこの学校を愛していますが、それでも質問をする直観とか好奇心といったものは20年前よりもはるかに弱くなっていると思います。大人になるにつれて日がな一日スクリーンを眺めるようになったり、学校に行くだけになってしまうと、学校では答えがもらえますし、疑問を抱くための直観は発達しないでしょう。彼らは疑問を抱くように求められることがないから、どう疑問を抱けばいいかわからないのです」

イェール大学で教鞭を執る著名な著述家のウィリアム・デレズヴィッツは、次のように指摘する。

「いまの学生、とくにエリート大学の学生が受けている大学教育は、専門知識偏重のきらいがあり、特定分野での専門知識や、その分野特有の問題を解く力が鍛えられています。苦労に苦労を重ねて、テストで試される知識を習得しようとしていて、自分の置かれている状況から一歩下がって、自分がいま何をしているのか、なぜそれをしているのかを考える時間が取れなくなっているのです。学生たちは価値や意義、目的について大きな疑問を抱かなくなってしまったようです。ですが、子どもたち、つまり将来のリーダーが本当に学ぶべきなのは、そうした疑問の見つけ方です」

Column

子どもの「尋ねる力」を上げるために、親は何ができるだろう?

ハル・グレガーセンは「質問の達人」に関する研究で、質問が上手い人たちの子ども時代について調べた結果、ほとんどの場合、「子どもに挑発的な質問をけしかける大人が、まわりに少なくとも一人はいた」ことに気づいた。アメリカの物理学者でノーベル賞を受賞したイジドール・イザーク・ラービもそうだった。学校から帰ると、「ほかのお母さんなら『今日は何を勉強したの?』と聞くでしょうが、母はこう言ったものです。『今日は何かいい質問をしてきた?』」。

クレイトン・クリステンセンは、親は「もし〜だったら?」と問いかけることで、子どもの探求心を刺激し、まわりの世界について深く考えるよう仕向けられると考えている。同時に、家庭でさまざまな仕事を手伝いながら、実地に問題解決を図ることも同じくらい重要だという。このアプローチがIDEOの創業者、デイビッド・ケリーにも効果的に働いた。問題解決デザイナーとしての彼のキャリアは、子どものころ、「掃除機が壊れると、新しい部品を買ってきて直してしまう」といった家庭生活の中で培われたという。

優れた大学教授は、その手の疑問を考えるよう促せるものだが、そういう人は少ない、とデレズヴィッツは言う。その数少ない例として、デレズヴィッツ自身が師と仰ぐ、ある人気教授を挙げる。

「教授は、物事を組み立て直す能力を持っていました。何についても、じつに基本的なポイントを突いてくるのです。ほとんど馬鹿げているような質問もあるのですが、そこにこそほかのだれもが考えない〝聖なる愚者〟の真実のようなところがありました」

彼はそういう質問をすることで、「どんなことに疑問を抱いてもいい、とくに私たちが知っていると思いこんでいることについては……という姿勢を示してくれたのです」。

そしてなんといってもこの教授は、「自分でも答えのわからない質問をどんどん学生にぶつけてくれました。教師や教授、あるいは私たちは答えを知っていることこそが権威だと考えがちです。けれども、教師が『僕はこの答えを知らないので、一緒に見つけ出そう』と言ってくれると、学生はじつに解放された気分になります」。

「匿名性」が質問を後押しする

デレズヴィッツが示した、このいかにもソクラテス的な教授法を、現代のオンラインの世界で復活させることはできるだろうか？

これこそセバスチアン・スランが待ち望んでいることだ。グーグルの自動運転車をはじめとするさまざまな技術上の突破口を切り開いてきたスランは、生まれ故郷のドイツでは、授業の流れを止めるような質問をすることに気まずい思いをしてきたが、シリコンバレーはそうした質問に対する寛容度がはるかに高いと言っている。

スランはグーグルに勤めていたころ、スタンフォード大学で教鞭も執っていた。２０１１年に共同でクラスを持っていた人工知能のコースがオンラインで提供されると、なんと数万人が申し込んできたという。その後すぐに、自分のテーマを自動運転車から自主学習へと切り替える。彼が始めたオンライン大学の「ユダシティ」は、ここ数年で人々の関心を集めながら急速に数を増やしているプログラムの一つだ。

とりわけ興味深いのは、ソクラテス的手法をオンラインでの指導に持ち込もうとしている点だ。ユダシティのコースは、放送で授業を提供するだけでなく、考え抜かれた質問を要所で差しはさむことで、学生たちに自分が学んでいることについて考えさせるよう設計されている。

立ち上げ期のスランのパートナーの一人で、元グーグルのデザイナーのイレーネ・アウによると、生徒に自分から質問するよう促すことに関しては、実際、オンラインでのほうが簡単だという。匿名性が生徒たちの背中を押してくれるからだ。ほかの生徒たちが教室を出ようとしているときに大教室の後ろから声を張り上げて「あいつ」呼ばわりされる必要がないわけだ（ある教授によると、オンライン授業を始めたときほど多くの学生から質問を受けたことはないという）。

ただし、デレズヴィッツはこの点については懐疑的だ。彼は質問をコンピューターに打ち込むのと、目の前の教授に質問をするのとでは大きな差があると指摘している。彼曰く、実際に集まった学生集団と熟達した教師との、協力的で予想もつかないギブアンドテイクの関係に代わるものはない。そして「ソクラテスの発明以上に素晴らしい教授法はあり得ないと思います」と結論付けている。

「変化をつくりだす方法」を観察する

オンライン授業は、あらゆる世代の多くの人たちが自らの学びを意識し、質問筋を鍛え始めている――しかも既存の学校の外でそれを行っている――という大きな現象の一部といえる。ニックヒル・ゴーヤルは、探求を通じた学びの将来は、学校ではなく、人が集まり、一緒になって何かを構築し、生み出そうとする「メーカー」や「ハッカー」といわれる人たちのコミュニティにあると考えている。

ジョン・シーリー・ブラウンも同じような見方をしている。「実際に学校を辞めたり、学校を卒業してから本当の学びが始まると考える子どもたちは、現在形成されているような〝メーカー・ムーブメント〟の巨大なネットワークの一部になろうとしています」。

メーカー・ムーブメントとは、さまざまな専門知識を持つ人たち（メーカー）が興味のおもむくままに集まり、共同で行うもの作り運動のことで、その大半が（ローテクかハイテクかを問わず）ものをつくったり、音楽やアートの作品をつくったりしている。プロジェクト単位で、「ピア・ツー・ピア」、つまり仲間同士の学びを中心に、グループ内にいる未熟な「メーカー」たちが経験者に質問をすることで発展していくことが多い。

「教室」が開かれる場所は、地下室であったり、運動場であったり、博物館であったり（サンフランシスコの科学博物館「エクスプロラトリアム」は最近メーカー・スペースを設けた）、そしておそらく最も意外なのは、図書館であったりする。「図書館はいまや興味深いメーカー・スペースとしてつくり直されています。図書館員が、探求学習の教師役としての役割を担うようになってきました」

ブラウンは、若い人たちは、学校の教室でよりも教室の外でのほうが「ニューエコノミー」の技能、つまり創造し、実験し、構築し、質問し、学ぶための技術をよく磨けるのではないか、と考えている。指数関数的に変化していく世界では、「そういう子どもたちがトップに上っていくスキルを身につけていくでしょう」。

ある意味では、私たちはだれもが「メーカー」だし、あるいは少なくとも自分たちをそのように考えたほうがいい。これまでどのように質問するかを教わったことがあってもなくても、自分自身で、あるいは自分のスペースの中でそのスキルを磨いていくことができる。

まずは、熟練したほかの質問家がどうしているかを見ることから始めることだ。とくに「なぜ？」「もし〜だったら？」「どうすれば？」といった基本的な質問をどう使って問題を解決し、変化をつくりだしているかに注目するのだ。

第3章

「美しい質問」を自分のものにする

――Q思考の「3ステップ」をマスターする

なぜ？

Q：なぜ、写真ができるのを待たなければいけないのか？
Q：なぜ、一歩下がると前に進めるのか？
Q：なぜ、ジョージ・カーリンには他の人が見逃したものが見えるのか？
Q：私には余分なマットレスがあるのに、なぜ彼はベッドがなくて困らなければならないのか？
Q：なぜ、私たちは「質問について質問」しなければならないのか？

もし～だったら？

Q：もし、音楽のDNAをマッピングできたら？
Q：もし、脳が木の生い茂った森だったら？
Q：もし、疑問を抱いて寝たら？（答えと一緒に目を覚ますだろうか？）
Q：もし、アイデアがでたらめで靴下が左右違っていたら？

どうすれば？

Q：どうすれば、質問をかたちにできるのか？
Q：どうすれば、倒れない「マシュマロ・タワー」を建てられるか？

Ｑ：どうすれば、折れた足を愛せるようになるのだろう？
Ｑ：どうすれば、シンフォニーを一緒につくれるだろう？

なぜ、写真ができるのを待たなければいけないのか？

エドウィン・ランドは、20世紀初頭のスティーブ・ジョブズにたとえられることもある偉大な発明家だ。ランドには、ほかの人には想像もつかないような新しい可能性を見る能力があった。しかもそれは、細部に至るまで完成したかたちで彼のもとに降りてくることさえあった。だが、１９４３年のある晴れた冬の日、そんなランドでさえ、自分の人生を変えるほどの機会を手にしていながら、まったく気づいていなかった。彼の将来に突然光を与えたのは、３歳のおませな女の子の発した素朴な質問だった。

ニューメキシコ州サンタフェで家族と休暇を過ごしていたとき、ランドはお気に入りのカメラを使って愛娘ジェニファーの写真を何枚か撮っていた。当時、フィルムの現像は暗室か現像ラボに持っていくしかなかった。ランドはそれを当たり前のこととして承知していた。けれども、幼いジェニファーはちょっと違った見方をしていた。

「写真ができるまでに、なぜこんなに待たなければいけないの？」

そう父親に聞いたのだ。

ランドは自分がその質問にまともに答えられないことに気づいた。「これは挑戦だ」と思った。彼は数年後に行ったスピーチで、そのときの質問について「娘が僕にくれたパズルだった」と表現している。

「危険なほどに刺激的な高原の空気に刺激されて、私は思った。『できるはずだ。すぐに現像できる写真を設計できないはずがないじゃないか?』と」

最初の「なぜ?」からフル回転で大量の疑問を考える

ランドは当時30代半ばだったが、大きな問題に取り組むことにはすでに慣れっこになっていた。ハーバード大学を二度退学していたが、偏光の研究に夢中で、その技術のビジネスでそこそこの成功を収めていた。彼の技術は、光をフィルタリングしたり輝きを減らしたりできたため、サングラスやカメラ用フィルターに使われていた。けれども、ランドはもっと大きな野心を持っていた。「偏光したヘッドライトとフロントガラスで自動車事故を減らせないだろうか?」。そういう製品をつくって本当に人々の命を救いたいと思っていた。

彼が1930年代から40年代の初めまで探求し続けたアイデアは、偏光のメカニズムを利用して、ヘッドライトが前方の道路を完全に照らしながらも対向車線の車のドライバーからはまぶしく見えないようにする、というものだった。ところが、自動車メーカーからの支援を受けられなかったため、1943年ごろには会社の成長は鈍化し、新しいイノベーションを必要としていた。

ランドは、ジェニファーの質問について数時間考えると、彼女の最初の「なぜ?」という質問をもとに、「もし〜だったら?」という疑問を次々と設定していった。基本的な課題は、「カメラの中に何らかのかたちで暗室を置けたらどうなるだろう?」というものだ。

『ポラロイド伝説』(千葉敏生訳、実務教育出版)の著者、クリストファー・ボナノスによると、ランドは「カメラの中に薬品を入れるタンクを置いても、こぼれたりしてうまくいかない」と思っていた。だが、もしこれらの薬品が「小さな袋に入っていて、何らかの方法でネガの上に広げることができたらどうなるだろう?」。

ランドは数時間、歩きながら夢中になってさまざまな疑問について考えた。「どうすればポジフィルムをプリントできるだろう?」「ネガフィルムとポジのペーパーをカメラの中で合わせるにはどうすればよいだろう?」

ランドは頭をフル回転させてすぐさまそれらの疑問を具体化し、部分的に答えを導き出した。その日のうちに同僚の一人を呼び出して、インスタント・カメラを製作するための詳細な計画を書き始めたのだ。試作品の製作を大急ぎで開始し、それから数カ月もたたないうちに最初のインスタント・カメラのテスト写真(自分自身の写真だった)をつくりだした。

とはいえ、さまざまな障害や失敗にも直面し、大変な苦労を味わった末、最初の白黒インスタント・カメラを商品化できたのは、じつに4年後のことだった。

最初の「20段階」を進むと？

だがランドの疑問は、まだ完全には答えを得られていなかった。インスタント・カメラは1948年、華々しいデビューを飾ったが、じつは彼は最初の段階からもっと大きなことを思い描いていた。「これをカラーにするにはどうしたらよいだろう?」「カメラはもっと使いやすくなるんじゃないか?」といった課題に取り組んでいたのだ。ランドが、カラーでボタンが一つの、プリントも素早いポラロイドカメラの最高傑作SX－70でこうした疑問に答えるまでには、さらに30年が必要だった。

娘の素晴らしい質問に答える旅は長く、ときに苦しいものだったが、ランドはその旅を熟知し、十分な準備を整えていた。1942年12月、ジェニファーが父親に尋ね、ランドが夢中になって考えごとをすることになる1年前、ランドはポラロイド社の従業員たちにこう語っていた。

「何かする価値のあることを夢見たのならば、難しいことは考えずに取り組んでください。（中略）もしあなたが次にしなければならないことを事細かに考えているのなら、たとえゴールがはるか彼方《かなた》にあったとしても、それは素晴らしい夢なのです。そのことに気づくまでには5000段階もの工程を踏まなければならないはずです。けれども最初の10段階を進み始め、さらに20段階まで進んでいくと、その5000段階を通り過ぎるのがいかに早いかに驚くことでしょう」

ポラロイドの物語はイノベーターや質問家《クエスチョナー》のお気に入りの一つだ。この話は、疑問や質問に関する数多くの面白い事実を示している。

まず、世の中の仕組みを変えるほどの質問は、だれでも発することができる、ということだ。右も左もわからない子どもの質問がきっかけになるかもしれない。

先に、専門家でない人や門外漢のほうが専門家よりも素晴らしい質問をすることが多いと指摘したが、ランドのエピソードはまさにそのことを裏付けている。専門家の知識に価値がないと主張する人はいないだろう。けれども、いざ質問をする段になると、専門知識が妨げになる場合があるのだ。

ポラロイドの物語は、何らかの質問が触媒となって動き出す探求プロセスもよく表している。この「なぜ？」「もし〜だったら？」「どうすれば？」という進行は、世の中を変えるほどの新発明や新発見に関する多くのエピソードで確認できるが、それはこの事例にもはっきりと表れている。

ランドの世界観は、（ジェニファーからの質問に促されて）理想とはほど遠い現実の世界を見るとすぐに動き始め、「なぜこれはこうならなければならないのか？」という疑問に至った。これをきっかけに、ランドは大きな疑問に答えようと小さな質問をたくさん発してはそれに取り組むようになり、ついには怒濤《どとう》のような「もし〜だったら？」という仮定の質問へとつながった。その大元となった大きな疑問は、「カメラの中に暗室を置ければどうなるだろう？」だった。ランドは、化学や光学、工学のさまざまなアイデアや知識の断片をつなぎ合わせた。ボナノスによると、ランドは自らがそれまでに見知っていたことのすべてをこのプロジェクトにつぎ込んだ。

とはいえ、もしランドが最終的に「次の段階」に足を踏み出さなければ、多数の要素をさまざまに結びつけながら真理を追究していこうという「結合的探求」の努力も、それがいかに賢明なものであったとしても無に帰していたことだろう。「次」とはすなわち、自分のアイデアをペーパーにまとめ、周囲からのフィードバックを得て、中に暗室を設置したカメラの初期の試作品をつくり、初期バージョンをテストし、失敗し、修正し、またテストするという「どうすれば？」の段階のことだ。

鋭い「なぜ？」を生み出す条件

ランドは自分の創造プロセスが「なぜ？」「もし～だったら？」「どうすれば？」という段階に分かれているなどとは夢にも思わなかっただろう。けれども、このロジックは、人がどうやって問題に近づいて取り組むか、つまり「問題の存在に気づいてからそれを理解し、解決案について考え、実際に試してみる」というプロセスを示している。

問題解決のプロセスには、段階ごとに明確な課題や論点があり、それぞれがさまざまなタイプの疑問とともに、異なる思考形式を要求する。専門性は特定の領域では有益だが、それ以外ではあまり役に立たない。偏見のない、自由で拡散的な思考が何よりも重要なときもあれば、規律と集中が求められることもある。私たちは疑問と問題解決を体系的に考えることで、段階に応じてアプローチ方法を変更し、ツールを取り替え、質問を調整していくことができるのだ。

「もし～だったら?」が想像で、「どうすれば?」が実行なら、最初の「なぜ?」は見て理解するということだろう。一見、「見る」というのはやさしいように思えるかもしれない。たんに目を開けて周りを見渡せばよいのだから。けれども、エドウィン・ランドは自分の目の前にある問題を見ることができなかった。最初に見ることができたのはジェニファーだった。

このエピソードから、「なぜ?」という質問が上手になりたければ、選択肢が二つあることがわかる。一つは、日常生活を送りビジネスをしているときはつねに、好奇心旺盛で思ったことをすぐ口に出す3歳か4歳の子どもを連れ歩くことだ。そうすればその子はあなたの見すごしたものを見つけてくれるだろう。

もう一つは、好奇心の強い子どものように世の中を見られるよう、自分の視点を調整することだ。この選択肢は決して容易ではない。新鮮な目でものを見るには相応の努力が必要だからだ。

しかも、これは「なぜ?」という鋭い質問をできるようになるために必要な条件のほんの一部でしかない。そうなるには、ほかに次のようなことをできるようになる必要がある。

・一歩後ろに下がる。
・ほかの人が何を見失っているのかに気をつける。
・前提条件（自分たち自身を含む）を疑ってかかる。
・前後関係をよく見極めながら、つまり「文脈的探求」を通じて、足元の条件や問題の理解を深める。
・いま抱いている疑問を疑う。
・特定の疑問や質問については自分が主導権を握る。

極めてわかりやすいプロセスだが、すべては一歩下がることから始まるのだ。

なぜ、一歩下がると前に進めるのか？

「一歩下がる」という言葉は、質問について語るときによく用いられる。「一歩下がって『なぜ？』と問う」「一歩下がって考え直してみる」という具合に。けれども、私たちはいったいどこから一歩下がるのだろう？

エドウィン・ランドに大きな「なぜ?」という疑問が湧き上がったのが休暇中だったという事実は過小評価すべきではない。そのとき、ランドは日々の忙しいプレッシャーから解放されていた。ビジネスの実際的な問題からは距離を置いたところで、まったく実際的でない質問を楽しむだけの時間があった。

そんなときに、娘の質問にひらめきを感じて立ち止まり、素朴な視点から現実をとらえ直すことにしたのだ。しかも、「一歩下がって」、普段とは違った角度から物事を見た。つまり自分が持っている前提条件や専門知識からは距離を置いて考えた。ほんの一瞬、ランドは「知っている」ことをやめ、「不思議がる」ようになった。

「前進」を強いるプレッシャーに打ち克つ

うまく質問するには、とりわけ基本的な「なぜ?」を問うには、必ずしもかわいらしい3歳児を連れて休暇を取らなくてもよいが、少なくとも一時的には、新たな問いを発するために「している」ことをやめ、「知っている」状態を中断しなければならない。

何かを「している」ことをやめるほうが、「知っている」ことをやめるよりもうまくできそうだが、実際にはこちらのほうが難しいかもしれない。とにかく速く動き、(少しずつでも)前進を続け、「やり遂げる」ことを期待される世界では、「なぜ?」と問う時間などないからだ。

これはとくに職場に当てはまる。ビジネスミーティングをしらけさせる良い方法は、「なぜ、私たちはこれをしているのですか？」と声を上げることだ。この質問が完全に的を射たものであったとしても、だ。そんな質問をしようと考えるのは、かなり神経の図太い部外者であることが多い。

世界的に有名な雑誌の素晴らしい表紙のデザイナーで、著名な広告ディレクターでもあったジョージ・ロイスは、ビジネスミーティングをぶちこわしにすることでよく知られていた。それはたんに彼が自分のアイデアを強硬に主張したからではない。本当の問題は、ミーティングの最中に「なぜ？」と積極的に尋ねるのは彼ぐらいだったことだと、ロイスは現在振り返っている。

参加する役員たちは、理に適《かな》っていると思われる行動規範に従って物事を進めようとしていた。ほかの全員が同意してうなずいているときに手を上げて、「『ちょっと待ってください。皆さんがしようとしていることには何の意味もない。いったい全体どうしてこんなふうに事を進めようとしているんです？』などと言うのは私ぐらいのものでしたよ」。

すると他の役員たちは、会議の進行を遅らせ、皆が前に進むのを邪魔する存在としてロイスを見たという。しかし、集団は習慣で物事を進めがちなことをロイスは知っていた。以前に同じような状況で使われたアイデアやアプローチを、それがベストなのか、正しいのかということは考えずにやってしまおう、というわけだ。つまり彼らはロイスのような参加者、会議室でただ一人の質問家であることに耐えられるだけの健全な自我を持った者に反論されることで、「一歩下がる」ことを強いられたのだ。

ともかく前に進み続けようというプレッシャーや、一歩下がって疑問をぶつけることを嫌がる風潮があるのは、ビジネスの世界だけではない。

私たちの日常生活はさまざまな仕事や活動、娯楽、気晴らしで予定が詰まっており、「一歩下がって質問をする」ことはスケジュールに入りにくくなっているようだ。

たとえば、「そもそもなぜ、私たちはこんなことをしているのだろう？」といった最も重要な疑問が持ち出されることは決してない。

『人生は「幸せ計画」でうまくいく！』（花塚恵訳、サンマーク出版）の著者グ

Column

なぜ、イルカと泳いだほうがいいのか？

日常の仕事や活動から一歩下がると、物事をじっくり考え、深い疑問を抱く余裕ができ、時には転職（あるいは転業）を決意するほどのヒントを得られることもあるだろう。マーク・ベニオフもそういう経験をした。ベニオフはIT企業オラクルの役員だったが、休暇を延長して、じっくりとものを考える時間を取ることにした。インドを旅行した後で、太平洋でイルカと泳ぐためにハワイまで足を延ばした。水の中で、ベニオフは一つの疑問について考えた。「なぜ、企業向けソフトウエア・アプリケーションはアマゾンやイーベイのようにつくられていないのだろう？」。これがきっかけとなって、ベニオフはセールスフォース・ドットコムを立ち上げ、インターネットを使って業務用ソフトウエア・プログラムの設計と販売を根本から変革した。同社は設立８年で売上高が10億ドルに達し、「ソフトウエア業界を一新させた」という評価を得ることになった。

レッチェン・ルービンは、人が「一歩下がって、〝いったい、私は自分の人生に何を求めているのだろう?〟といった大問題を考える」だけの時間を見つけるのがだんだんと難しくなっているという。ルービン自身も長いあいだ、そんなサイクルの中をぐるぐると回っていた。「私は毎日の〝やることリスト〟にかかりきりで、『自分は本当に幸せなのか?』とか、『どうすればもっと幸せになれる?』といったことを考えることに時間を使っていませんでした」

先にも紹介したように、ルービンの「一歩下がる」瞬間は、ある雨の日、バスに乗っていたときに訪れた。日常生活がゆっくりと過ぎるという滅多にない機会を得て、「なぜ、私は幸せじゃないのだろう?」(そして現状を変えるために、何かを始めたとしたらどうなるだろう?)と自らに問い始めた。

おそらく、「なぜ?」と考えるためには、何よりもまず何らかの間《ま》、空間、ミーティングの中断、「進歩」の停止、バスに乗って窓から外を見る静かな瞬間などがなければならないようだ。たいていの場合、疑問を感じる時間はこういうときぐらいにしかやってこない。

「知っている」というのは、ただの感覚にすぎない

「なぜ?」と問うために、「している」ことから一歩下がらなければならないのなら、「知っている」ことからも一歩下がらなければならないだろう。

人生や仕事において、人は自分の領域で「専門家」になる。つまり仕事や生活の中で十分に知っておくべきことについて、すでに知っていると自信を持つようになる。こうした「何でも知っている」という感覚を持つと、私たちは好奇心を失い、新しいアイデアや可能性に対する感度が鈍くなっていく。さらに悪いことに、私たちは、自分で思っているほどには物事を知らない。

神経学者で、『確信する脳――「知っている」とはどういうことか』（岩坂彰訳、河出書房新社）の著者ロバート・バートンは、人は皆、自分が実際以上に物事を知っていると考えてしまうクセを持っていると主張する。

彼は長年にわたって、「確信するとはどういうことか？」という疑問と取り組んできた。そしてさまざまな調査の末、「知っている」という感覚は、実際ただの感覚、あるいは実感にすぎないという結論になったと私に話してくれた。ところがその感覚があまりに強いため、多くの人はバートンが「確信エピデミック」と呼ぶ一種の病気にかかってしまう。すると自分の知識を過大評価し、自分の「本能的直観」を信じ込み、自分が実際よりもはるかに多くの答えを持っていると確信して我が物顔で歩き回るようになる。こうなってしまうと、質問をほとんどしなくなるだろう。

さらに、自分の周りの世界にそれほど注意を払わなくなる。

神経学者たちの研究によって、私たちの脳は次々に受ける大量の刺激を瞬時に分類し、必要なものとそうでないものを選り分け、一部を無視するように設計されていることがわかっている。

この現象をうまく説明したのが、米国国際開発庁のチーフ・イノベーション・オフィサー、マウラ・オネイルだ。オネイルは論文の中で、「私たちの脳は、見たものの大部分を捨て、残ったものをすぐに分類し、脳に備わっている〝デューイ十進分類法〟（図書の代表的な分類法）に匹敵するシステムを利用して、長期記憶の中にしまいこむように進化してきた」と述べている。

オネイルが指摘しているように、脳がこのように反応するようになったのには実際的な理由がある。私たちの祖先は、身近に迫ってくるものが有益か有害かをすぐに判断する必要があったからだ。いまでもそんな必要性に迫られることはしばしばあるだろう。もっとも、いまのような情報の多い時代には、むしろすでにわかっていることやどうでもよいことから、新しいこと、重要なことを見極めたいと思うことのほうが多いかもしれない。

私たちは何分の1秒かの瞬間に「これ」には注意を向けるけれども、それ以外のことは（a）自分には関係（関心）がないか、（b）すでに知っている、という理由で無視しようと判断する。

私たちは自分のこれまでのあらゆる経験に照らして、「何を知っているか」について判断をする。そしてオネイルの言うように「何かを多く見たり、聞いたり、触ったり、においをかいだりしているうちに、脳の中にはそれに対する固定観念ができあがっていく」。そうしてともすると初期設定、つまり「われわれの一人ひとりが持っている知識や経験に戻って」

物事を考えてしまう。

この習性はたいていの環境下ではうまく機能するが、初期設定の範囲を超えて、何か新しいアイデアや可能性を考え、習慣的な思考から脱し、既存の知識を発展させたいと思うときには、一時的にでもよいので、自分の知っていることを忘れると前進できる。そのためには、ポール・ベネットのような質問魔が達する「何も知らない」境地に足を踏み入れようという大胆さ（と謙虚さ）を備えていなければならない。

「もう一度説明してほしい」と繰り返す

ベネットはイノベーション会社ＩＤＥＯのチーフ・クリエイティブ・オフィサーを長く務めている。英国で生まれシンガポールで育ち、ＩＤＥＯのロンドン・オフィスの立ち上げに携わった後、アジアの拠点開設の支援に携わった。世界中を飛び回るのが大好きで、たとえば、中国のある地方の人たちが洗濯物のすぐ横に魚の干物をぶら下げているのを見ては「なぜだろう？」と考えるなど、いつも何かを観察しては「なぜ？」と問い続けている。ベネットは自分の観察や疑問の多くを「好奇心の記録」（The Curiosity Chronicles）というタイトルのブログに公開している。

「私はつねに自分のことを〝ＩＤＥＯのうつけ者〟として位置づけています」とベネットは認める。「もちろん、ネガティブではなく、ポジティブな意味でね。〝知らない〟と平気で言えることは、疑問を抱き、質問するための最初のステップですから」

ベネットによると、自分がそのような役割を快適に思えるようになるにつれ、他人の目を気にすることなく、「思ったままの素朴な質問」ができるようになったという。たとえば、アイスランドが金融崩壊に見舞われたころ同国の国会でスピーチに招かれた際には、「〝お金はどこに行ったのでしょう?〟といった愚かな質問をしました。私は別にアイスランドの人たちに無礼な態度を取ろうとしたわけではありません。私には、この基本的な質問に率直に答えられる人がこの国にはだれもいないように思えたのです」

素朴な質問をすると、人はなるべく単純化して答えなければならなくなる。すると、その質問がなければ複雑だったはずの問題が明確になることがある。これもまた素朴な質問の効用の一つだ。「『よくわかりません、なぜなのかもう一度ご説明いただけませんか?』と問い続けると、人は統合と単純化を始めます――無関係な条件をはぎ取って、中心的なアイデアに向かわざるを得なくなるのです」

ベネットの素朴さのおかげで相手が「一歩下がり」、通常であれば居心地が悪くなるかもしれない地点からその問題を考え直すこともある。たとえば、アジアの一部の国では、企業や政府は厳格な階級構造になっていて質問がなかなかできない。「そのような文化では、外部から人がきて基本的な質問をすると歓迎されることがあります。というのも彼らも目の前の問題についてどうすべきか迷っていて、それでも自分の無能さをさらしたくない、あるいは失礼だと思われたくないという気持ちから自分では質問したがらないからです」

ベネットによると、IDEOという会社は「愚かな」質問の価値を十分に認めているので、安心して思ったままの質問ができるという。「信頼を生む文化を持つことが必要だと思います。質問をするということは、弱さをさらけ出すことでもあります。IDEOの文化では、このようなかたちで弱さを示すことは何の問題もありません」。したがって同社では、基本的すぎて尋ねられないような質問はない。社員は他の人の質問を無視したり型どおりに答えたりするのではなく、そういった質問を支援し、それに頼るよう促されている。「IDEOでは、だれもが後ろに下がり、お互いに助け合うことを認めています」

初心者の心は「空」である

シリコンバレーでは、IDEOをはじめとするイノベーション主導の企業は素朴な質問をわざわざ守り、奨励している。というのも彼らは経験から、そういった質問がきっかけとなって現状を突破するようなアイデアや大ヒット商品が生まれることを知っているからだ。シリコンバレーは、一見、だれもが「次の何か」にたどりつくまで休むことなく走り続けていて、ペースダウンしたり、一歩下がったり、基本的な質問をしたりするようなところではないと思えるかもしれない。

ところがハイテク分野の最も優秀な人材の多くはこのアプローチを受容している。この流れを推進してきたのは、アップルの共同設立者、故スティーブ・ジョブズだ。ジョブズは

「ショシン」（初心）として知られる禅の原則の支持者であり実践者だった。

ジョブズは、私たちがテクノロジーを日常生活に組み入れる方法を改めて想像し、再創造しようと決意していた。そのためには根本的な質問をすることがどうしても必要だった（ジョブズは、現在の市場の慣習から従業員のアイデアに至るまでありとあらゆることについて粘り強く尋ね続ける質問魔だった。しかも彼の質問の多くはそれまでの経緯をぶち壊すような、「解体的な尋問」に等しいものだった）。

世間一般の通念に異を唱えるためにジョブズが使ったツールの一つは、禅の名僧、鈴木俊隆によって1960年代に北カリフォルニアにもたらされた、ちょっとした先人の知恵だった。『禅マインド　ビギナーズ・マインド』（松永太郎訳、サンガ新書）の著者でもある鈴木は、北カリフォルニアに移住し、1971年に死去するまで、そこで禅を説き続けた。

著書の中で鈴木は、「初心者の心は空であり、専門家の習慣からは解放されている」と書き、そのような心は「あらゆる可能性に対して開かれており」「物事をあるがままに見つめることができる」としている。

鈴木はまた、将来イノベーターになりたい者に対して、この発想法の持つ潜在的な価値を強調する重要な指摘をしている。「初心には多くの可能性がある。しかし専門家の心にはほとんどそれがない」

ジョブズの奇妙な禅解釈

初心は、深い思索、気づき（念）、耳を傾けること、尋ねること、といったその他の禅の原理とともに、ジョブズとアップル以外のシリコンバレーの人々にも広まっていった。

レス・ケイは禅の老師で、カリフォルニア州マウンテン・ビューにある彼のカンノンドウ瞑想センターはグーグルの本社から目と鼻の先にある。グーグルやアップルの社員をはじめ、さまざまなIT系スタートアップ企業の創業者や、各社に資金を投じているベンチャー・キャピタリストが彼の弟子になっている。

その中には「何でも尋ねる」という禅的なものの考え方が、新しいアイデアやイノベーションを誘発するのに役立つかもしれないと期待して学んでいる人もいることをケイはわかっている（最近出版されたある書籍では、禅の原理をイノベーション戦略に融合することを意味する「ゼノベーション」という造語が紹介されている）。

だがケイはことあるごとに指摘する。「〝禅を実践すれば創造力が高まるだろう〟と考えるのは誤りです。禅は魔法の薬ではないのですから」。さらに、ケイの瞑想センターでは、禅の原理の一つとして「何かを求めて争わない」を挙げている。物質的な利益や事業の成功を渇望することは不適切だと考えられているのだ。

スティーブ・ジョブズは「初心」をうまく使って新製品を構想しながら、同時に市場シェアの拡大を「求めて争っていた」のではないかと指摘すると、かつてジョブズと同じ禅センターで学んでいたケイは答えた。「スティーブと禅との関係はとても変わっていました。禅の芸術的な部分を取って、仏教的な部分は取らなかったのです。彼にとって禅とは〝アート〟でしたが〝ハート〟ではありませんでした」

「休みの日の7歳の子ども」になりきる

それでもジョブズは、善かれ悪しかれ、人は質問家《クエスチョナー》でありながら征服者にもなれることを証明した。実際のところ、禅に浸りきることを選んでも選ばなくても、初心に返ることからは実践的な教訓を引き出すことができる。

シリコンバレーのベンチャー・キャピタル会社として有名なクライナー・パーキンス・コーフィールド&バイヤーズのパートナーで禅の実践家でもあるランディ・コミサーは、観察し尋ねる際にそのような姿勢を保つための鍵は、日常の思考や雑念、先入観、習慣的な行動、そして自分自身から「離脱する」努力をすることだ、と言っている。「自分をあたかも第三者のように見つめ直すのです」。その離脱の感覚をつかめるようになると、思考が「柔軟で流動的になっていき、あらゆることに疑問を抱きやすい自分に気づくようになるはずです」とコミサーは主張する。

TEDの創立者、リチャード・ソール・ワーマンは、新たな状況や対象に近づくときに自分の心を「空のバケツ」と考えると前に進みやすいと言っている。自分の仕事は、最も基本的な質問をしながらそのバケツにゆっくりと丁寧に水を入れていくことなのだ、と。

初心とは子どものような心の持ち方に似ている。しかし、それは言葉の響きほどに非現実的なことではない。本書ですでに述べたように、MITメディアラボといえば、キンドルから半分に折りたためる未来の自動車まであらゆる創造を手がけている著名な研究所だが、その所長を務める伊藤穰一は「大人になっても持ち続ける子どもの要素」という意味の「ネオテニー」（幼形成熟）という言葉を好んで使う。そして、だれでも訓練次第でそのような考え方を身につけられると言っている。

メディアラボには「大人の幼稚園」的雰囲気があり、いつも遊ぶことが奨励されている。また、さまざまな専門分野の人が協力しやすいように設計されている。

「私たちは自分が専門知識を持っていない問題に目を向けることがよくあります」と語るのはトッド・マコーバーだ。マコーバーは次世代音楽の作曲者でMITの教授も務め、ラボでの実験的な作業を通じて、人気の双方向音楽ゲーム「ギター・ヒーロー」の開発を手伝った。

マコーバーは、時代を突破するようなアイデアが、専門の外にいる人から生まれることは珍しくないと言う。なぜなら初心者は、「新鮮な目で問題を眺め、簡単か難しいかを忘れ、同じ分野の人からどう思われるかを気にしないからです」。

大の大人が現実に「子どものように考えよう」という気になれるのかと考える人たちのた

めに、ノース・ダコタ大学のダーリヤ・ザベリナとマイケル・ロビンソンが行った研究を紹介しよう。人はちょっとしたきっかけでいとも簡単に「子どものように考えられる」ことが示されたのだ。

ザベリナは、それ以前の研究で、幼い子どもたちは発想がのびのびとしているために創造力テストで良いスコアを取る傾向があることを知っていた。そこでロビンソンとともに二組の大人のグループに実験をすることにした。一つのグループには、学校が休みになった「7歳の子ども」になりきってほしいと指示し、別のグループにはとくに指示を出さなかった(そのままの自分でいてもらった)。

この二つのグループに創造力テストを受けてもらったところ、「子どものように考える」グループのほうが優れた独自の発想をし、「柔軟で、自由な思考力」を発揮したというのだ。

ザベリナは「人の思考は柔軟性が高いと思う。子どもが持っている開放的な思考方法を利用することはできる」と考えている。そうなるためにはただ、少し前の自分に戻る許可が(だれかから、あるいは自分から)与えられるだけで十分なようだ。

なぜ、ジョージ・カーリンには他の人が見逃したものが見えるのか?

では、一歩下がって考えると何が見えるのだろうか? 目にする現実や状況が本質的に変わるわけではないのだが、距離を置くことで、思考法を変える前よりも大きな像が視界に入ってくる。全体的な流れが見えてくるのかもしれない。それ以前には別物ととらえていた物事のあいだのパターンや関係に気づくからだろうか。その結果、すべてが変わってしまうかもしれないのだ。一歩下がって、何年も同じように見てきたものを改めて確認すると、突然それを初めて見たような気分になることもあるだろう。

この経験をしたことがある人なら、「既視感の逆《デジャヴ》」のような感じがするのではないだろうか。デジャヴとは、かつて行ったことのない場所に行ったときに何となく感じる親しみ（いつか来たことのあるような気がする）の感情のことだ。これに対し、自分がよく知っているものを見ているときに突然それを新鮮に感じてしまうという状況を、スタンフォード大学の教授ボブ・サットンは、デジャヴの逆で「ヴジャデ」というちょっと聞き慣れない用語を用いて説明している。

周囲のものを「ヴジャデ」レンズで眺められるように訓練すると、新しい可能性が開けるかもしれない、とサットンは主張する。見慣れた光景にカモフラージュされて気づかなかったものに新たな疑問が湧き、追究すべきアイデアや取り組むべき課題が見えるようになるというのだ。

この見方を採用すると、ビジネスリーダーやマネジャーは矛盾や古い方法、そして埋もれたまま見放されている機会への嗅覚が鋭くなる。社会問題に取り組んでいる人、あるいは個人的な問題に悩んでいる人でさえ、自分が知っているはずのことについて多くの疑問を抱き、基本的な質問をできるようになるだろう。

もちろん、これは簡単にできることではない、とサットンは釘を刺す。「それは、普段はマイナスと思っていることをプラスに、またプラスと思っていることをマイナスにとらえることを意味します。原因と結果の前提条件をひっくり返したり、最も重要なものとそうでないものを取り替えたりすることもあります。つまり、自動操縦《オートパイロット》を使わずに人生の旅をするということなのです」

だれも持っていない視点をつかむ「ヴジャデ発想法」

「初心」と同様、サットンのヴジャデ発想法は、イノベーションに関わるさまざまな分野で採り入れられている。とくに熱心なのはIDEOで、ゼネラルマネジャーのトム・ケリーは、ヴジャデによって「いつもそこにあっても気づかなかったものを見る」能力が養われると書いている。

だがじつはIDEO、あるいはサットンがヴジャデについて語る何年も前から、この用語は使われていた。アメリカ人のコメディアン、ジョージ・カーリンがお笑いのネタで使っていたのだ。

カーリンがネタの最中に突然話すのを止め、ハッと気がついたような素振りを見せる。そして聴衆に向かって「いま自分は〝ヴジャデ〟を経験した」と言う。続けて、「なぜか、ここに起きていることのすべてが、かつて起きたことがないかのような不思議な感覚だ」と説明するのだ。

カーリンは2008年に亡くなったが、彼の娘で、コメディアンでラジオのパーソナリティでもあるケリー・カーリンは、世の中をヴジャデ的に見る（ありふれた日常を何か変わった、魅力的なものを目撃したかのように観察する）方法は、まさにジョージが人生を通じて自分のネタを考えていたやり方にほかならないと感じている。「見慣れた光景が異質な世界になって新鮮に見えるとき、それは頭の中のファイルフォルダの見たこともなかった部分に入り込んだような感覚です。そうなると、ほとんどだれも持っていない視点を持てるようになるのです」

ジョージ・カーリンはその視点を利用して、コメディにおける「なぜ派」とでもいうべき日常生活の観察をベースにしたユーモアを発展させた。「野球とか、犬とか猫とか、冷蔵庫の前にだれかが立っている立ち方とか、そういった日常生活を観察して考えるのです。『なぜ私たちはこれをこんなやり方でやっているんだろう?』って」とケリーは説明してくれた。

ジョージ・カーリンは私たちの多くが当たり前のこととしている日常の振る舞いを研究し、矛盾点を調べ、何らかの説明をしようとしたのだ（そしてたいてい、答えは見つからなかった）。「たとえば家の鍵をなくして探しているようなとき、父は、『なぜ人は同じところを何度も何度も探してしまうのだろう』と不思議がっていました」

自分のポッドキャスト番組「アメリカン・ドリームからの目覚め」でコメディアンによくインタビューをするというケリー・カーリンは、コメディアンには、ヴジャデの視点を持つ習性があると考えている。「ほとんどのコメディアンは自分が周囲の人たちになじんでいないように感じながら育っています。クラス内のピエロ、アウトサイダーだったのです。もしかしたら学習障害で、教室ではうまくいかなかったのかもしれません。アウトサイダーにとっては、一歩下がって観察し、みんなが何をしているんだろうと不思議に思うのは自然なことです。そしてそのうちに、教室が自分の話すネタをつかめる場所になっていくわけです」

ジョージ・カーリンは、不合理な行動や理屈の通らないことがあるとどうしても目が行ってしまう、気になってしょうがないので、できれば気づかずに済ませたいと思うこともあると語っていた。

時間をかけて「目の前にあるもの」を発見する

私たちの多くはこれとは反対の問題を抱えている。気づかなすぎるのだ。それはなぜだろう? 普通の人は観察のために必要な時間を取ろうとしないからだ、とIDEOのトム・ケリーは考えている。人が目の前にあるものを見落としてしまうのは、往々にして「見るのをすぐにやめてしまっている」からというのだ。

ダートマス大学タック・ビジネススクール教授のビジャイ・ゴビンダラジャンとコンサルタントのスリカンス・スリニヴァスは、ケリーが何を言っているのかを見事に説明する演習をつくりだした。

彼らのセミナーでは、参加者にまず、下の図を一瞬見せる。それからこの図を隠して、「正方形はいくつあった？」と尋ねるという。

すぐに出てくる答えは「16」だ。しかし、参加者の中で観察力に秀でた人であれば（とくにスリニヴァスが1秒長い時間を与えて絵を見せたときは）図を違った視点から見ることでほかにも正方形を見つけられることに気がつく。16並んでいる単独の正方形に2×2の正方形が9つ、3×3の正方形が4つ、そして4×4の大きな正方形を1つ加えると、全部で30あることがわかる。

ゴビンダラジャンとスリニヴァスはハー

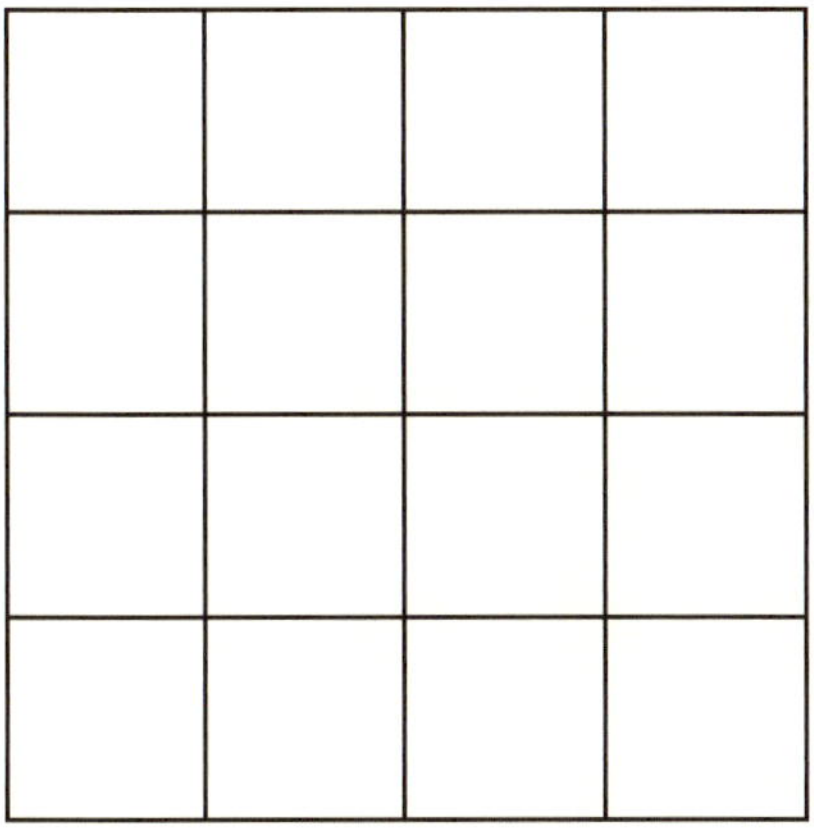

正方形は、いくつ見える？

バード・ビジネス・レビュー誌のブログにこの問題を掲載し、「正方形は最初からそこにあったのに、探そうとするまであなたはそれを見つけられなかった」と書いた（この後、数百人の読者から反響があったという。「正方形はいくつ？」に対する回答は16から30、60〈黒い縁でできた正方形30に白い縁の正方形30を加える〉、無限大というものまでさまざまだった）。

スリニヴァスはこの演習によって、人はただ十分な時間をかけて対象を見ていないがゆえに、利用できるあらゆる可能性を見逃してしまうことがあると教えているという。

また、この演習は厳しい境遇にある人たちの共感を得やすいとも指

Column

なぜ、コンピューターは計算以上のことができないのか？

1950年代には、コンピューターは数学以外の分野でどう使えるのかがよくわかっていなかった。コンウェイ・バーナーズ・リーはイギリスの数学者で、初期の商業用電子計算機の開発に取り組んでいたときに「コンピューターは、たんに計算をするだけでなく、情報をつなぐために使えるだろうか？」という疑問に取りつかれた。

この疑問は後に彼の息子でソフトウエア・エンジニアのティム・バーナーズ・リーによって洗練されることになる。莫大なリサーチ用データに圧倒されていたバーナーズ・リーは、当時生まれたばかりのインターネットとハイパーテキスト文書を結びつけて情報を見つけ、共有する良い方法はないだろうか、と考えた。そうして1989年、いまや「ワールド・ワイド・ウェブ」として知られるグローバル・ハイパーテキスト・プロジェクトを提案する。彼が構築した試作品には、いまでは世の中に広く親しまれているウェブブラウザのアーキテクチャであるHTML、HTTP、URLなどが含まれていた。

摘している。「人は先行きが見えず、あらゆる選択肢を使い果たしてしまったかのように感じることがあります。それに対して私は『目をこらせば必ず別の正方形、もう一つの可能性がつねにあるのだ』と答えています」

偉大な質問家《クエスチョナー》は状況や問題、周りにいる人々の仕草や自分の行動を「見続けて」いる。そして些細なことを研究する。そこに「ある」ものだけでなく、「ない」ものも探す。一歩下がり、横から眺め、必要であれば目をこらして見るのだ。「ヴジャデ思考法」や「見慣れたものをどう見るべきか」に関する論文の中で、サットンは「対象物やパターンを前から見るのではなく、後ろから見てみる」よう助言している。

そのように事細かに観察するには忍耐と粘り強さが必要だ。最初に16個の正方形を見てしまうと、私たちはついそこで思考をやめて別のところに目をやってしまう。けれども30番目の正方形が見つかるまで目をこらしていれば、他の人の目にはまだ入っていない機会の窓が開くかもしれない。

アインシュタインは「干し草の山から針を探す」ということわざ〔困難な行為のたとえ〕について話したことがある。ほとんどの人は針を見つけた段階で探すのをやめるだろうが、アインシュタインいわく、大事なのは、そこからさらに優れた針を求めて探し続けることなのだ。

私には余分なマットレスがあるのに、なぜ彼はベッドがなくて困らなければならないのか？

2007年の秋、ジョー・ゲビアとブライアン・チェスキーは、彼らにとって最も重要な、しかし決して美しくはない疑問を抱いていた。「どうやって家賃を支払おうか？　それが当時の私たちにとって最優先の課題でした」とゲビアは振り返る。

当時、ゲビアとルームメートのチェスキーには仕事がなく、お金もそれほど持っていなかった。とはいえ、サンフランシスコではまずまずのアパートを借りており、寝床と生活空間は確保できていた。このアパートは、むしろ地元のビジネス・カンファレンスに参加するために町に来る多くの人にとってのほうがぴったりというべきものだった。市内のホテルはすべて満室で、カンファレンスの出席者はどうしても泊まる場所を見つけなければならなかったからだ。

二人はこうした状況を（彼らは以前、別の町でのカンファレンスに参加したときに同じ経験をしたことがあった）何か間違っていると思っていた。「どうして一晩か二晩しのげる場所を見つけられないんだ？」。そう考えた末にたどりついたのが、「僕たちのアパートが使えるんじゃないか？」というアイデアだった。

ゲビアとチェスキーは自動膨張式のエアマットレスを三つ持っていた。カンファレンスの期間中、エアベッドをそれなりの手数料で貸し出しますという簡単な広告を出し、回収したお金をその月の家賃に充てるという手もあっただろう。ところが二人はふとこのアイデアを拡張し、「もしマットレス以外のものも提供したら?」という疑問を手始めに、あらゆる種類の「もし～だったら?」を検討し始めた。

提供できるものはそれほど多くなかったが、ちょっとした朝食と観光のヒントをおまけにつけた（ちょっとしたというのはどれくらいかって?「ポップターツ」〈朝食用の甘いお菓子〉だけだった!）。

そして広告サイト「クレイグスリスト」に広告を出し、さらには「自分たちのウェブサイトをつくったらどうなるだろう?」と考えた（二人にはウェブデザインの知識があった）。

以上のことを実行し、お互いに知らない三人の個人に三つのマットレスを貸し出した。全員がサンフランシスコでの滞在を満喫したことはいうまでもない。ゲビアによると、それから二人は「これをビジネスにできないだろうか?」「あらゆる主要都市で同じような体験をつくり出せたらどうなるだろう?」と考え始めた。

こうして二人の夢想家はほとんど無手勝流で当時の常識に風穴を開けた。最初の段階では、チェスキーとゲビア、そして後から誘った三人目のパートナー以外には、これがビジネスとして成立する、つまり支援する価値があると考える人はだれもいなかった。シリコンバレーの著名なエンジェル投資家で、スタートアップ企業の支援会社Yコンビネータを経営するポール・グラハムは、単純にこう考えていた。「だれも見ず知らずの人のベッドに寝たいと思わないだろう」

最終的に「エアビーアンドビー」に発展していくこのアイデアは、「町の外からやってくる訪問者のための宿泊施設は、実績のある著名なホテルでなければならない」という当時の常識への挑戦だった。

勘の鋭い人であれば、ほんの数年前まで自動車について多くの人が同じような感覚を持っていたことに気づいただろう。つまり、車を買ったり借りたりすることはできても、共有《シェア》する現実的な方法などないと思われていたのだ。そこにロビン・チェースという企業家が現れ、こういう疑問を抱いた。「なぜ車をシェアしてはいけないのか?」。こうしてカー・シェアリング・サービスの「ジップカー」が誕生した。

なぜ、この問題を「追求すべき」と思えたのか?

「自分の家を宿泊施設として使う」のがビジネスアイデアになることに当時気づいている人はほかにいなかった。これを「追求する価値がある」と思えたのは、二人がこの問題の両サイド(貸す側と借りる側)を経験していたからという側面もある、とゲビアは話してくれた。「泊まれる場所がなくて町にやってくるとはどういうことか、そして貸したいスペースがあるとはどういうことか。私たちはそのどちらの事情もよくわかっていました。そこでこの二つの点をつないだのです。いまから振り返ると、これはじつに理に適っていたのですが、当時はだれもそんなことをしたことはありませんでした」

ゲビアとチェスキーは、成功を導いた質問家に共通する一種の「反抗的」な態度を持っていた。

ある問題を見て、なぜそこに問題が存在しているのかに疑問を抱き、もしかするともっと優れた選択肢があるのではないかと考えることまではできるかもしれない。しかし、「この状況は変わりません。物事がこうなっているのにはそれなりの理由があるのですから」と専門家から言われた後も同じ疑問を抱き続けるのはなかなかできることではない。

ゲビアとチェスキーは、彼らの最初の疑問（「最初のサービス経験をビジネスに広げるべきかどうか?」）を問い続けて当初に外部から示された抵抗を乗り越えなければならなかった。

そしてそれぞれの過程で新たな疑問を抱いては解決に向けてどんどん進んでいった。彼らは考えた。「このアイデアを他の都市で試してみたらどうなるだろう?」

2008年、デンバーで行われた大統領選挙の民主党大会で、ビジネスアイデアを実行に移す恰好の機会を見つけた。大勢の人が町にやって来るのだが、十分なホテルがなかったのだ。「でも、どうすれば訪問者や、貸せる場所を持った人たちにエアビーアンドビーの存在を知ってもらえるだろう?」

ゲビアとチェスキーには広告を出すだけの資金がなかった。そこで彼らのビジネスをニュースに仕立てることにした。二人の創業者は、ニュースメディアがデンバーの混雑ぶりとホテルが予約でいっぱいであることを話題として取り上げることを知っていた。そこで、エアビーアンドビーを「一つの解決案」としてプロデューサーに売り込み、CNNで紹介してもらった。その結果、予約が入るようになり、デンバーでの初めてのビジネスが成功した。

とはいえ、その後もビジネスモデルについてさまざまな問いを発し、何度も試し、磨きをかけ、ようやく満足なものができあがるまでには一年かかったとゲビアは言う。実際にウェブサイトを使い、泊まりに行き、「何がうまくいき、何がうまくいかないのか?」を考え続けたのだ。

たとえばお金を支払う段になると、宿泊者とアパートの住人との関係が気まずくなることに気づいた。「とてもくつろいで楽しいときを過ごしていたのが、支払いのときになると雰囲気がガラッと変わる、というような」とゲビアは当時を振り返る。その経験から次の疑問が生まれた。「オンラインで支払うことにしたらどうだろう?」

ウェブサイトへの訪問者の多くから外国の都市について尋ねられたときは、次のように考えた。「なぜ僕たちのサービスをアメリカに限定する必要があるのだろう?」「グローバル展開したらどうだろう?」。その後二年もたたないうちに、二人のサービスは100以上の国に広がり、予約件数は100万に達し、彼らへの投資金額は1億ドルを超えた。投資家の中には、最初はこのビジネスに疑問を抱いていたYコンビネータのポール・グラハムもいた。グラハムはシード投資家の一人になった。

「挑戦的質問」という方法

最近、ゲビアとチェスキーは「シェアリング・エコノミー（共有型経済）」をつくりだすとは現実的かという新しい課題を考え続けている。根底にあるのは、「なぜ私たちの社会では、本当には持つ必要のないものを買い続けなければならないのか？」という基本的な疑問だ（たとえば電動ドリル。製品ができてから寿命が尽きるまでに使われる総時間は、アメリカでは平均わずか13分だ）。

ゲビアが指摘するように、現代のような消費社会では、このような「雑多なもの」が何十年もかけて買い集められている。「もしこれからの100年間、こうしたものをシェアしたらどうなるだろう？」「もし〝利用権〟が〝所有権〟に勝ったらどうなるだろう？」

エアビーアンドビーが他の企業も巻き込んで「シェアリング・エコノミー」の実現という野心的な動きをうまく牽引《けんいん》できるかどうかはまだわからないが、同社は果敢にも「人は進んで家やベッドをシェアできるのか？」ということよりもさらに大きな課題に挑戦している。それは、「私たちの経済はどう動いているのか？」「人はどの程度まで自分に埋め込まれた行動様式を進んで変えようとするのか？」、そして「シェアにはビジネスモデルとしての妥当性があるのか？」という問いだ。

ゲビアとチェスキーが実現した成功は、一般通念がどのようなものであろうとも、「前提条件に挑戦しよう」「あらゆるものが変化する運命にあると信じよう」という二人の意欲に根ざしていた。「なぜ？」タイプの質問の下位概念であるこの「大前提に挑戦する」という質問方式は、「挑戦的質問」と考えることができるかもしれない。挑戦的質問には、落ち着きがなく、反抗的で、習慣や権威を疑う、という特徴がある。

たとえば、次のような質問だ。

「なぜ、いま存在しているものを甘受する必要があるのか？」

「『それはできない』と言っているあなたをどうして信じなければならないのか？」

「では、どうすべきか」は言えなくていい

挑戦的質問には、その場の雰囲気を壊す要素がある。

「それは、争いのもとになりやすいんです」とハーバード大学で学生イノベーション・プログラムを指導しているポール・ボッチノは指摘する。ボッチノのプログラムは、最も聡明で創造的な大学生たちに人気があるが、彼らでさえ、指示されたことの多くを一つの質問も発することなく受け入れる傾向があるという。ボッチノの主な仕事の一つは、学生たちに「現職の者たちは現状維持に関心があるということを理解せよ」と説くことだ。「優れた質問をするには、『そうである必要はない』と言える能力を持たなければならないのです」

これは多くの学校で教えられている「どんな疑問や質問にも正しい答えがあり、それを受け入れたほうが（そして覚えたほうが）よい」という姿勢に反するものだ。デボラ・マイヤーが疑問を抱くことを奨励するセントラルパーク・イースト学校を設立したころ、生徒たちに教えた最初の「思考の習慣」は、「何が『真』かをどうやって知るのか？」を問い続けることだった。マイヤーは子どもたちが教わったこと、言われたことすべて

Column

なぜ、インドには救急搬送サービスがないのだろう?

これは自分の母親がこのサービスを必要とした経験から、シャフィ・メイサーが取り組んだ問題だ。彼はまず一台の救急車と、緊急事態に陥った人でもかけられるシンプルな電話番号（1298）を用意してサービスを始めた。最も難しい質問は、「いくら請求すべきか？」だった。メイサーはこのサービスをだれでも利用できるようにしたかった。だから、「払えるだけ払う」システムの導入を目指したのだが、すると、だれもが自分は貧しいと主張することになった。

そこで今度は、「どうすれば、お金を持っている人ほど多くを払う仕組みをつくれるだろう？」と考えた。答えは、「いい病院を要請するほど、高い料金が発生する」システムだった。メイサーのサービスはアキュメン・ファンド〔175ページ参照〕の支援を得て、アジア最大の救急搬送サービス会社となり、これまでに200万人近くの人たちを運んでいる。メイサーはそこに至るまでにさまざまに自問自答を繰り返した。もちろん時には失敗もあった。一度など、コスト削減のために「担当医師がストレッチャーも持ち運んだか？」と考えたことさえあった。そこから学んだ教訓は、人は「ストレッチャーを運ばなければならない医師が優秀なはずはない」と考えてしまうということだった。

に疑問を抱いてほしいと思っていた。

コメディアンのジョージ・カーリンは（娘のケリーによると）死ぬまで権威を信じていなかった。彼の保護者に対する助言は、「子どもたちに読書だけを教えてはいけません。読んだものを疑うよう教えてください。あらゆるものに疑問を抱くよう指導してください」というものだった。

長年の訓練によって「専門家から与えられた答え」を受け入れるべきだという考え方が染みついてしまっている人たちが専門家に疑問を抱くのに慣れる唯一の方法は、質問を何度も何度も繰り返すことだとボッチノは言う。

挑戦的質問をするときに慣れなければならないことの一つは、「どうしてあなたは、自分が専門家よりものを知っていると思うんだね？」という典型的な反論を受けることだ（答えは、「たしかに自分のほうが知っていることは少ない。だがそのほうがいいときもある」だ）。

挑戦的質問をする人が受けるもう一つの反論は、「わかった、天才君。では、どうすべきだというのかね？」というものだ。この問いには「これまでのやり方に異議を唱えるのであれば、その人は対案を出すべきだ」という発想が隠れている。

けれども、仮にどうすればいいかを知らなかったとしても、「なぜ？」「もし〜だったら？」という質問をすることは重要である。優れた対案を得るには時間と労力がかかるかもしれないが、何にせよどこかの時点で始めなければならない。そして往々にして現状に対する疑問や質問がその出発点になるのだ。

なぜ、私たちは「質問について質問」しなければならないのか？

定説に異議を唱える質問は有益で、ときに物事を動かすきっかけになる。けれども質問自身に欠陥がある可能性も否定できない。勝手につくりあげた前提や偏見が質問の中に組み込まれている場合もあるだろう。それを見つけ出すための一つの方法は、自分の質問に疑問をぶつけることだ。

すでにご紹介した、「確信エピデミック」（多くの人が本来すべき質問をしない傾向）についての論文を書いた神経学者ロバート・バートンは、人は質問をするときでさえ不確かな「本能的直観」と偏見に頼ることが多いと指摘している。「人生の中で自分が経験するか自分の身に降りかかってきたことのすべてがあなたの判断の根幹を成しており、あなたの抱く疑問や問いに影響を及ぼしています。ですから一歩下がって、『なぜ自分はこんな疑問を抱いたのだろう？』と考えることは有益だと思われます」。さらにバートンは付け加える。「何かの疑問を抱くたびに、『この疑問の前提は何だろう？』と自問してみるべきです。『他に自分が問うべきことはないのだろうか？』と」

自分の抱く疑問を問いただすこと、「私はなぜ、『なぜ』と考えているのだろう？」と考えることは、一種の堂々巡りのようなもので、結論が見えずに目眩《めまい》を感じるかもしれない。

しかし、自分の「なぜ」を問うには、実践的で建設的な方法がある。内容の理解を深め、一層意味のある質問に発展させる助けとなる質問だ。

それにはいわゆる「5なぜの法則」のような簡単な実践法から、自分の疑問や質問をもっと大きな前後関係の中でとらえ、現実に照らし合わせて使えるかどうかを検討する、かなり手間暇のかかる文脈的探求まで、さまざまな方法がある。

「5なぜの法則」は日本で生まれた手法で、その源流はトヨタグループの創始者である豊田佐吉までさかのぼる。トヨタ自動車は、製造上生じた問題の真の原因にたどりつく方法として、何十年にもわたって5回の「なぜ」を自問自答する習慣を続けてきた。

たとえば、ある工場から欠陥部品が見つかったとすると、最初の「なぜ」で「工場の組立て作業の工程上でだれかがミスを犯した」といった最も明白な答えが見つかるだろう。では次になぜそのミスが起きたのかを考えると、「ある作業に対する訓練が十分ではなかったから」といった原因が浮かび上がるかもしれない。さらに「なぜ」と突き詰めると、「従業員訓練プログラムに十分な予算が配分されていなかった」ことが判明し、その原因をさらに探ると、「お金はどこに使われるべきか」「最も重要なものは何か」といった会社にとっての根本的な優先順位にまで行き着くことになるはずだ。

「5なぜの法則」で心理の限界を超える

原因を深掘りすることの価値は、いまやビジネスの世界でもかなり広く認識されるようになってきた。最近では「5なぜの法則」の熱心な信奉者で著作家・コンサルタントのエリック・リースが教えているリーン・スタートアップ手法の一環としてそれは採り入れられている。単純で子どもじみた「なぜ」という問いが、なぜそんなにも効果的なのかをリースに尋ねた。「これは、人間心理の限界を克服できるようデザインされたテクニックだからです」

リースによると、人は何かの問題に直面すると、最も簡単で、最も明白な説明をつい求めてしまう。しかも「人には、本来はシステムの責任でも、特定の個人のせいにしたがる傾向がある」。複雑で、互いに関連し合っているさまざまな要素が問題の原因かもしれないのに、その可能性を検討するよりも、弱い立場にある工場労働者に責任をなすりつけるほうが簡単だ。

「5なぜの法則」はビジネス以外にも使える。IDEOは人の行動についてのさまざまな問題に対処するためにこの手法を使ってきた。同社は次のような例で、これが生活上の問題にどう使えるかを示している。

「なぜ運動するのか?」
「健康によいから」
「なぜ健康によいのか?」
「心拍数を上げるから」

「なぜそれが重要なのか？」

「もっとカロリーを燃やせるから」

「なぜカロリーを燃やしたいのか？」

「体重を減らすため」

「なぜ体重を減らしたいのか？」

「健康そうに見せなければならないという社会的なプレッシャーを感じるから」

「質問をどうして5回でやめるのか？」と思う人もいるだろう。この決められた「5回」という回数は根拠のない、いいかげんな数字に見える（実際には3回「なぜ」と尋ねたら重要なポイントにたどりつくこともあるだろうし、6回必要な場合もあるだろう。そして、この方法がまったく機能しないこともあるのは確かだ）。けれども、どこか適当なところで問うのをやめないと、ルイ・C・Kの「なぜ？」というネタのように、最終的には「宇宙はなぜいまのようになったのか？」といった壮大な質問に迷い込んでしまうかもしれない。


ただし、真理を深く追究しようという活動の場合には、たとえそれが何回になったとしても、「なぜ」と問い続けることには価値があるように思える。ハリウッドの映画俳優で著作家でもあるスティーブン・トボロウスキーは、どの役を演じるときも、この種の連続的な質問を使って役を掘り下げている。そして「たいていの場合、このプロセスには3段階の質問が必要だ」と考えている。「要塞《ようさい》に3度の攻撃をしかけて初めて、一人の役者として〝これだ〟という感覚をつかめる」というのだ。

たとえば医師を演じるときには、その役柄の「いま」を支えている動機を考えれば、とりあえず演じられるかもしれない。しかしトボロウスキーは「その動機を支えている動機」を考えるなど、徐々に探求の水準を深めていく。「私はまず『医師として、自分は何が得意で何が苦手だろう?』と自問します。そこから、もっと深いレベルの問いに進むのです。『そもそも自分はなぜ医者になりたいと思ったのだろう?』というように」。トボロウスキーは「5なぜの法則」を知らなかったが、もう何年も自分なりの「3つのなぜ」を実践し、効果を実感しているという。

「開いたり閉じたり」して質問のレベルを上げる

自分が追求しようと選んだ問いに「取り組む」には、他にも、解体する、あるいは形や範囲を変えてみるなど、さまざまな方法がある。MITメディアラボでは、トッド・マコーバーが状況に応じて質問を拡大、縮小する方法を学生たちに教えている。一つの問いを多くの人にあてはめて考えると、より大きな質問になるかもしれない。

たとえばエアビーアンドビーの創業者たちは、自分たちが抱いた疑問を「僕たちはサンフランシスコでオンラインの宿泊施設シェアシステムを構築できるだろうか?」に限定できたはずだが、実際にはすぐに「このアイデアは世界中で通用するだろうか?」と考え始めた。

一方、マコーバーは、大きな疑問についての思索を進めるには、小さく実行可能な質問へと細分化していくことが必要だとも言う。たとえば「これを全世界で試してみる前に、近所で使ったらどうなるだろう?」と考えるわけだ。

ライト・クエスチョン・インスティテュート(RQI)は、疑問や質問をあれこれと工夫するもう一つの方法を開発した。質問を「開いたり」「閉じたり」すると改善できることを発見したの

Column

なぜ、必要な人に水が届かないのか?

安全な水を飲めない人が世界に10億人近くいる現状に対して、エンジニアで社会活動家のゲイリー・ホワイトは、俳優のマット・デイモンと協力して「ウォーター・ドット・オルグ」を設立した。この手の活動で従来行われてきたアプローチは、寄付金を集めて井戸をつくり、「水事業を現地の人に提供して、後は任せる」ことだった。これがうまくいっていない事実を前にして二人は、「なぜ慈善事業では、最も必要な人たちに水をうまく提供できないのか?」を調べ始めた。すると、慈善事業から出た資金は地元で給水施設を運営している中間業者に流れており、貧しい人たちは依然として料金の過払いを強いられたり、水を求めてとてつもなく長い距離を歩かなければならなかった。

結局、ホワイトとデイモンは次のような野心的な問いを立て、解決に全力を尽くすことになった。「地元のコミュニティが自分たちの水源をつくる手段を持てたらどうだろう?」。ウォーター・ドット・オルグの革新的な「ウォーター・クレジット」は、人々(大半が女性)が自分たちの水源を開発、獲得できるように、小口資金を融資している。同サービスは、いまやこれまでに世界中で100万人以上の人々を支援している。

だ。

たとえば、だれかが「お義父さんはどうしてこうも付き合いづらいのだろう?」と悩んでいたとする。この疑問はほとんどの「なぜ?」「もし~だったら?」「どうすれば?」と同じように「開いている」、つまりオープン・クエスチョンであり、たった一つの決定的な答えは存在しない。

この疑問を「閉じる」、つまり「はい、いいえ」で答えるクローズド・クエスチョンの形式に変換すると、「お義父さんは付き合いにくい人物なのだろうか?」となるだろう。

こうすると、最初の疑問の中に潜んでいた前提と向き合うことになる。つまり、「そもそも、その前提は本当に有効なのか?」と考えざるを得なくなるのだ(この「義理の父親」は、ほかの親戚や友人とはうまくやっているかもしれない)。

こうすると、最初の疑問をもう少し厳密なものに変えることができる。「なぜお義父さんと私はあまりうまくいかないのだろう?」

RQIは、研究を進めるうちにこのプロセスが両方向に効くことを見出した。クローズド・クエスチョンも「開く」ことによって改善できる場合があるというわけだ。

「正しい問い」をつかむには、問題との距離を縮める

こうした方法を使って疑問について細かく詰めていくことはできるが、疑問に疑問を抱

く、あるいは質問に質問するための最適の方法は、おそらく「世間に試してみること」、つまり実際に人に尋ねたり状況に当てはめてみて、その裏側に隠れている前提が維持できるかどうかを確認することかもしれない。ある文脈では正しいように思えた疑問も、別の文脈に当てはめると間違いだとわかることはよくある。

発展途上国では、新生児用の保育器が足りない。長年にわたって、保健機関や慈善団体は理屈の上ではじつに真っ当な疑問に答えようとしてきた。「どうすれば保育器を、それを必要としている場所に提供できるだろう?」。この問いへの比較的わかりやすい回答は、「寄付をせよ」だった。

しかし、これは誤った問題設定に対する正しい答えだった。この発想から、貧困国に大量の保育器が寄付され、ニューヨーク・タイムズ紙の記事によれば「各国とも〝保育器の墓場〟になってしまった」。これは保育器よりもはるかに大きな問題の氷山の一角だった。ある研究が明らかにしたところによると、外国から寄付された医療機器の96%は、結局それほど使われることなく捨てられていた。

では、どう考えればよかったのだろう? この問題に取り組んできた衛生局の職員たちがようやく見つけた正しい問いは、「発展途上国の人たちはなぜ、手持ちの保育器を使わないのだろう?」だった。現場の実態を観察して明らかになったのは、保育器は壊れやすいのに、現地の人たちにはそれらを直す部品もノウハウもないということだった。「なぜ」に対する答えがわかると、担当職員は「もし~だったら?」の疑問に移った。具体的には「維持と修理が簡単な保育器を提供したらどうなるだろう?」と考えた。

この運動に関わっていた医師の一人、ジョナサン・ローゼンは自ら調査にあたり、「保育器問題を抱えている地域の多くでは、自動車と自動車部品が容易に手に入る」ことを知った。そして、「どうすれば自動車部品から保育器をつくれるか?」という最終的な問いにたどりついた。

非営利の設計グループを仲間に引き入れてこの問題に取り組んでもらい、ついに小さな部品から「自動車パーツ保育器」を組み立てることに成功した。安価で使いやすく、機械いじりについての基本的なスキルがあればだれでも廃品置き場のがらくたを使って直せる器具ができあがったのだ。

慈善事業ばかりでなく、営利事業、医薬品、科学の世界でも、この保育器のような話はいくらでもある。不完全な情報や間違った思い込みに基づいて、正しくない問いが発せられる例だ。これは、問題を解決しようと考えている人たちが、問題からあまりにも遠くにいることが多いからだ。この課題を克服する最も優れた方法の一つは、質問家と問題との距離を縮めるよう努力することだ。

「文脈的探求」とは、尋ねようとする対象になるべく近づき、前後左右を見ながら観察し、耳を傾け、より知的な、したがってより効果的な質問をできるよう感情移入をすることだ。

「観察」と「実体験」が答えを生む

こうした研究については、ビジネスの世界ではIDEOがパイオニアとして活躍してきた。このデザインファームが20数年前に設立されたとき、デザイナーのデイビッド・ケリーと弟のトムをはじめとする創業者たちは、人間工学の諸問題（たとえば「人の生活になじむガジェットをどのようにつくるか？」）を解決するには、社会科学者が行っているような心理学や行動学の研究をしなければならないことに気づいた。そこで、心理学者や人間行動学の学生を雇い入れ、人々を観察する独自の方法を開発し始めた。

IDEOは、社内の特別な部屋やフォーカスグループ（調査目的のために募った小グループ）のような人工的な設定の中からは効果的な問いは出てこないと考えていた。人がどのように生活しているかを理解するには、彼らの生活の中に自分をどっぷりと浸らせる必要がある。つまり彼らは台所で何をしているのかをよく観察し、スーパーマーケットに行くときには後ろをついていく、といったことをしなければならない。IDEOの研究者たちはこれを追究するあまり、物事をじかに経験しようとすることも少なくない。

典型的な例を一つ紹介すると、IDEOはかつてある病院グループから「当院の患者はどのような経験をしているのか？」という疑問の解決に力を貸してほしいと依頼された。病院の経営者たちは、洗練されたパワーポイントによるプレゼンテーションではなく、病院の天井を撮影した、長くてとてつもなく退屈なビデオを見せられて度肝を抜かれた。

「一日中病院で寝ていると、天井を見るぐらいしかすることがありません。非常に不愉快な体験です」とIDEOのポール・ベネットは説明した。IDEOはこの事実を十分にわかっていた。というのも、社員の一人が実際にこの病院に「調査入院」し、担架に乗せられ院内をめぐり、何時間も病院に横になっていたからだ。この種の「没入型」のアプローチによって、外から病院を眺めるのではなく、徹底的に考え抜くことができるのだ（病院の看護師たちは、このビデオを見るとすぐに各部屋の天井のタイルに飾りつけをしたという）。

疑問を抱くだけでなく「執着」する

文脈的探求は、訓練を受けたチームを揃えなくても十分に実施できる。必要なことは、好奇心と偏見のない心を持って積極的に現実の世界に出向き、注意深く観察し、そして（私がインタビューした数多くの質問家によると）おそらく何よりも大事なことは「耳を傾ける」ことだ。現場の意見や感想を聞くと質問が湧いてくる。ポール・ベネットも、優れた質問家になるための重要な鍵の一つとして、深く考えず条件反射的な質問ばかりするのではなく、「相手の言うことに耳を傾ける」ことを挙げている。そうすれば本当に興味深い質問が心に浮かんでくるはずだという。

国際NPO（非営利組織）アキュメン・ファンドは、支援をしようとする村やコミュニティの現場でたっぷり時間を費やしながら社会問題に取り組んでおり、代表のジャクリーン・ノボグラッツは「体全体で聞く」、つまりあらゆる感覚を研ぎ澄ませて自分の周りで起きていることを吸収することが大事だと強調している（アキュメン・ファンドについては第5章で改めて取り上げる）。

文脈的探求をするには、調べようとする問題に深く関わらなければならない。自分の部屋やオフィスに閉じこもって、あるいはオンライン検索をしながら問題を考えるのではなく、現場に出向き、ノボグラッツの言うように「床に座って現地の人々と時間を共に過ごし、生活について話す内容に耳を傾ける」のは大変なことだ。そこまでやろうと決意することは、質問の主導権を握ろうとする行為の一環である。そして、頭から突っ込む前に一呼吸置いて考えるのだ。「なぜ、これは私の問題なのだろう？　もしこれが私の問題でなければ、なぜ、これは私の問題にならなければならないのか？」と。

スリカンス・スリニヴァス（正方形を数えさせる演習をつくったコンサルタント）にインタビューしたとき、彼はある興味深い質問を発した。

私たちは、現状を突破するような発明が一つの問いから始まることが多いのはなぜなのかを話し合い、ネットフリックスやポラロイドのようなエピソードについて話していた。スリニヴァスは、「なぜこんな罰金を支払わなければならないのだろう？」「なぜ写真ができあがるまで待たなければならないのか？」といった疑問は、だれが思いついてもおかしくないごく普通の疑問だと指摘し、「けれども、ほとんどの人はそんな疑問を抱いても行動しないのです」と加えた。そして「問いに対して行動する人もいればそうでない人もいるのはなぜでしょう?」と言ったのだ。

これに対するはっきりとした答えはない。想像力や意志の強さと関係があるのかもしれないし、ときにはヴァン・フィリップスと彼の義足のケースのように、絶望が絡んでいることもあるだろう。

けれども、フィリップス、ポラロイドのランド、ネットフリックスのヘイスティングス、アキュメンのノボグラッツ、エアビーアンドビーの創業者たち、そして本書で紹介しているその他の人々については、次のことは言えると思う。

彼らは一見、手に負えないような大きな問題に直面しても、それを（そしてその問題を明らかにした問いを）自分自身のものにしようと決断したのだ。

単に疑問を抱くこととそれを追究することは違う。同様に、ある考えをもてあそぶのとそれと共に生きることとは違う。後者を選ぶと、その疑問は心理療法士のエリック・メイゼルが「生産的な執着」と呼ぶ心的状態、ポジティブな意味合いを持つ執着になると考えられる。意識の表面に現れ、後退し、再び浮かび上がり、潜在意識の中に侵入するので夢にまで出てくるようになる。あなたはそれと格闘し、共に歩き、抱いて寝ることになる。こうしたことのすべてが探求の「もし〜だったら?」の段階ではじつに有益になってくる。

もし、音楽のDNAをマッピングできたら？

ティム・ウェスターグレンは、多くの人々の音楽の聴き方を変えるイノベーションを実現したが、じつはかつては彼自身がミュージシャンで、ロックバンドで演奏しながら、当時の多くのバンドと同様、聴衆集めに四苦八苦していた。そして彼の知る才能あふれるミュージシャンの多くも、ラジオで演奏されなければ多くのファンをつかめず、しかし多くのファンがいなければラジオで放送されないという典型的なジレンマに悩まされていた。

そこで最初の「なぜ」が生まれた。「優れたミュージシャンが自分に合った聴衆を見つけられないのはなぜだろう？」。この疑問がウェスターグレンの頭に取りついた。彼は結局バンドをやめて作曲家として映画業界で職を得たが、それでもこの疑問が頭を離れることはなかった。

新しい職場でのウェスターグレンの仕事は、人の好みに沿った音楽をつくることだった。「映画音楽の作曲家の仕事は、監督たちの好みを分析し、求められる曲を提供することでした」とウェスターグレンはウェブサイト「ザ・ストリート」に語っている。だがウェスターグレンは好みの曲を直接尋ねるのではなく、さまざまなタイプの音楽を演奏して彼らの反応を観察した。そうして「自分の頭の中に、さまざまな音楽的嗜好《しこう》をマッピングしたゲノム」

をつくろうとした。

その結果、ある種の「ひらめき」を得た。いや実際には「結合的探求」の瞬間が訪れた。ウェスターグレンはフォーク歌手のエイミー・マンについての雑誌記事を読んだ。彼女はある程度のファンをつかんでいる才能あるアーティストだったが、ウェスターグレンの言葉を借りれば、「どっちつかずの状態の中で〝くすぶって〟いた。（中略）彼女の古いレコードは店頭にあるけど、新曲は出ていなかった」。

マンについての記事を読んだウェスターグレンは、「なぜミュージシャンに聴衆が見つけられないのか？」という疑問を再び抱いたが、今度は少し違ったことが起きた。この疑問に解決の糸口が見つかったのだ。

ウェスターグレンは当時学んだばかりのこと（「音楽の好みの特徴、つまり音楽プロファイリングを分析するために自ら開発したプロセス」）をエイミー・マンや多くのミュージシャンが直面していた問題に結びつけて考えてみた。

「音楽プロファイリングを使って、エイミー・マンと彼女の生み出す音楽を好みそうな聴衆をつなぐ方法があったらどうなるだろう？」

ウェスターグレンは、かなりストレートで予測可能な（「あなたがこの種の殺人ミステリー小説を好きなら、この本をお気に召すのではないでしょうか」という程度の）推奨を行う能力を備えたアルゴリズム・エンジンをつくる技術は知っていた。しかし彼が思い描いていたのはそれよりもはるかに精度の高い、数十の、いや、おそらくは数百に及ぶ音楽の微妙な特徴や特質に基づいて、ある個人がなぜある音楽が好きなのかを分析できる仕組みだった。そのためには、音楽を最も基礎的な要素（ウェスターグレンが考えていた生物学的類推《アナロジー》を用いれば、音楽の遺伝子）へと分解する方法を見つけなければならなかった。つまり、取り組むべき問いはこれだった。

「もし、音楽のＤＮＡをマッピングできたら？」

「音楽の遺伝子」を発見する

この「もし～だったら？」の疑問にたどりつくと同時に、彼は「どうすれば？」の段階を開始し、アイデアを共有して支援を呼びかけた。ウェスターグレンは十分な財政的支援を得て（その一部は自分のクレジットカードから引き出せる最大額の借金だった）、ミュージシャンと技術者を雇い、実験を始めた。

雇われたミュージシャンの一団が毎日集合し、ヘッドホンをかぶり、さまざまな音楽に耳を傾けた。一曲ごとに内容を分析しては、メロディー、ハーモニー、リズム、楽器編成、歌唱力といった項目について基本的な構成要素（「遺伝子」）へと細分化していった。たとえば「歌唱力」では、「耳障りな」から「柔らかい」まで25～30種類、全体ではおよそ４００種類の特徴によって各曲が分類された。

ミュージシャンたちが音楽を細かく調べているあいだに、技術者たちは専門的な検索エンジンを開発した。どちらのパートも極めて重要だった。ウェスターグレンは、この開発中の「秘伝のソース」は、「人間の判断」と「アルゴリズム」の組み合わせで決まると感じていた。

試作品をつくるまでに半年以上かかった。「音楽をそんなふうに分類するには時間がかかるんだ」とウェスターグレンは説明する。「ばかげたやり方だったけど、これが自分に考えられる唯一の戦略だった」

最初に試作品をテストしたとき、ウェスターグレンが「ビートルズ」とタイプすると、システムは何と「ビージーズ」の曲を推薦してきた。ウェスターグレンは、１９７０年代のビージーズのディスコ音楽を連想して一瞬パニックに陥った。けれどもこの試作品は、少なくとも音楽面に関しては彼よりも優れていた。ビージーズの初期の作品群は、音楽的には、マシンにインプットしていたビートルズの曲とじつによく似ていたからだ。

今日、パンドラ・ラジオは７０００万人のリスナーを抱えている。「音楽を遺伝学のようにマッピングできるのか？」についての疑問に答えられただけでなく、この実験の発端となった、ミュージシャンとユーザーとを組み合わせる方法を見つけ出せたことをウェスターグレンは誇りに思っている。

パンドラ・ラジオは毎日、比較的無名のバンドの音楽を拾い上げては、それを最も楽しみそうなユーザーに提供している。ユーザーは、音楽の遺伝子や無名のミュージシャンの将来性などには興味がないかもしれない。だがこのサービスはユーザーのためにそれとは異なる疑問に答えている。

「自分がどんな曲なら気に入るかを、自分より先にラジオ局がわかったらどうなる?」

「実現可能性」を考えずに空想しつくす

パンドラの物語は、問いから出発したスタートアップ企業の多くと同様、あるとき、だれかがまだ満たされていないニーズについて不思議に思ったことから始まった。そして、質問家であるウェスターグレンが、その答えを完全に実現したサービスを世の中に打ち出す方法を見つけて終わった。

だが、物語の初めと終わりのあいだには何があったのだろう? いつ電撃が走ったのだろうか? ウェスターグレンの場合は、無名の歌手に関する雑誌の記事を読んだときに、一見無関係な生物学の世界と結びついて「ひらめき」が降りてきた。アイデアとそれがもたらす結果が頭の中で近づき、音楽の知識とテクノロジーについて学んでいたことが結びついたのだ。

新しい可能性の将来像が心の中でかたちになり、すべての要素が大胆な疑問となって現れた。その疑問にどの程度の実現性があるかは不明だったが、それは関わった人が皆、実現に向けて挑戦しようと奮い立つほど刺激的なものだった。

「もし〜だったら?」の段階では、実際的なことは考えずに、あらゆる疑問を浮かべていい。「どうすれば?」という現実的な段階に入ると、思いついた可能性の多くは生き残らないかもしれない。しかしイノベーションにとっては、荒っぽく実現しそうにないアイデアが表面に現れては輝く時期が不可欠だ。

「なぜ?」という言葉に浸透力があって、質問家がさまざまな既存の前提を乗り越えて問題を深く掘り下げるための原動力になると、「もし~だったら?」という発想は、思考の制約条件を取り払い、想像力に火をつけて、極めて大きな力を発揮する。

ジョン・シーリー・ブラウンは書いている。「想像を大きく広げるには、物事をそのままで、あるいはそう見えているままでとらえるのではなく、もっと違う視点から見る機会がなければならない。これは〝もし~だったら?〟という素朴な疑問から始まる。それは何か変わったもの、そしておそらく明白には真実ではないものを現在の状況または視点に持ち込むプロセスである」

パンドラの「もし~だったら?」という疑問は、明らかに「何か変わったこと」を世界に持ち込んだ。音楽の広大な宇宙をつかまえて遺伝学的な方法で分解するというウェスターグレンの考え方は、多くの人(とりわけミュージシャン)にとってばかげたものに思われた。けれども、「もし~だったら?」ステージが素晴らしいのは、まさにそのばかげたアイデアこそが歓迎される段階だということなのだ。

既存のアイデアから「スマートな再結合」をする

そうした乱暴で危険なアイデアはどこからやってくるのだろう？　もし私たちがアイデアの源の正確な場所とつかまえ方を知っていれば、創造性はいまのように神秘的でも予想不可能でもないはずだ。

だが、独創的な発想や洞察力、つまり想像的な「もし〜だったら？」の問いに結びつくようなひらめきの瞬間は、さまざまなアイデアやそれのもたらす結果を組み合わせたり、通常では調和しないようなもの同士を何度も混ぜ合わせたりする能力を必要とすることが多い。アインシュタインをはじめとする偉大な人たちは、これを「組み合わせ思考」と呼んだ。本書ではそのうち問いに関する部分に焦点を当て、「結合的探求」という用語を使っている。呼び方が何であれ、この混ぜ合わせたり適合したりというプロセスが、創造性とイノベーションの根幹にあるのだ。

新たなアイデアを思いつくのに、何もないところから発明する必要はない、すでにあるものを材料にすればいいと知るとホッとするものだ。重要なことは、寄せ集めのようなこまごましたものを、賢く、思いがけない、有効な方法で組み合わせ、「スマートな再結合」（この用語は、もともとイギリス人のデザイナー、ジョン・サッカラがつくったようだ）を実現することにあるのだろう。

「スマートな再結合」は周りを見渡せばどこにでもある。たとえばパンドラ・ラジオは、ラジオ局と検索エンジンの組み合わせだ。そして生物学上の遺伝暗号のモデルを音楽の領域に持ち込んだ（「スマートな再結合」はまったく異なる分野のアイデアと結果を持ち寄って一緒にすりつぶすことも多い）。今日のようなハイテク時代には、最も成功した製品（アップルのｉＰｈｏｎｅがその端的な例だろう）の多くはハイブリッド、つまりさまざまな機能や特徴を新たな方法で組み合わせたものだ。「スマートな再結合」はビジネスにもあり得る。ネットフリッ

Column

3つの菓子を1つにしたら?

1890年代、生まれ故郷のドイツから成功を夢見てカナダに出てきたばかりのフレデリック・リュックハイムの頭に、ふと「結合的探求」のアイデアがひらめいた。キャンディとピーナツ、ポップコーンが人気になっているのを見て思ったのだ。「3つをすべて一緒にしたらどうなるだろう？」。リュックハイムは1893年のシカゴ万国博覧会でこのミックス菓子を販売したが、何かが違っていた。砂糖でコーティングしたポップコーンはくっついてしまって食べにくく、「キャンディードポップコーン&ピーナツ」という商品名も、正確ではあったもののあまり受けなかった。「くっつかないようにするにはどうしたらいいだろう？」という課題は油を加えることで解決した。商品名は、1896年に突然決まった。試食した人がこう叫んだのだ。「これは素晴らしい《クラッカージャック》！」

筋金入りの質問家《クエスチョナー》だったリュックハイムはなおも考え続けた。「どうすれば、クラッカージャックをもっと魅力的にできるだろう？」。そしてついに1913年、彼はきわめつけの要素を加えた——それは「おまけ」のオモチャだった。

クスは、スポーツクラブのような月額会費制を取るビデオレンタル企業としてスタートし、さらにいまでは「テレビ製作スタジオ」を事業に加えている。エアビーアンドビーはオンラインの旅行会社とソーシャル・メディア・プラットフォーム、そして古きよきB&Bの組み合わせだ（B&B、つまり「朝食付き民宿」も古い時代に成功した「スマートな再結合」だ）。

人々はさまざまなアイデアを考えつく限りの方法で結合し、再結合してきたが、インターネット時代には、「マッシュアップ（異種要素の混合）」の機会や組み合わせは無限にあるように思える。ワイアード誌によると、「創造的な行為は、もはやゼロから何かを構築することではなく、むしろすでに存在している文化的製品から何かをつくりだすこと」だ。

「スマートな再結合」は、あらゆる面からの刺激の集大成だ。それは冷静な計算から生まれる（この儲け話とあの儲け話をどう組み合わせるとさらに儲かるだろう？）こともあれば、偶然見つかることもある。ベストセラーとなった『ヴァンパイアハンター・リンカーン』の場合は、両方の側面が少しずつあった。著者のセス・グレアム＝スミスは、ある書店に入ったときに、ベストセラーの棚がヴァンパイアものの本ばかりで、そのそばの棚にはリンカーンの伝記がうずたかく積まれていることに気づいた。

後にニューヨーク・タイムズ紙に告白したように、彼はこの二つの山を眺めているうちに、「ある種シニカルな気持ちから、〝この二つを組み合わせたらすごいのでは？〟と思った」という。

多くの再結合がとくに「スマート」なわけではないが、すでに存在している要素を新たに混ぜ合わせると、驚くほど独創的で面白くて役に立つ傑出した作品ができあがることがある。一見すると、論理的なつながりも自然なつながりもないアイデアと結果が、いったん組み合わさると、途方もなく強力になることがあるようだ。

「AとB」ではなく「Aと26」を組み合わせる

ロケット科学者としてNASAでいくつものプロジェクトを手がけた後、ソフトウエア会社インテュイットでイノベーション部門の統括者を務めたデイビッド・コード・マレイが、著書『ブレーン・ハッカー 巨人の「肩」に乗れ!』(本田直之訳、イースト・プレス)の中で、物事を組み合わせて創造する行為、つまり「結合的創造」について書いている。

マレイは「イノベーションとは、そもそも既存のアイデアから新たなアイデアを構築することだ」と述べ、アインシュタイン、ウォルト・ディズニー、ジョージ・ルーカス、そしてスティーブ・ジョブズなどの偉大なイノベーターたちは、「問題を定義し、アイデアを借りて、新たな組み合わせをつくりだした」と指摘している。マレイによると、彼らの採った方法は、一見すると調和しないさまざまなものを組み合わせ、「はるか遠くの場所から」アイデアを借りてくるというものだった。

結合することが得意なイノベーターは、自分たちがすでに取り組んでいること、たとえばウォルト・ディズニーであれば、自分が計画している新たなアミューズメントパークについて、次のように考える。「このアミューズメントパークが、映画のように命を吹き込まれたらどうなるだろう?」

「その過程で」とマレイは説明する。「ディズニーは、アミューズメントパークという主題を映画に見立てて全体を見始めます。絵コンテをつくり、従業員を出演者に見立てて……という具合に作業を進めていったのです」

いまではテーマパークがさまざまな要素の組み合わせであることは明らかに思えるが、ディズニーがこのアイデアを導入した当時は、新鮮で、驚くべき、そして魅力的なミックスだった。

マレイが指摘するように、もしほとんどの創造的なアイデアが「長距離間の組み合わせ」(つまり、一見無関係で別々なもの同士を集めたもの)の結果だとするならば、最も有望な結合的探求はたんに「もしAとBを組み合わせたら?」というものではなく、「もしAとZを(あるいは、いっそのことアルファベットのAと数字の26を)組み合わせたら?」というものになるだろう。

このような非論理的な発想を促そうと思えば、「論理的思考を抑えなければなりません」とマレイは助言する。これは最新の神経学に関する研究でも裏付けられている。研究から、人間の脳は眠ることのない「結合的探求マシン」であることが示されたのだ。つまり、脳は一見無関係に見えるさまざまな断片的な事象を仕分けて自問するという。「これとあれを一緒にしたらどうなるだろう?」と。

もし、脳が木の生い茂った森だったら?

「『なぜXはいまのようでなければならないのか?』『もしそれを別の方法でしようとしたらどうなる?』といった挑戦的な疑問は一種の拡散的思考です。こうした疑問は、脳の中に興味深い活動を引き起こします」。そう語るのはフロリダ大学医学部の神経学教授ケン・ハイルマン博士だ。

脳で何が起きているかのイメージをつかむには、脳を「木の生い茂った森」と考えるところから始めるとよい、とハイルマンは言う。「ニューロン、あるいは神経単位を木と考えるのです」。このアナロジーでは、木の幹が細胞体になる。大きな枝が神経突起、小さな枝が樹状突起で、それらが遠くまで枝先を伸ばしている。「脳の中では、木同士の間隔が広いものや狭いものがあって、枝同士が意思疎通しています」。そのうちに「神経結合」が形成され、新しい思考、発想、ヒントが生まれる。

すべての結合が、創造的洞察力を生み出すという点で同等というわけではない。テーブルと椅子のように、つながりが明らかな連想ほど左脳で生じやすいと指摘するのは、ドレクセル大学のジョン・クーニオス教授(神経学)だ。これに対して、「まず〝テーブル〟、次に〝テーブルの下〟という概念を考える」といった関連性が低い連想には、強い神経のつながりが必要となる。こうした作業には、長い枝で構成されている右脳のほうが適している。

ハイルマンやクーニオスは、知的な突破口、つまり問題を解くか、新しい創造的なアイデアにたどりつくような思考の飛躍的進展は、互いに離れた要素同士が結合して実現する、右脳で起こりやすい現象であることを発見した。私たちが独創性を発揮できるのは、樹状突起が先に伸びてはるか彼方にある「木」と接触し、普通は混じり合わないさまざまな思考や知識の断片、そして影響を組み合わせられるようになるからだ。

たんに「なぜ?」と「もし~だったら?」を問うだけでは、必ずしもこうした神経結合が起きるとは限らない。しかし問うからこそ木が生い茂り、枝が伸びる。

トロント大学経営大学院のチェンボー・チョン教授は、「なぜ結合的思考、あるいは連想的思考が洞察力や創造的発想を生み出せるのか」「どうして脳はこの種の思考ができるのか」について幅広い研究を行った。その結果、私たちは脳による神経の遠隔結合の探索を必ずしも制御できない(そのほとんどが無意識のうちに起きる)ものの、解くべき問題や、答えるべき難問に集中すればその活動を刺激し脳をその方向に導けることがわかった。「そのような目標や疑問を持ち、解決しようと努めることはとても重要です」とチョンは言う。もし何かについて意識的に大きな疑問を抱いたとすると、潜在意識でもそれに取り組む可能性が高くなるのだ。

さらに、もしあなたが好奇心を抱き、それを満たすべく積極的に問いを発し知識を集めると、(ゾーンの言葉を借りると)「結合すべきおびただしい量の原材料」が提供されて、結合的探求の追い風となる。

とくに、もし好奇心が特定の問題に集中し、深い思考、文脈的探求、さまざまな観点や角度からの問題に対する質問、多数の「なぜ?」を発すると、これらはすべて後に洞察力やスマートな再結合の素材になっていく。

ある問題に対して「初心者」の気持ちで当たると最初のうちは得るものが多いが、「もし〜だったら?」の段階まで進むと、その問題についてある程度の(できれば多様な観点からの)知識を得たほうが役に立つ。また、その問題に関係ないと思

Column

「ツートントン」で世界を仕分けできたら?

1948年、フィラデルフィアのあるスーパーマーケットの役員がドレクセル大学のキャンパスを訪れ、製品データを記号化する効果的な方法を開発できないかと問い合わせてきた。ニューヨーク・タイムズ紙の記事によると、二人の大学院生が挑戦したものの、最初は挫折した。そのうちの一人、ジョセフ・ウッドランドは、マイアミビーチの祖父母の家で冬休みを過ごしているときもこの課題について考え続けた。そして、情報を可視化するには、何らかのコードが必要だということに気づいた。「もしモールス信号の美しい単純さと無限の組み合わせを視覚的に表現できたらどうだろう?」

この結合的探求は、浜辺で一つのかたちになった。ウッドランドは指で砂浜の砂をかいていて、モールス信号の「ツートントン」の代わりに、太い線と細い線が使えることを発見したのだ。ウッドランドと仲間の学生はこのアイデアを発展させ、特許を取った。その後、このアイデアはバーコードの発明へとつながることになった。

えるようなあらゆる物事について幅広い知識を持っておくのもいい。幅広い情報を備えておけばおくほど、予想もしない結合の可能性が増えるからだ（ハイルマンは豊富な読書量を誇り頻繁に旅をする人や、さまざまなことに興味を抱き、幅広い教養を身につけている人ほど、「多くの物事を結びつけ、創造性を発揮できる」と指摘している）。

幅広い知識の宝庫があれば、「もし～だったら？」のアイデアについてブレイン・ストーミングを始められるだろうし、さまざまな意識的な実践もその役に立つだろう。けれども、結合的探求を刺激するための意識的な努力をする前に、ぜひ覚えておいてほしいことがある。アイデア出しは気が散っているか、むしろ無意識のときこそうまくいくということだ。そう考えると、いちばんいいのは、問いを抱いて散歩に出てみる、美術館に行ってみる、あるいは幸せな気分だったらそのまま寝てしまうということかもしれない。

もし、疑問を抱いて寝たら？（答えと一緒に目を覚ますだろうか？）

ニューロン（木）と樹状突起（枝）でできた森のことに熱中するずっと以前、まだ学生だったハイルマンは、創造性と脳の働きに関する最初の発見をした。「私はとても心配性だったので、大学で試験を受けるとき、なるべくわかりやすい問題から答えるようにしていました。そうやって不安を減らした後で、本当に考えなければならない問題に取りかかっていました」

ハイルマンは当時まだ気づいていなかったが、この方法は、生物学的にも科学的にも筋が通っていた。心配事があると脳の創造性と想像力が低下することを、後になって自分の研究から学んだのだ。「そんなとき人は、自分の内面ではなく、外の世界に目を向けがちになります。そして最も簡単な答えにたどりつこうとします。ところがくつろいだ状態のときには、方向が逆になります。つまり内面の世界に入っていけるのです」。くつろげばくつろぐほど神経ネットワークが大きく開き、あらゆる種類のつながりが自由に組成されるようになる。

質問家にとって、難問にはすぐに答えようとするのではなく、時間をかけることが重要だ。質問と「共に生き」、それについて考え、ときには距離を置き、思考を熟成することで、突破口に結びつくようなまったく新しいヒントや「もし〜だったら?」という可能性に出合いやすくなるのだ。

チェンボー・チョンをはじめとする多くの研究で、人はくつろいでいたり気が散ったりしているとき(チョンはこれを「不注意状態」と呼んでいる)こそ、それまでになかったような発想や解決法に出合いやすいことがわかっている。こうした結果を受けて、チョンは「画期的な発見や先駆的な創造をするのに、芸術家や科学者は空想にふけっていればよいのだろうか?」という疑問を抱いた。

もちろん、空想だけでは答えにならないことはわかっている。空想はむしろ創造的な問題解決に至るまでの中間段階で力を発揮するものだ。チョンは、集中するときと気を紛らわすときとを行き来することが最もいいのではという仮説を立てている。

情報を集めて、寝転がる

たとえば、画期的ながん検出テストのアイデアを思いついた、当時まだティーンエイジャーだったジャック・アンドレイカの例を考えてみよう。

家族ぐるみの友人だった人を膵臓《すいぞう》がんで亡くした後、アンドレイカはまず早期がん検出検査に取り組んだ。調べてみると、毎日100人が同じ病気で亡くなっていること、そして多くの人が手遅れになるまでがんを発見すらできていないことを知った。問題の範囲はどのようなものか、そして命を救うために早期発見がいかに重要かを把握したうえで、アンドレイカは考えた。「なぜ膵臓がんを早く見つけ出せる安価な方法がないのだろう?」

アンドレイカは科学者としての教育を受けていなかったが、熱烈な科学雑誌マニアだった。調査を始めて間もなく、検出方法を改善するには、おそらく科学のさまざまな分野の発想を組み合わせなければならないだろうと理解した。そしてアンドレイカはその仕事にピッタリだった。というのも、彼は普段からどこかで拾い上げた情報の断片をいつも別の場所で見つけたものに結びつけようとしていたからだ。

「たとえば『がんジャーナル』を手に取り、次に物理学の記事や化学関連の記事をいくつか集めて、それらを全部読むのです」。こうしてある地点まで来ると、「長椅子に寝転がるか、散歩をしながらじっくりと考えます。『これまでに調べたさまざまなアイデアを組み合わせてこの問題に取り組んだらどうなるだろう?』と。そうして、どうすれば異なるアイデアをつなげられるかを考えます」。

アイデアを選り分け、結びつけ、ときに「長椅子の上でブルッと震え」たりしているうちに、アンドレイカは「カーボン・ナノチューブ」(炭素原子が網目のように結びついて筒状になった分子)を使うことに思い当たった。これについては以前にさまざまな記事で読んだことがあった。「カーボン・ナノチューブには、構造を変化させると電気特性が変わるという性質があること、そしてあるタンパク質モジュール(配列)にのみ反応する抗体が存在すること」を発見すると、夢中になった。そうしてアンドレイカは極めて重要な「もし〜だったら?」の疑問に到達する。

「もし、単層カーボン・ナノチューブに抗体を編み込んで、膵臓がんになると目立って検出されるタンパク質にさらしたらどうなるだろう?」

アンドレイカのひらめきはいわゆる「アハ!体験」ではなかった。有望ではあったがあくまでも仮定の疑問で、「正しいかどうかは五分五分」だと踏んでいた。それから、抗体とその特性についての調査を始めたのだが、「やることなすことすべてがうまくいき、自信がどんどん深まっていきました。もちろん、両親は僕の気が狂ったと思っていましたよ」。次に化学者だった兄の反応をうかがった。「僕が『どうだろう、正しそうかな?』と聞くと兄は

『いや、それは絶対うまくいかないよ!』と答えました」

アンドレイカは200人の大学教授にメールを送り、そのうちの一人が研究所の使用を許してくれた。こうして「これをどうすれば現実的で、低コストで、信頼性の高いものにできるだろう?」という課題に取り組めるようになった。

答えはすぐには得られなかった。けれども彼は、市場に出回っていた方法よりも100倍速く、感度も400倍高く、そして従来の方法に比べて2万6000分の1のコストで、しかも100%正確にがんを検出できる試験紙を開発した(たった15歳で)。アンドレイカはこのプロジェクトを国際学生科学フェアで発表して最優秀賞に輝き、2013年にはオバマ大統領の一般教書演説の特別ゲストに招待された。

「散歩」や「ドライブ」で考えずに考える

アンドレイカが思考プロセスについて、目をつぶってさまざまな情報の断片が融合するのを待つと言っていたのを聞いて、私はグーグルの招聘科学者のレイ・カーツワイルがインタビューで明かしてくれた話を思い出した。カーツワイルは難問に取り組んでいるときは、ベッドに入る直前に、関連する問題や課題をすべて再検討する時間を取るという。そうしてから眠ることで、潜在意識を働かせるというのだ。

潜在意識が問題に取り組んでいるときに何が起きているのかを説明する研究機関も増えて

きた。最近、科学ライターのサム・マクナニーは、創造的な解決法が求められる難解な問題に睡眠が一定の役割を果たせることを示す数多くの新しい研究例を「ビッグ・インク」というサイト上にまとめた（マクナニーは、ジョン・スタインベックの言葉を引用している。「前日の晩には難しかった問題も、〝睡眠委員会〟が取り組んだ翌朝には解決している」）。

独創的、創造的な発想を生み出す際に日中の夢想が果たす役割や価値についても同じような研究がある。「シャワーを浴びている瞬間にひらめいた」という陳腐な（しかし事実なのだからしかたない）台詞はだれしも耳にしたことがあるだろう。人の神経システムがもたらす驚くべき力は、すべてこのような場面で発揮されるようだ。睡眠中の、あるいはくつろいだ状態にある脳は、雑念を遮断して内面に向かう。すると右脳が活発化してさまざまなものをつなげやすくなるのだ。

同じような効果は散歩や長時間のドライブ、あるいは気持ちをほんの少し解放するその他の活動にも見出すことができる（ただし映画鑑賞は気晴らしとしては刺激が強すぎて、創造的な思考が抑制されてしまう）。

神経学者のジョン・クーニオスは、ただ何かをいじったり、ぼんやりと時間を過ごしたりするだけでも、心が解放されて物事の深淵に触れやすくなるという事例を報告している。「そして、ぼんやりと落書きをしていても、どちらの手を使うかで違った結果になることもあります」と言っている。「左手を使うと右脳を刺激しやすいと思います」

ちょっと一息入れがてら、結合的探求を刺激したいと思えば、美術館に出向くのもよいかもしれない。想像力をかき立てられる場所でありながら、思考もできるからだ。過去の人々がこれまでにつくりだしてきた多くの「創造的結合」や「スマートな再結合」の成果が展示されていて刺激となるばかりでなく、新たな知的結合の豊富な材料となる多くの発想や結果に触れることができる（自分の最も素晴らしいアイデアのいくつかはメトロポリタン美術館の中をだらだらと歩いているときに浮かんだと公言しているアート・ディレクターのジョージ・ロイスは「美術館は悟りの宝庫」だと言っている）。

結合的探求と「もし〜だったら？」のステージについて重要なことを指摘しておこう。それは、あなたが挑戦的質問を引き受け、その質問と共に生きていたなら、あなたの脳はそれに取り組み続けるということだ。これは「もし〜だったら？」という発想を引き起こすのに「意識的な方法」はないということではない。言いたいのは、どうぞ肩の力を抜いて、心を落ち着かせ、抱えている課題が自然と孵化《ふか》するのを待ってみてほしいということだ。ほかにすべきことがなければ、朝起きるときに都合のよい弁解になるだろう。「あと10分寝かせてくれ！　もっと結合的探求が必要なんだ」と。

もし、アイデアがでたらめで靴下が左右違っていたら？

睡眠や空想では発想のひらめきや「もし〜だったら？」という質問を生み出すのに十分で

なくても、他にもこうした思考を促す方法はある。一つは、わざと「間違って考える」というやり方だ。

この発想のルーツは、創造力のカリスマ、エドワード・デボノの著作に見ることができるし、最近ではフロッグデザインといった革新的なデザイン・コンサルティング企業や、ステファン・サグマイスターやジョン・ビーレンバーグなどのグラフィック・デザイナーにも採り入れられている。いずれも拡散的思考の実践者だ。

拡散的思考は、創造的な問題解決の初期段階から、（型破りな考え方も含めて）発想を大きく広げていこうとする思考法だ。

これは簡単にできることではない。結果がどうなるかわからないようなアイデア創出や極めて広範囲に及ぶ結合的探求には、意識的な脳が抵抗するからだ。私たちの知性は、なじみ深い、使い古された神経経路に従って、何度も同じことを繰り返して問題を解決しようとする傾向がある。

そこで、意識的に「間違って考える」ことで自分の脳をそうした予想可能な経路から締め出して、一見まったく意味のない発想をして、通常なら一致しない物事同士を混ぜ合わせ、組み合わせるのだ。

このアプローチの支持者は、これが創造的思考を刺激するという。矛盾する思考や逆の発想に対峙することを自分自身に強いると、著述家で成人学習の専門家キャサリーン・テイラーの言葉で言えば、脳内の「シナプスを軽く揺らす」ことになる。すると古くて新鮮さの失われた神経結合が緩んで、新たな結合が生まれやすくなるのかもしれない。

辞書を使って「でたらめ」に考える

グラフィック・デザイナーのジョン・ビーレンバーグは「プロジェクトM」という実験的な問題解決ワークショップの運営で知られているが、20年前から人々に「でたらめに考える」ことを教えている。

ビーレンバーグによると、本当に才能のあるイノベーターや創造的な天才は、驚くほど非凡な方法でさまざまなアイデアをやすやすと結びつける。「ピカソとスティーブ・ジョブズは生まれながらの〝でたらめに考える思想家〟だった」とビーレンバーグは言う。「だが、私たち凡人は努力してそう考える必要がある」

ビーレンバーグは自分のワークショップで、参加者に無関係なアイデアやたんなる単語同士をでたらめに結びつけさせるトレーニングを行っている。

単語を用いた簡単なトレーニングを紹介しよう。必要なのは辞書だけだ。

まず、大きな数と小さな数（342と5など）を選択する。そして辞書の342ページを開けて5番目の単語を探し、その単語に関わるアイデアを思い浮かべてみる。次にその単語をばらばらにして文字を組み替えて、ほかの単語ができないかを考える。次に同じプロセスでもうひとつ単語を見つけ出し、今度はその2つの単語が面白い組み合わせにならないかを考える。3単語の組み合わせをつくるところまで進んでみてもよい。

こうした練習を通じて新しいアイデアを生み出せるようになったクリエイティブな作家はたくさんいる。この練習はあまりに人気が出たために、もはや辞書すらいらなくなった。いまやスマートフォンを振るたびに「アイデア創出アプリ」(Idea Generator)が3つの単語をでたらめに選び、組み合わせてくれるからだ。

ビーレンバーグは、ワークショップ内で、そして顧客企業数社と共に、この「単語のでたらめな組み合わせ練習」のレベルを一段階引き上げた。

たとえば銀行に、「まったく関係のない企業と合併したらどうなるか?」といった、ありえないような「もし〜だったら?」というシナリオを検討してもらうのだ。「もし、セサミストリートの制作会社があなたの銀行を経営したら?」とか、「もし、窓口係のところに操り人形がいたら?」といった具合だ。

ビーレンバーグのトレーニングには数多くのバリエーションがある。数年前、私は創造力コンサルタントのトム・モナハンのワークショップに参加した。モナハンは、「180度思考」と名づけたトレーニングを教えている。これは「でたらめに考える」の別名だ。

モナハンのトレーニングでは、参加者は「調理できないオーブン」とか「動かない自動車」といった「機能しないもの」について新たなアイデアを出すように促される。一見ばかげているが、実際にやってみると興味深い現象が現れる。オーブンとか自動車について、これまでにはなかったような風変わりな使用法を思いつくようになるのだ。

しかし、このトレーニングの目的は、必ずしもその場で素晴らしいアイデアを生み出すことではない。追究すべきテーマが見つかれば、それはいわば「ボーナス」だ。ポイントは、問題や課題に直面したときにこれまでとは異なる発想をできるよう自分の頭を鍛えよう、ということだ。ありそうにないことも含め幅広い可能性を検討し、常識的には考えにくいアイデア同士をつなげること。要するに、「もし〜だったら?」の筋肉をつくり、強化する試みなのだ。

「仮定」で現実をひっくり返す

ジョン・シーリー・ブラウンの指摘によると、「もし〜だったら?」という質問には、「物事を現在とは違った観点から見る」ことを促して想像力を解放する傾向がある。たとえ短時間でも、現実を変えてみよう、というわけだ。

フロッグデザインの元クリエイティブ・ディレクターで、『デザインコンサルタントの仕事術』(福田篤人訳、英治出版)の著者でもあるルーク・ウィリアムスは、「もし〜だったら?」は現実を「ひっくり返す」ことができるとして、その方法について語っている。

たとえば、レストランは客が席についてからメニューを提供するが、その現実をひっくり返して、「客が席を立たないとメニューを提供しないとしたらどうなる?」と考えてみる。

ウィリアムスはクライアントと協力して、顧客行動に関する最も基本的な前提条件に反する仮説を立ててきた。ジョナ・ストーもそうしたクライアントの一人だ。

ストーが夕食をともにする友人たちと常識はずれの、自由奔放なアイデアについて意見交換をしていたとき、だれかが「左右が同じではない靴下をどこかの会社が売り出したらどうなるだろう?」と言った。これは「でたらめに考える」の典型的な事例として、ビーレンバーグやモナハンのワークショップでいかにも使われそうだ。

今日、ストーが起ち上げた「リトルミスマッチ」という会社は、デザインが左右で異なるカラフルな靴下

Column

刑務所に壁がなかったら?

刑務所の改革案については多くの見方があるが、意見の一致を見ている点が一つある。それは、再犯率の高さと経費の増大を考えると、従来型の監禁方式には無理があるということだ。犯罪を減らし、経費を抑え、かつ人道的な処遇を探る中で、現在検討されている興味深い考え方は、「刑務所のあり方を逆転させて、既決囚を監禁するのではなく、釈放したらどうなるだろう?」というものだ。新技術、とりわけGPSの発達により、暴力犯を除く囚人を刑務所から釈放する可能性が検討されているのだ。

囚人は、ウェアラブル端末を用いた高度なハイテク監視の下に置かれ、リアルタイムでどこにいるかがつねに追跡され、どんな問題行動にも即座に警告できる(これまでの仮釈放ではできなかったことだ)。ハワイで試験的に実施したところうまくいっており、アトランティック誌によると、対象範囲を拡大すれば、経費のかかる古い刑務所の半分が一瞬のうちに空になるはずだという。

を販売し、ファッションを楽しい自己主張と考える少女たちに大人気となっている。

私たちは「もし～だったら？」と考えることで、過去を消して再出発することができる。エアビーアンドビーのジョー・ゲビアが気に入っているのは、「すべてを真っ白なページからスタートできたらどうなる？」だ。これはビジネスだけでなく、人間関係や人生の選択でも重宝する質問だ。

私たちは、「絶対失敗しないとわかっているとしたら？」と考えるだけでも、失敗の可能性を除くことができる。そう考えることで、不可能をやり遂げるさまを思い浮かべることができるのだ。

とはいえ、どこかの段階では現実と向き合わなければならない。

イノベーションを起こし、あるいは創造的な突破口を切り開くために、まずは間違った考えからスタートすることは「よし」としても、思考を進め、推測からより現実的で、かたちのあるものへと発展させていく過程で、不可能を可能にし、現実世界に存在するものへと変えていく必要が生じる。

拡散的な、何でもありの考え方を、実行可能な分野の周辺に収束し始めなければならない。そうするには、「もし～だったら？」の質問から「どうすれば？」の質問にスイッチする必要がある。

どうすれば、質問をかたちにできるのか？

空想しているか寝ているあいだに知的結合の成果が集まって「もし〜だったら？」というアイデアが生まれてくる「無意識の創造力」は、歓迎すべき「神様からのプレゼント」だ。とはいえ、いつかは目を覚まし、仕事にかかるべきときがやってくる。それが、ガウリ・ナンダにとっての「問題」だった。

彼女は毎朝ベッドからなかなか起き上がれなかった。そこで、まず「なぜか？」を考えた。「どうして私は寝過ごしてしまうのかしら？　なぜ目覚まし時計で目を覚ませないの？」。答えはじつに簡単だった。彼女は（私たちの多くと同じように）目覚まし時計のアラーム一時停止ボタンを何度もたたく習慣が身についてしまっていたのだ。

ナンダはＭＩＴでデザインを学ぶ学生で、問題解決のコツを身につけていた。そこでまず自分の状況を分析してこう自問した。「目覚まし時計の停止ボタンを押しにくくしたら？　そして、ベッドから這い出て目覚まし時計を追いかけないと停止ボタンを押せないような仕組みにしたらどうだろう？」

そう考えると、結合的探求では定番になっている次の疑問が湧いてきた。「車輪をつけたらどうなるかしら？」。ナンダは、車輪のついた目覚まし時計をつくるというビジョンを抱いたのだ。彼女の「もし〜だったら？」という問題設定はすべてが動き出すきっかけになったが、何かに車輪をつける発想はだれにでも思い浮かぶ。では、実際にどうすればよいか？

ナンダは「どうすれば？」の出発点としてよく実践されることから始めた。まわりの人の反応を探ったのだ。ベッドのそばのテーブルから転がり落ちて逃げていく車輪付きの時計のボタンを押すには追いかけるしかないというアイデアについて、信頼できる数人の友人に尋ねてみた。「笑われたわ」とナンダは振り返る。「でも、いい意味でね」。友人たちは、もしそれができたら買うかもしれないと言ってくれた。

具体化の課題が背中を押す

ナンダは、手近にあったものと大学の研究室から借りてきた材料を使って「転がる目覚まし」のテスト版をつくった。彼女が「クロッキー」と名づけたその時計の初期バージョンは、レゴブロックのモーターと車輪など、レゴの部品で構成されていた。時計はいつもテーブルから落ちることになる。そこで落下の衝撃から本体を守るため、厚く毛羽立った敷物「シャグカーペット」を使った。「まるで動物のぬいぐるみみたいに見えたわ」とナンダは振り返る。

試作品を試しながら彼女は、「これは最初に考えていたよりずっと大変なことになりそうだ」と気づいた。時計を転がすことは簡単だったが、テーブルから落下しても壊れないようにすることはじつに難しかった。「衝撃をどう吸収すればよいかしら?」。ナンダは時計の中の電子機器の強度を上げると同時に、車輪を大きくして落下の衝撃を受け止められるようにした。こうした工夫は、時計を何度も落としては持ちこたえられるかどうかを試していく中で改良していったものだ。試行錯誤を繰り返すうちに、使い慣れると動き方を予想できて時計をつかまえやすくなることにも気づいた。そこで、つかまえにくいように、マイクロプロセッサを挿入して、時計がスピードを変えながらさまざまなルートを動き回れるようにした。

この奇妙なプロジェクトはIT関連のブログで注目され、インターネットで話題となって、ナンダは未完成の発明品をテレビ番組で見せてほしいとの依頼を受けた。つまり、「まだ不安定な試作品をゴールデンタイムの番組までにどうやって間に合わせるか?」という新たな課題を背負ったのだ。時計を回路につないでいる配線を見えないようにする必要があった。クッションとなっていたシャグカーペットは交換し、最終的には頑丈なシリコン製のカバーに落ち着いた。

「クロッキー」は見事に仕上がり、テレビで紹介されると、顧客の関心は高まった。すると今度は次の課題に取り組まなければならなくなった。「生産体制をどうやって敷く?」「注文はどう取り扱う?」「本格的な事業化には何をどうすればいい?」

ナンダはこうしたさまざまな問題をすべて乗り越え、2006年に「ナンダ・ホーム」社を設立し、その後3年間で50万台を超えるクロッキーを販売した。クロッキーはナンダの結合的探求のスキルと「もし〜だったら？」という疑問を前向きにとらえる意欲が出発点となったものだが、もし彼女がその斬新なアイデアを真剣に考え、実用化に向けた努力を一段一段実行しなければ生まれなかったはずだ。

「一つのアイデア」に絞り込み、他人に話す

この「どうすれば？」の段階は、まさに「タイヤが道路に接触するところ」（肝心要のところの意）だ。ナンダのケースでいえば「目覚まし時計が床にぶつかったところ」、というわけだ。

この段階では、さまざまな要素がいったん集まってきて、そして多くの場合、何度もばらばらになる。現実という壁に悩まされ、何事も計画通りに進まなくなるのだ。

「どうすれば？」が難しいパートだといっても、「なぜ？」と前提に異議を唱え、「もし〜だったら？」と考えて新たな可能性を想像することが簡単だというわけでもない。そうした疑問に取り組むときも難解な後退局面に対処したり想像力を飛躍させたりする必要がある。けれども、「どうすれば？」は前の２つの段階に比べると進捗のペースが遅くなかなか進歩しないことが多いのだ。さまざまな失敗は後になってから肥やしになるが、失敗した瞬間にはそうは思えない。

「どうすれば？」段階の初期にぶつかる難しい課題としては、一つのアイデアに傾倒せざる

を得ない、ということが挙げられる。「もし～だったら？」という「何でもあり」の段階では、現実的なアイデアから突飛なものまで複数の可能性を探るために多くの疑問をぶつけられる。だが、あるアイデアについて行動する段階になると、可能性を狭め、次の段階に進む価値のありそうなアイデアに絞らなければならない。

一つのアイデアに取り組む段階に入ると、フィードバックを得るために、それを他の人とシェアする方法を見つけることが極めて重要になってくる。

私たちは皆自分の頭の中に生きたアイデアを持っていても、それ以上には進まないものだ。だが、自分が取り組んでいる問いについて人に話すだけでも、一種の約束をしたことになる。「アイデアを皆に話すことに関して重要なのは、それをやり切らざるを得ない境遇に追い込まれるということです。もし何もしなければ面目を失うことになりますからね」と指摘するのはデザイナーのサム・ポッツだ。

ナンダは単純に自分のアイデアを友人たちに話した。「目覚まし時計に車輪がついていたらどう思う？　そんな時計買う？」。その手の口頭のプレゼンはある程度までは有益だ。

とはいっても、アイデアに実際のかたちを与えないと、本当の意味でそれに取り組んだことにはならない。質問やアイデアは具体的で他人にわかってもらえるものでなければならない。そのほうが真剣にとらえてもらえるし、多くの人の目に触れ、場合によっては試してもらえるかもしれない。

紙でもデジタルでもいいので「描いてみる」

アイデアをかたちにする最も基本的な方法は、紙に描くことだ（ナンダは「クロッキー」の製作を始める前に、それがどんなものなのか、ラフなスケッチを描いている）。アイデアによっては、（要約や提案というかたちで）文字で表現してもいいだろうが、何といってもビジュアルにはインパクトがあることを忘れるべきではない。「ある問題について全員に同じメンタルモデル〔ものを考えるときの前提条件や暗黙の了解〕を持ってもらいたいときに、最も手っ取り早い方法は絵を使うことです」とビジュアライゼーションの専門家デイビッド・シベットは指摘する。

紙ナプキンの裏に描いても、さまざまなソフトを使ってiPad上に描いても、インターネットから探し出したサンプル画像を使ってもいい。アイデアの描写が複雑になって、製品についての試験的なウェブサイトや3次元モデル（ナンダのシャグカーペットをかぶせた時計など）になると、いよいよ試作品段階といえる。

だれにでもそれほど労せずつくれるものに「試作品」という言葉を当てるのはちょっと仰々しすぎるかもしれない。とはいえ、映画をつくるときに最初のステップとしてYouTubeにアップできる短い動画をつくればこれは試作品といえるだろうし、パイロット・プログラムや試運転といってもいい。基本のモデルはテープやのり付けされているかもしれないし、CADソフトを使った高度な3Dレンダリングかもしれない。何らかの形式でアイデアを説明できるのであれば何でもいい。

IDEOのデザイナー、ディエゴ・ロドリゲスは、「試作品とは、具現化された疑問である」と言ったことがある。具体的なかたちを与えられると無視するのが難しくなる。ナンダの抱いた疑問、「目覚まし時計に車輪がついたらどうなる?」は、人々が車輪のついた時計を実際に目にしたときに、魅力がぐっと高まったのだ。

テクノロジーのおかげで、あらゆるかたちや形式の試作品を安く、素早く、しかも簡単につくれるようになった(たとえば本書は「ア・モア・ビューティフル・クエスチョン」というブログを試作品として、本書で取り上げているアイデアのいくつかを提案し、読者からの反応を探ってできたものだ)。

考え込む前に「人に見せる」

いまやだれもが似顔絵アーティストやウェブデザイナーになれる時代だ。ソフトウエアが発達して、ユーザーはあらゆる種類の「もし~だったら?」のシナリオを試せるような、極めて高度なモデルをつくれるようになった(その結果、たとえばデジタルの世界で建物の試作品をつくり、仮想的な地震の負荷を与えて耐えられるかどうかなどもチェックできる)。

今後数年で3Dプリンティングが安価に広く利用できるようになれば、試作品づくりの可能性は著しく拡大するだろう。コンピューター上でスケッチしたアイデアの試作品（通常はプラスチックか鉄でつくられる）をつくることを可能にした技術の誕生で、「普通の人でも自分のアイデアを生かしてそれを物理的な、リアルな製品に変えることができるようになった」と、デザインソフトウエア会社アリブレの社長を務めるJ・ポール・グレイソンは指摘する。これもまた、私たちの問いを現実の世界に実現させるもう一つの方法なのだ。

もっとも、テクノロジーは多くの人がアイデアを発表するときに（とくに初期の粗削りな段階では）覚える戦慄《せんりつ》を和らげてくれるわけではない。

著述家のピーター・シムズがハーバード・ビジネス・レビュー誌で指摘してい

Column

どうすれば、引きずるのではなく転がせる?

「それに車輪をつけたら？」という疑問は、これまでに無数の「スマートな再結合」の基礎となってきた。たとえば、1970年、鞄会社の経営幹部だったバーナード・シャドウは、飛行場で2つのスーツケースを引きずっていたとき、労働者が大きな機械を車輪のついた厚板に載せていとも簡単に運んでいることに気づいた。シャドウは考えた。「スーツケースに車輪をつけたらどうなるだろう？」

そして時間のかかる「どうすれば？」の段階へと進んだ。シャドウはまず、横に倒したスーツケースに4つの車輪をつけて引くという方法を考えた。しかしその後、航空パイロットのロバート・プラースがこのアイデアを改善した。垂直に立つ長いハンドルを使って、車輪2つでスーツケースを支えて引っ張れるようにしたのだ。シャドウとプラースが抱いた疑問が出発点となって、いまやどこにでもあるキャスター付きスーツケースができあがった。

るように、私たちの多くは、学校で学んでいるあいだはもちろん、社会に出てからも、アイデアはよく練って完璧になるまで人前で発表しないように教えられている。

自分のアイデアをすぐに発表してフィードバックをもらおうとするのではなく、あまりに考えすぎ、準備しすぎる性質は、長年そう教えられてきたために、私たちの態度や行動に染みついてしまっている。

けれどもそれは、探求と創造の自然な方法でも本能的な方法でもない。子どもたちが疑問やアイデアに基づいて動いている様子を見ると、「もし～だったら？」から「どうすれば？」への移行がいかに早いかがよくわかるはずだ。

どうすれば、倒れない「マシュマロ・タワー」を建てられるか？

あるソフトウエアのデザイナーから、幼稚園の子どもたちを集め、少人数のチームに分けて行った面白い実験の話を聞いたことがある。子どもたちに未調理のパスタ、糸、テープ、マシュマロを使って、制限時間内にできるだけ高いタワーを組み立てさせるという実験だ（マシュマロはタワーの頂上に刺すことになる）。

実験の第２段階で、主催者は新しい趣向を加えた。ハーバードＭＢＡの大学院生のチームを連れてきて、幼稚園児たちと競争させたのだ。学生たちは、この勝負に大まじめに取り組んだ。勝利を目指して分析的なアプローチを採用し、パスタ、糸、テープをどう組み合わせれば最も高いタワーをつくれるかについて甲論乙駁《こうろんおつばく》の議論を重ねた。

おそらくご想像の通り、学生たちは幼稚園児たちの敵ではなかった。徹底的な計画と討論を重ねたにもかかわらず、何度慎重に設計し組み立ててもタワーは崩れてしまい、つくり直しているあいだに制限時間が来てしまった（さらに友人の話では、学生たちはだれがリーダーになるかの話し合いにも時間をかけすぎたという）。

子どもたちは競争が始まるとさっそく組み立て始めるなど学生たちよりずっと効率的に時間を使った。ある方法を試し、うまくいかなかったらすぐに別の方法を試した。試行錯誤の数がずっと多かったのだ。すべてを予想しようとはせずに、作業しながら失敗から学んでいった。

この「マシュマロ実験」の目的は、ＭＢＡの学生に恥をかかせることではなく（むしろ、それはおまけであり）、先の見えない状況で難しい課題に取り組むにはどう進めるべきかについての理解を深めることだった。子どもたちの行動から私たちが学べるのは、「何がいいのか、どんどんやってみることに代わるものはない」ということだ。

これを「質問」の観点から見直してみよう。ＭＢＡの学生たちは「もし～だったら？」の可能性を考えるのに時間をかけ過ぎて立ち往生してしまったが、子どもたちは「もし～だったら？」から「どうすれば？」へとすぐに移行した。うまくいきそうな組み合わせを思いつくと、次々とそれが機能するかを試していった。

検討するより「試す」ほうが早い

この幼稚園児との奇妙なマシュマロ競争の実験は、現実の世界に生きている私たちにどういう意味があるだろうか？

一つの考え方としては、今日のように環境が次第に変化しやすくなってくると、だれも彼もが何らかのかたちで〝マシュマロ・テスト〟を受けなければならない（あるいは間もなくそういうときが来る）ということだ。新しいビジネス、新しい市場、新しいキャリア、新しい人生計画を築こうとするときには、新しくなじみのないツールを使うことに早く慣れなければならない。明確な指示もなく、しかも時間の差し迫った状況下で、変化し続けるテクノロジーを使わなければならないのだ。したがって人は質問家として成長するだけでなく、実験者《エクスペリメンター》としての能力も高めなければならない。

イノベーティブな環境下で活躍する人たちがどう働いているかを見てみると、マシュマロ・テストに参加した子どもたちのように動く傾向があることがわかる。

ＩＤＥＯのデザイナーは、アイデアを思いついてから何かをつくったり試したりするまでの時間がとても短い。同じことがＭＩＴメディアラボについても言える。ディレクターの伊藤穰一によると、研究者と学生は追っている疑問について思い悩んだり、どう進めるべきか討論したりすることにあまり時間をかけない。すぐに研究室の中で自分がすべきこと、つまり実験を始めるという。伊藤が言うように、「試すべきかどうかを検討するより、実際に試すほうがずっと簡単で安上がりな時代になっている」。

伊藤がメディアラボでしていることは、グーグルやフェイスブック、そして世界中のハイテク業界の多くでも行われている。フェイスブックでは、創業者のマーク・ザッカーバーグが、素早くアイデアをつくりテストするという考え方を「ハッカー・ウェイ」という神聖な原則に引き上げた。

２０１２年に同社が株式公開を果たしたときに投資家向けに公開した書簡の中で、ザッカーバーグは「ハッカー」という言葉には否定的なニュアンスがあるが、フェイスブックではそれは「何かを素早くつくったり、可能な範囲を試したりすることを意味している」と説明した。つまり、新しいアイデアを荒っぽく試し続けるということだ。「ハッカーは長期にわたって最良とされるサービスをつくるために、一度にすべてを完成させるのではなく、サービスを機敏に世に出し、学びながら改良することを繰り返す。（中略）新しいアイデアが可能かとか、それをつくる最善の方法は何かについて来る日も来る日も議論するのではなく、まず試作品をつくって何が機能するかを見ようとするのです」

「試して学ぶ」と大きな変化をつくりだせる

「テストと学習」を次々と繰り返すアプローチは起業家の世界で大流行したが、それに拍車をかけたのが、エリック・リースの「リーン・スタートアップ」現象だ。

起業家も既存の企業も、あるいは革新的なものをつくりだそうとしている人ならだれでも、閉ざされた環境でカネと時間をつぎこんで完璧なアイデアを完成させようとするのではなく、つねに実験を行い、新しいアイデアを早く世の中で使ってもらう方法を見つけ出すべきだとリースは主張する。そして、MVP（minimum viable product：実用最小限の製品）の開発に注力すべきだ、と企業を駆り立てる。MVPとは、実質的に、何が機能し、何が機能しないかを

Column

どうすれば、ゆで卵の殻を「消せる」？

キッチンはキッチン用品のデザイナーにとっても、探究心の旺盛な主婦や家政婦にとっても革新的な問いの宝庫だ。キッチンにいると、「なぜ、この家事はこの方法ですることになっているんだろう？」「どうすればもっとうまくできるだろう？」と素朴な疑問を感じることがたくさんある。ベッツィ・ラバヴィ・カウフマンは、パーティ用のデビルド・エッグ〔ゆで卵を縦に切り、黄身をマヨネーズ・香辛料と混ぜ合わせて白身に詰めた料理〕のつくり方に疑問を抱いた。

カウフマンはゆで卵の殻むきや、殻が白身にくっついたりえぐれたりして卵を捨てるのが大嫌いだった。彼女は卵の入った深鍋を眺めながら、「ゆで卵をつくって、殻をむく必要がなかったら素敵じゃないかしら？」と考えた。そしてこの疑問は「殻のない状態で、ゆで卵のかたちにゆでられたらどうだろう？」に発展した。このアイデアをエジソン・ネイション〔発明の後援組織〕に売り込んだところ、1年後にはプラスチック製のゆで卵キット「エギーズ」〔殻を割った生卵を型に流し込んでゆで卵をつくる器具〕が、カウフマンのキッチンだけでなく、多くの小売店の棚にも並ぶこととなった。

学ぶために市場に出す、素早く、不完全なテスト版のことだ。

これは、たんなるビジネス戦略以上の意味のあるアプローチだ。「試して学ぶ」という基本原則は、状況がめまぐるしく動き、先行きのわからない中で問題を解こうとするときのほとんどあらゆる状況に適用できる。

たとえば、マイケル・ブルームバーグ市長時代のニューヨーク市は、歩行者専用道路を増やすことから自転車レンタル・プログラム、そして市民への情報提供のための「311電話問い合わせサービス」に至るまで、ありとあらゆることに「試して学ぶ」アプローチを使った。ブルームバーグ市政は基本的な「なぜ」に取り組み、変化をもたらすことに長けていた。ブルームバーグはある意味「実験市長」として行動したのだ。その結果、以前よりも大規模な変革をしやすくなった。もし実験がうまくいかなければ、本格的な実施に向けて投資をせずに修正したり、取りやめたりすることは簡単だったからだ。

どうすれば、折れた足を愛せるようになるのだろう？

「試して学ぶ」というのは、それほどつらそうには聞こえないかもしれない。けれども、何度も実験を繰り返して疑問を解決しようというアプローチは、まず失敗を伴うと考えてよい。しかも一度だけでなく何度も失敗すると、物理的な痛みはなくとも、ある程度の失望

（心の痛み）を感じるのが当然と思われる。

ヴァン・フィリップスは、自分の義足用になるべく多くの試作品を試した。試着するときはいつも希望に満ちあふれていたが、終わってふと気がつくと、かたわらに折れた足が転がっていたこともあったという。しかし、どんなときも試行錯誤のスピードを緩めなかった。ウィンストン・チャーチルはかつて「成功とは、情熱を失わずに失敗から失敗へと突き進む能力のことである」と言った。けれども、どうすれば「情熱を持って失敗する」コツを会得できるのだろうか？

「試作品が壊れるたびに、胸が張り裂けるような思いになりました」とフィリップスは言う。しかしそれはチャンスでもある。

「どうすれば自分は失敗から学べるようになるのだろう？」。答えは、「問うことによって」だ。失敗から逃げ出し、起きたことを忘れようとするのではなく、失敗を明かりにかざして自らに問うのだ。「どうしてこのアイデア、あるいはこの試みは失敗したのだろう？」「この失敗から学んだことを参考にやり直したらどうなるだろう？　どうすればうまくいくだろう？」

「否定的意見」を最大限に利用する

スタンフォード大学のボブ・サットンは、誤りを分析するときには、何を間違ったかを考えることに加えて、「この失敗の中でうまくいったことは何か?」を検討すべきだと言っている(逆に、うまくいったと思えることをしたときには、どこか間違ったところはないか、あるいはもっとうまくできたはずの部分はないかを探すべきだ、とも。最も優れた学習は、成功と失敗を横並びにして考えることだ)。

一連の失敗を分析するときに検討すべき重要なポイントは、「私の間違い方は毎回異なるのだろうか?」だ。

「同じ間違いを何度もしていたら」IDEO創業者のデイビッド・ケリーは指摘する。「何も学んでいないことになります。毎回新しく、それまでとは違う間違いをしているのなら、新しいことをして、新しいことを学んでいるのです」

初期のアイデアを発表すると、否定的なフィードバックを受けることが多い。なかにはそれを失敗の証拠と解釈する人もいるだろう。だがそれは必ずしも真実ではない。

ハーバード大学のポール・ボッチノは、ことフィードバックに関する限り「否定的意見は、肯定よりも有益な場合がある」と指摘する。人々が意見を突き返してくるということは、あなたが未踏の、もしかしたら重要な領域に入りかけていることを示すよい兆候かもしれない。なぜなら、世間の常識に反するアイデアは否定的な反応(「そんなことがうまくいくはずがない!」)を受ける可能性が高いからだ。「否定的意見は、最も誤解されやすい類の反応です」とボッチノは言う。「私たちは心からそれを歓迎し、最大限に利用しなければなりません」

ボッチノによると、難しいプロジェクトを引き受けたときは、外部からのインプットと支援をどのように求めるか、そして支援者、支持者、協力者になりそうな人との関与の仕方を知ることが極めて重要だという。

もし本当に野心的な疑問を追いかけているのであれば、たった一人でそれに答えることなどできないだろう。協調のための質問は、次のような問いかけから始まる。「あなたはこの疑問について私と同じくらい面白いと思いますか?」「私と一緒にこの課題に取り組みたいですか?」

ダメージを受けながら「少しずつ」進む

インターネットとソーシャルネットワークによって、自分と同じ関心を抱き、同じような疑問や課題を追い求める人を見つけて知り合いになることが容易になった。もし直接つながることはできなかったとしても、彼らの好奇心をかき立てて、支持を得られるかもしれない。

ジャック・アンドレイカの場合、周囲の支援がなければ、「膵臓がんの判定テストをもっと簡単に素早くできたらどうだろう?」という疑問をうまく解決できなかっただろう。アンドレイカがとくに必要としていたのは、実験をする素材とツール、つまり実験室そのものだった。両親と兄からは、早い段階でネガティブな反応を受けていた。

だが、アンドレイカはとにもかくにも進めることにした。

まず基本計画を書いて自分のアイデアをかたちにした。「手順、予算、スケジュールを書き上げました。アイデアの具体的なイメージをつくろうと思ったんです」

次に、「自分の住んでいる地域で膵臓がんについて少しでも知っている人ならだれにでも」メールを送った。送付先にはアメリカ国立衛生研究所、ジョンズ・ホプキンス大学、メリーランド大学などが含まれていた。

２００人に連絡したが、返ってきたのは否定的な反応ばかりだった。『これは無理だ』とだけ書いてきた人もいました。僕の書いた

Column

どうすれば、大きなゴルフコースを小さな島に収められる?

1980年代、グランドケイマン島にゴルフコースをつくるためにプロゴルファーのジャック・ニクラウスが雇われた。このとき彼は難しい課題に直面した。その島は幅が約10キロ、長さが35キロほどしかなく、フルサイズのゴルフコースをつくるには狭すぎたのだ。ニクラウスと彼のチームはまず、9ホールのコースを設計し、別々のティーから2回プレーできるように工夫してみた。それでも、ゴルファーがスイングを加減することはなかなか難しく、ややもするとボールは海に飛び込んでしまった。

そこでニクラウスはコースの大きさについて考えるのをやめ、問題を別の角度からとらえることにした。「ボールがそれほど飛ばなかったらどうだろう?」。実験と分析を何度も繰り返した末、ニクラウスとマクレガー・ゴルフ・カンパニーは、飛距離の短い「ケイマン・ボール」を開発した。これは飛距離が普通のボールの半分になるよう設計されたボールだ。これは小さな島のホテルや狭い場所でゴルフを楽しんでいる愛好家たちに大歓迎されることとなった。

すべての手順を検討したうえで、『ここが間違っている、ここも間違っている』と指摘してくる人もいました。あれはじつにキツかった」

そんな中、一人の大学教授が、アンドレイカの提示した最も包括的で専門的な疑問（「もし、単層カーボン・ナノチューブに抗体を編み込んで、膵臓がんになると目立って検出されるタンパク質にさらしたらどうなるだろう？」）に興味を示した。

その教授は「たしかに、これは行けるかもしれない」という返事をくれ、なんと彼の研究室をアンドレイカに開放してくれた。

この十代の少年は、専門的な研究所を訪ねたことがなかった。「僕は、『わぁ、遠心分離器がある！』なんて乗りでした。面白いものがよりどりみどり。まるでお菓子屋さんに入った子どもみたいな気分でした」

ところがいざテストを始めると、さっそく何度も失敗を経験する。「最初の月に、注意深く育ててきた細胞を駄目にしてしまいました。何もかもうまくいかなかった」

アンドレイカはゆっくりと、段階を踏んで成功へと歩んでいった。大きな課題を小さな問題と疑問点に区分けして、一つが片付くと次の問題に進むという手順を踏んで前に進んだ。最初の障害は、彼が自分のペーパーセンサーで使いたい抗体を最適化する試みに手間取ったことで、その解決に3か月もかかってしまった。しかし必要な抗体が得られるまで、実験の微調整を繰り返した。

次に取り組んだのがカーボン・ナノチューブだ。そして、抗体とナノチューブをどう組み合わせればセンサーができるのかを突き止めなければならなかった。最後に、本当に膵臓がんが検出できるかどうかのテストもしなければならなかった。こうして7か月をかけて彼はとうとうやり遂げた。

アンドレイカは、「どうすれば？」の段階を通り抜けた経験（現実世界の複雑さ、失敗、進捗の停滞）について聞かれて、「疑問を思いつくことはとても楽しかったです。そして理論的な解決を見るのはもっと楽しかった」と言っている。

アンドレイカは研究室の中でテストと学習を繰り返して、「浮き沈みが極端に激しい日々を過ごしました」と振り返る。

「ある時期から、〝たぶんみんなが正しいんだ。僕はたかだか15歳だ。がんについて何を知っているというんだ？〟なんて考え始めていました」

けれども、ついに答えにたどりついた。それは「これまでで最も素晴らしい経験」だった。

アンドレイカは自分が見つけた解決法を「エレガント」という言葉で表現している。どこにでもある紙でできたテストキットをこう表現するのはやや奇妙かもしれない。しかし「こんなエレガントな方法で問題を解けてしまうなんて、文字通り最高の気分でした」。

どうすれば、シンフォニーを一緒につくれるだろう？

がんを検知するという無謀なアイデアを持った15歳の少年がメールを大量に書いて世界クラスの研究室への自由な出入りを許されたという事実は、どんな問題にもそれを支援するリソースは存在しており、そうした相手に頼めば助けてくれるものだということを示している（ただし、うまく頼む必要はある。アンドレイカは、強烈な問題意識と合理的な計画を持っていた）。

ニューヨーク・タイムズ紙が、「どうすればいいかわからない？　知っている人を探しなさい」という記事で指摘しているが、現代は、素晴らしいアイデアを持っている人であればだれでも、それを発展させ、具体化し、それからどうすればよいかを教えてくれる専門家を簡単に見つけられる時代だ。

「発明家というと」同記事でニコル・ラポルテは書いている。「一人きりで成功を生み出すために、何週間も何カ月も地下にこもるといったイメージがある」。ところが実際には、「他の人の経験やリソースを利用する」ほうが、一人で取り組むよりもずっと成功しやすいというのだ。

これは別に驚くべきことではない。困難な問題や疑問に向き合うときには、なるべく多くの見方を並べてみるほうがよい。『「多様な意見」はなぜ正しいのか』（水谷淳訳、日経BP社）の著者、スコット・ペイジによると、「私たちは難問に答えようとするとだれもが立ち往生してしまうが、多様なツールを持った人がたくさんいると、それぞれ異なった場所で立ち往生するものだ」。

協力してくれそうな人を探すときには、自分とは異なる背景や文化的経験、スキルセットを持った人を狙うべきだ。多様な見方が創造性を高めるだろう。

「世界中の頭脳」を使う

以前なら協力者を見つけようとすると（アンドレイカが最初にしたように）地元の人を探したものだが、いまや地理的な制約を設ける必要はない。大きな問いに取り組もうという人は、「驚くべき二つのものを使うことができる」と映画プロデューサーで発明家でもあるミック・エベリングは話してくれた。「指先の向こうには無尽蔵といってよいほどの情報源がある。かつてそんなものにアクセスできた世代はなかった。そして（「ソーシャルネットワーキング」と「ウェブ」を通じて）多くの人とすぐにつながることができる。こうした情報と人とのつながりを組み合わせれば、世界中の頭脳を活用できる」

エベリング自身、難病で身体の機能が麻痺した芸術家に再び創作活動をさせるという目的で、ある野心的なプロジェクトに乗り出そうと決めた際、この「世界中の頭脳」を活用した。

この話は、グラフィティアートの世界でレジェンドといわれるトニー・クワンの作品展をエベリングが訪ねたときに始まった。クワンは、かつては多作の芸術家だったが、ALS（筋萎縮性側索硬化症）にかかってしまい、両手と両足の機能が徐々に失われ、次第に作品をつくれなくなっていた。最初は、エベリングはクワンと彼の家族に小切手を切ろうかとも思ったが、夕食の場で会話をしているときに次の疑問が頭をもたげた。「スティーブン・ホーキングが機械を使って意思疎通ができるのなら、なぜ、クワンのような芸術家が再び絵を描く方法がないのだろう？」

彼はこの「なぜ」をきっかけに研究を開始し、やがて「もし〜だったら？」に到達した。「レーザー・タギング」（レーザー光線で建物の壁面に文字や絵を描く）技術の存在を知ったとき、「もし人が目を動かすことでレーザーを操作し、他人と意思疎通できるだけでなく、芸術作品さえもつくれる方法が安く実現すればどうなるだろう？」とひらめいたのだ。

エベリングはそれをどう実現するかについてはまったくわからなかったが、少なくとも有益な疑問は抱いた。「レーザー技術を使えば、手を使わずに芸術作品をつくれることはわかっている。では、もしクワンの目でレーザーをコントロールできる方法を見つけられたらどうだろう？」

関連技術の専門知識は一切持っていなかった。しかも、開発するのは格安で手に入るものにすべきだと決意して、この難解な課題のハードルをさらに引き上げた。ホーキング博士の使っているような高価なコミュニケーションシステムの複製をつくるのではなく、もっとシンプルで、あまり資金的余裕のない人でも気軽に使えるものにしようと決めたのだ。

いまや「不可能」はなくなっている

「この課題には協同的な方法でぶつかろうと思いました」とエベリングは言う。まずレーザー・タギング技術の専門企業、グラフィティリサーチ・ラボを訪ね、疑問の解決に手を貸してくれる人はいないか尋ねた。また、自らの幅広い人脈をたどって、コンピューター・プログラミングとコンピューター工学の専門家を探し回った。「こんにちではだれもがハッカーであり、製作者《メーカー》でもあります」

そして、疑問に多角的に取り組めるように多様な人材を集めなければならないと彼は言う。一年をかけて計画立案と人集めをし、自宅に7人の国際的なハッカーとプログラマーのチームを集め、2週間半にわたって終日プログラミングをやり続けた。それが終わるころには、チームは「アイライター」をつくりあげていた。

その装置は、一見、安物のサングラスが銅線で小さな箱につながっているだけという驚くほどシンプルなもので、小箱の中に目の動きを認識できる技術とレーザーが仕込まれていた。

このシステムを最初に試したユーザーが、当時入院していたクワンだった。エベリングのチームは、病院の外にプロジェクターを設置し、クワンに渡したアイライターと無線でつないだ。その日、クワンは目の動きでアイライターのレーザーをコントロールして病院の外の壁に絵を描いた。じつに6年ぶりのグラフィティアートだった。

アイライターの自作用設計図とソフトウエアは無償でダウンロードできる。「身体の麻痺した人も、いまや目だけで絵を描いたり意思疎通したりする手段が手に入るんです」とエベリングはTEDカンファレンスで発表し、聴衆から拍手喝采を浴びた(ちなみに、彼は、聴衆に毎日次の二つの質問を自問するよう促してスピーチを終えた。「いまでなければ、いつやるのか?」「自分でなければ、だれがやるのか?」)。

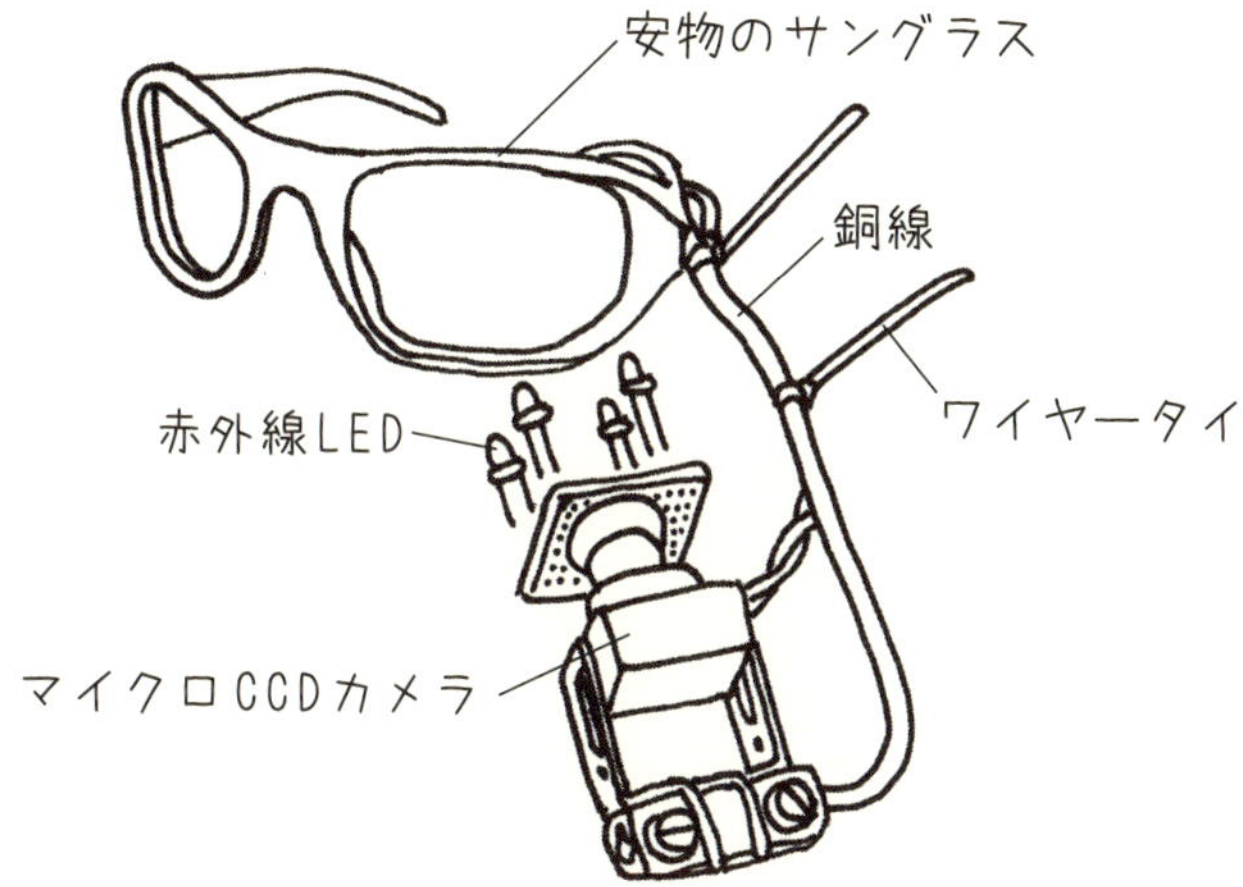

「アイライター」の初期の試作用スケッチ

エベリングは人々が協力して探求しようとするときの力の強さに魅せられ、「ノット・インポッシブル・ラボ」(不可能なものはない研究所)というウェブサイトを立ち上げて、イノベーターたちがお互いにつながり、一緒に難しい問題を発見し、それに取り組むための支援を始めた。

ウェブサイトの名称は、「自分が見るどんなこともどんな問題も、解決不能と考えることは、いまやナイーヴにすぎる」という彼の信念から来ている。解決するのがどんなに難しそうな疑問にぶち当たろうとも、世の中には答えに向かってあなたを導いてくれる知識とスキルと想像力を持った人が必ず存在する。そうした相手と、つながることさえできればいい。

「人と動く」段階が必ずくる

自力で問題解決することに慣れている人の場合、協力してくれるかもしれない人を見つけ出すには、発想の転換が必要かもしれない(私などはその典型だ。著作家である私はいつもほぼ一人きりで本を書いてきたが、本書についてはいつもとは違ったアプローチを試した。ブログを使って、アイデアや調査に貢献したい人がいないか探し、質問に関してさまざまな人の考えを聞いたのだ。その結果、本書という一つのプロジェクトに多大な貢献をしてくれる人を10人以上得ることができた)。

協力を募った場合に考えられる懸念、または疑問としては次のようなものがあるだろう。

「アイデアをシェアしたら、〝自分のもの〟ではなくなってしまわないだろうか？」「わざわざ手伝おうなんて人が本当にいるだろうか？」「一人で考えることに慣れている自分が、他の人と協力できるだろうか？」

ＭＩＴメディアラボのトッド・マコーバーは研究に「協同的探求」を使うことを提唱するだけでなく、その達人として注目を浴びている。

マコーバーはエンジニア兼作曲家で、その作品はインタラクティブな音楽ゲームとして人気の「ギター・ヒーロー」から、聴衆が積極的に演奏にも加わるオペラや交響曲まで多岐にわたる。彼が取り組むほとんどすべての大規模なプロジェクトは、最終的には協同作業になるのだが、一人で取り組む作業と他人と協力する部分とのバランスを取ることがとても重要だと強調している。

「とくに創造的プロセスの初めの段階では、一人のんびりした気分で難しい疑問について考えたいときがあります」と彼は言う（そんなときには、スタジオに改装した小屋に引きこもる）。「音楽家として私は、人と共有する前に、一つの問い――そして一つの世界さえ――を想像すること、そして長い時間をかけて心の中でそれらを具体化する作業を愛しています」

けれども、やがて自分の問いを「小屋から外に運び出して」、人と協力し始めなければならないときがくる。メディアラボは理想的な協同的環境になるよう設計され、幅広い分野から多くの人材を集めている。「このラボには、だれもが『自分はいまこれに夢中なんだ。この疑問について考えているんだけど助けてくれないか？』と安心して言える雰囲気があります」

マコーバーはラボのメンバーとだけ協力しているわけではない。最新のプロジェクトの一つでは、トロント交響楽団から招かれてオーケストラのためにオリジナル曲を作曲したのだが、そのときは、一緒にシンフォニーをつくりたい人をトロント中から募集することにした。トロントの日常生活を表現するような音をつかみ、みんなと分かち合いたい人たちに集まってもらうことにしたのだ。「多くの人と協力しながら一つの問いに答えようとすると何が起きるかを見てみたかった」とマコーバーは言う。マコーバーが提起した全員への問いは、「トロントってどんな響きがする？」だった。

「問い」を抱え込んでいても意味がない

マコーバーは、もう何年にもわたって、かたちは違えど本質的には同じ問いを追いかけ続けてきた。それは「音楽をもっと参加型の経験にするにはどうすればよいか？」というものだ。

この問いは、ほとんどの人が音楽の消極的な消費者になってしまっているという感覚に端を発している。「音楽はどこにでも、だれのヘッドホンからも聞こえてきますが、音楽を学んだりつくったり、存分に体験しようという人はどんどん減っていきます」。マコーバーは、1990年代半ばには「ブレイン・オペラ」と呼ばれる実験的な音楽イベントを仕掛け、一般の人でも演奏できる装置でオーケストラを組織した。「ハイパー・インストゥルメンツ」と名づけられたそれらの楽器は、ニューヨークのリンカーンセンター周辺に散在していて、そのあたりを歩いている人たちが自由に演奏するよう誘われるというものだった（楽器はユーザーの動きに合わせて音を奏でる）。

そうして奏でられた音がステージ演奏用に編集されるので、作曲は「半分は私で、半分は一般の人たち」だとマコーバー

Column

どうすれば、電源コードをなくせるか?

私たちの世界は、次第にワイヤレスの時代に入っている。それならなぜ、私たちは電気機器の充電をする際、いまだにコンセントにつないでいるのだろう？　イスラエルの起業家ラン・ポリアキンは2006年にこの疑問を抱き、答えを探してさまざまに模索しているうちに、1890年代の発明家ニコラ・テスラの無線送電に関する業績にたどりついた。2009年10月、ポリアキンはワイヤレス充電器「デュラセル・パワーマット」の発売を開始し、磁気誘導で作動する「無線充電」という分野を切り開いた。

一方、宇宙生物学を学んでいたメレディス・ペリーは、コードを使わずに電子機器に直接電力を送る方法を探していて、グーグルの支援を受けて研究を進め、2010年、「圧電気」（物質に力をかけると電気が発生する現象）というコンセプトにたどりついた。そこで次の疑問を抱いた。「どうすれば、実際には何も動かさずに、空気を振動させられるだろう？」。彼女のワイヤレス充電器「ユービーム」について、チャーチファンドのマイク・アリグトンは「マジックに最も近いもの」と呼んでいるが、これは音声、電気、そして充電の技術を組み合わせたもので、現在は数百万ドルのベンチャーキャピタルの支援を受けている。

は言う。「ポイントは、『音楽を聴くのが好きな人なら、音楽の一部になれて、それに触れ、自分もつくれればもっと楽しくなるはず』ということでした」

「ギター・ヒーロー」は体の動きに反応し、ミュージシャンでなくても身動きでリフレインをつくったりもできるのだが、この発想は、ブレイン・オペラの実験を出発点としたものだ。

そしてトロント交響楽団での実験も、協同的な音楽制作に新たな視点から一石を投じるもう一つの試みとなった。このプロジェクトには数千人が参加し、（マコーバーに提供されたメロディーとコードを使って）、トロントの地下鉄や港湾の音を組み込んでミュージカルの小品を作曲する人もたくさん現れた。

マコーバーは多くの音を重ねて一つの曲にまとめ、2013年にはトロント交響楽団で演奏したのだが、じつは、自分の疑問に答えるための実験的な試みにそこまで多くの人が参加するとは夢にも思っていなかった。「けれども、自分の好きなことを公の場で説明すると、『私も一緒にやりたい』と言ってくれる人が出てくるのです。しかも、彼らは素晴らしいことを成し遂げる能力がある。私はそのことを確信するようになりました」

疑問を問いかけたり発表したりすると、好奇心旺盛で、絶対に受けて立ちたいといったタイプの人が出てくるかもしれない。疑問を人に説明すれば、今度は彼らがその課題を背負うことができる。それによってあなたは極めて難しい、しかし極めて重要な最初の一歩を踏み出したことになるのだ。

著述家のクレイ・シャーキーも書いているように、自分でゼロから始めるよりも、何かワクワクするようなアイデアに参加して、それを改善し発展させたいという人は世の中にたくさんいる。マコーバーによると、疑問を明らかにして人に訴えかけると、「あなたはプロジェクトの中で協力者たちを対等に扱っている」ことになる。最初は「あなたの疑問」のように見えていたものが、すぐに「彼らの疑問」にもなり、「全員の疑問」になるのだ。

答えは、最初にそれをつかんだ人のものだ。だがアイデアを隠しておく（思いついた美しい質問をためこんでおく）ことには、たいていは何の意味もない。問いを白日の下にさらし、人の助けを借りれば、何か（解法か、学習経験か、ヒントか、新たな見方か、ある種の目的か）が得られると考えたほうがいい。

「最終的な答え」は存在しない

「どうすれば？」の段階は、本書ではイノベーションを生み出す質問の3番目、最終段階に位置づけているが、本当は「最終段階」は存在しない。なぜなら、たとえ何らかの回答にたどりついたとしても、質問には終わりがないからだ。

成功する質問家の多くは、一つの「答え」を見つけるとすぐに次の問いに移る。多くの場合は、到達した答えそのものに問いをぶつける。その答えは決定的なものではないかもしれないからだ。答えを改善し、発展させ、次のレベルに押し上げる方法を見つける余地（と必要性）はつねに存在する。

ヴァン・フィリップスは自分が設計した高度な義肢を完成させた段階で、それに満足して済ませられたかもしれない。けれども彼の目から見ると、それは手足を切断した一部の人、つまり数千ドルを出してそれを買える人たちにとっての問題を解決したにすぎず、そうでない人たちには何の解決にもなっていなかった。彼は100ドルで買える高性能の義肢をつくり、発展途上国の障害者でも買えるようにしたいという理念を持っていた。とりわけ地雷で足を失った人たちを助けたいと考えていた。

そこで、数年前から新しく手ごろな値段で買える義肢について改めて「なぜ？」と「もし～だったら？」の質問を繰り返すようになった。そして現在（本稿執筆時点）では、「どうすれば？」の段階に深く入り込んでいる。じつはどうつくるかの段階はすでにクリアしており、いまは製品をどう市場に出すかの詳細を詰めている。

ミック・エベリングは「アイライター」ができるとすぐに次の問いに移った。このシステムはトニー・クワンにはうまく機能した。クワンは何度もまばたきをすることでこの装置を動かしていた。ところが、新たな問題が持ち上がった。クワンの病状が悪化して眼筋の力が落ち、素早くまばたきすることが難しくなってきたのだ。エベリングは「レーザーをコントロールするほかの方法を見つけたらどうだろう？　まばたきではなく、考えるだけでそれができたら？」という新たな疑問を抱いた。

その答えを得ようと彼は、アイライターを発展させた「ブレインライター」をつくろうと新たなチームを結成することにした。基本的なアイデアは、脳の電気活動（脳波で測定できる）で動く描画ツールをつくる、ということだ。これは「アイライター」のときよりも複雑で難しいように見えるが、エベリングは「この仕事に適した能力を持つ人を集めれば十分できるはずだ」と主張している。

「アイデアをつねに前進させる」「新しい機会を追求し続ける」「何度も質問を繰り返しながら変化に対応する」という考え方は、今日のように、「答え」は一時的なものでますます寿命が短くなっていると企業が実感しているような、めまぐるしいビジネス環境ではとくに重要だ。

次章では、問い続けることがなぜ以前よりもずっとビジネスにとって重要になっているかを掘り下げていく。

第4章

ビジネスに「より美しい質問」を与えよ

――あなたの仕事を劇的に変える「Q」

Q：なぜ、賢いビジネスパーソンが大失敗をしでかすのか？
Q：なぜ、私たちはビジネスをしているのか？（そもそも何のビジネスをしているのか？）
Q：もし、この会社がなかったら？
Q：もし、たんなる金儲けをやめて理念を貫いたとしたら？
Q：どうすれば、もっと良い実験をできるだろう？
Q：質問についてブレイン・ストーミングをしたら、ひらめきが下りてくるだろうか？
Q：曖昧なリーダーに人はついていくだろうか？
Q：ミッション・ステートメントはミッション・クエスチョンになるべきか？
Q：どうすれば、探求の文化をつくれるだろう？

なぜ、賢いビジネスパーソンが大失敗をしでかすのか？

クレイトン・クリステンセンは今日、ビジネス・イノベーションの分野で最先端を走る専門家の一人だ。ハーバード・ビジネス・スクールのベテラン教授として、20年前に「破壊的イノベーション」という用語を初めて使ったが、以来この言葉はビジネス用語として定着しただけでなく、ビジネスの世界で強力な推進力となってきた。クリステンセンの発想は、インテルのリーダー、アンドルー・グローヴやアップルの共同創業者スティーブ・ジョブズなどにも強く支持されていまに至る。

1990年代後半、まだそれほど有名ではなかったクリステンセンは、拭《ぬぐ》おうとしても拭いきれない疑問に悩まされていた。当時、ハイテク関連やその他の産業で成功し、市場をリードしていた大企業の多くが新興企業に次々と追い抜かれている事実がどうしても理解できなかったのだ。そんな新興企業の製品の質はたいしたことはなかったが、大企業の製品よりもシンプルなつくりで、より便利で、より安かった。

もう一つ不可解だったのは、新興企業の突き上げに見舞われた企業が、きちんと正しい手順を踏んでいるように見えたことだった。彼らは顧客により良いサービスを提供し、製品の改善を進め、利益率を伸ばしていた。「どの会社もビジネススクールで教わった通りに、まさに正しいビジネス活動にいそしんでいました」

クリステンセンにとってとくにわからなかったのは、なぜ、既存の権威的なリーダーたちが新興企業の挑戦に対抗できないのかということだった。「私の研究はつねに一つの疑問から出発します。失敗は経営者が無能だからではないことはわかっていました。そこで、『世界で最も賢いはずの人たちが、なぜこのような問題を抱えているのだろう?』と考えてみたのです。そう疑問をとらえ直すことで、それまでとは違ったポイントに目が向きました」
クリステンセンが発見したこと、それは、問題を抱えていた企業の大半は、すでに優れている製品をもっと良くするためにイノベーションに力を入れていたが、世の中を変えるほどのイノベーションの本当の芽は低価格市場に生まれているということだった。このことは、ディスクドライブ（補助記憶装置）から自動車まで、企業の提供するさまざまな製品に当てはまった。

技術がどんどん高度化していく市場の中で、値段が高く、仕組みが複雑で、利用する人が限定されている製品を手ごろな値段で使いやすくすると、大衆市場が一気に口を開いてゲームのルールが変わってしまい、既存のトップ企業を倒せる可能性が生まれる――そんな時代が始まっていた。

だが、どうして新興企業だけがこの機会をとらえることができるのだろう？　既存の企業が培ってきたノウハウと経営資源を使えば、高価格帯市場だけでなく低価格帯市場も席巻できるはずではないだろうか。

優秀なのに「まっとうな選択」ができない

クリステンセンは、これを一つの「ジレンマ」と見るようになる。低価格帯で破壊的イノベーションを追求するには、企業はそれまで懸命になって築き上げてきたものをすべて手放さなければならない。クリステンセンの指摘によると、彼らは究極の難問に直面していた。「会社は、最優良顧客に買ってもらえるように優れた製品をつくり改良していくべきか、それとも既存顧客のだれも見向きもしない粗悪品をつくって、利益率も犠牲にすべきか?」

まっとうなビジネスリーダーであれば前者を選ぶだろう。けれども、この一見論理的な選択が、会社の将来性にフタをしてしまっていた。

クリステンセンが、ベストセラーとなった『イノベーションのジレンマ』(玉田俊平太監修、伊豆原弓訳、翔泳社)を刊行して以降、低価格市場での「破壊的イノベーション」に特化するという考え方は、とりわけシリコンバレーにおいて標準的なビジネス慣行になった(そしてクリステンセンの本は、シリコンバレーのイノベーターにとってバイブルになった)。破壊的イノベーションは、「なぜ?」「もし〜だったら?」といった質問を見つけ、追究し続けたクリステンセンの鋭い眼力の賜物だが、一方で、次のような疑問は当然残る。

「ほかの人たち——とくに研究対象となった大企業を経営していた優秀な人たち——はなぜ〝イノベーションのジレンマ〟を見つけられなかったのだろう?」「自分たちのビジネスや業界で起きていることを、なぜビジネススクールの教授に指摘されなければならなかったのだろう?」「彼らはなぜ、クリステンセンが抱いた疑問を抱かなかったのだろう?」

クリステンセンはこの点にも一つの考えを持っていた。大企業の経営者たちは「問う力」を鍛えられていなかった、というのだ。将来の幹部候補生たちは、かつてビジネススクールで完全に合理的で、しかも実用的な経営理論を身につけた。ところが、世界が変わって古い理論が通用しなくなると事情は一変する。いざそういう時代になったとき、ほとんどのリーダーは現実から一歩下がって次のような問いを発することができなかった。

「なぜ、もうこれが通用しないのか？」

「ビジネス市場がひっくり返り、いままで底にあったものが頭上に来たらどうなるだろう？　そしていま起きていることが本当にそういうことだとしたら？」

「私の会社は新しいビジネスの現実にどう対応すべきだろう？　古い理論をどう書き換えればよいのか？」

今日では、どの業界を見ても市場のさまざまな条件や課題は一段と複雑になり、先は見えず、しかも徹底的な破壊にさらされるようになった。それにもかかわらず、ほとんどのビジネスリーダーは徹底的に問い直そうとしていない、とくに「正しい問い」に向き合うことができていないとクリステンセンは感じている。

「存在理由」を問うことから始める

ＩＢＭやコカ・コーラなどのトップ企業のコンサルタントとして長く活躍しているキース・ヤマシタは指摘する。「80年代になってからの25年間、ビジネス界は『効率、効率、効率』というかけ声で走り続けたと言っても過言ではありません。〝何が何でも効率〟という時代を過ごしているうちに、人は、それと気づかないうちに細かい、せせこましいことばかりを気にするようになりました。改善に次ぐ改善を追求するうちに『もう少し資金を節約するには、もう少し効率化するにはどうしたらよいか？　もっと経費を減らせるところはないか？』といったことばかりを考えるようになってしまったのです」

けれども、「せせこましい疑問」を抱く時代は終わろうとしている、とヤマシタは言う。「そのような小さなことばかりを追求していても、自社の解決すべき課題やポジション、ブランドの発展にはつながらないことに経営者たちは気づき始めています。イノベーションを起こすには、もっと広がりのある問いに取り組まなければいけません」

ヤマシタが言っているのは、ビジネスに関する「問い」自身の進化だ。旧態依然のクローズド・クエスチョン（「いくつ？」「どれくらい？」「どれだけ速く？」）も現実的にはまだ重要だろうが、企業はもっと高度なオープン・クエスチョン（「なぜ？」「もし〜だったら？」「どうすれば？」）に取り組むことで、「明確な目的意識」や「将来のビジョン」「変化への欲求」が必要とされる環境での成功を目指さなければならない。世の中はそういう方向に動いている。

環境の変化は、既存企業と同じく新興企業にも影響を及ぼしている。スタートアップ企業は、自社の存在理由を厳しく問い直す疑問（「なぜ、世の中にもう一つ企業が必要なのか？」「人が自分たちの企業に関心を持つべき理由はどこにある？」「一体全体、我々はどうブレイクスルーに至るのか？」）をつねに考え続けなければならない。市場に新規参入企業がひしめいているいまの時代ならなおさらだ。

だが、歴史ある業界の名門企業のほうが、もっとこのような疑問を抱くことが必要だろう。多くの企業が新たな脅威や激しい変化に直面し、「自社が世の中で必要とされているのはなぜか？」「自分たちは何をしているのか？」「どのように事業をしているのか？」といった疑問を突如突きつけられている。

ジャンプ・アソシエーツのデヴ・パトナイクをはじめとするトップ経営コンサルタントが「いまやクライアントと私が最も多く時間を割いているのは〝問うこと〟です」と言うのもそれほど不思議ではない。

「問う」というカルチャーを企業に持ち込むのは簡単ではない。というのも、ほとんどの企業は問うことを前提としないで成り立っているからだ。

アメリカ企業はとくに、そして第二次大戦後に設立されたヨーロッパの主要企業も、「戦争を出発点とする軍隊式モデルを基礎とし、戦争を経験してきた人たちで構成され、ビジネスを軍隊式の精神で組み立ててきました」とパトナイクは言う。組織が階級と上からの指揮命令系統によって動いていると、前例に疑問を差し挟む余地はほとんどない。

この古いモデルは、スピードや柔軟性、協力的な取り組みが求められるビジネス市場にはとくに適していない。すでに確立しているビジネスモデルを変革し、多くの問いを受け入れる素地をつくるには、組織に刷り込まれている方針や方法を変革するという非常に難しい作業が必要になる。

「早い結果」を求めると、疑問が抜け落ちる

たとえば「リーン・スタートアップ」運動のパイオニアで、企業や起業家に機敏で柔軟なアプローチをどう取り入れるかを教えているエリック・リースは、これまで私たちの社会では、「問い」ではなく「答え」を出すことにインセンティブが働くシステムが築かれてきたと指摘する。

「これまでの産業経済では、答えを見つけることと自信を示すこと、それがすべてでした」とリースは説明する。「やるべきことをやれば答えがわかるはずだ、疑問があるということはまともに働けていない、つまり報酬をもらう資格がない、ということでした」

難しい課題はもう一つある。企業は急激な変化に襲われると、それまでよりもずっと多くの問いを検討する必要が生じる。ところが、人はそうした事態に直面すると、とてもそんなことを考えている余裕はない、と反応してしまうのだ。ビジネスにおける「問う」ことの役割を研究しているハーバード大学のトニー・ワグナー（教育学）は、「すぐに結果を出すよう求めると、思考プロセスから疑問が抜け落ちやすくなる」と指摘している。

「考えよう」という気になった人にとっての難しさは、何を問うべきかがわからない、ということではないだろうか。「不確実なものが多くなりすぎて、組織は自分たちが何を知らないかさえわからなくなっています」とパトナイクは言う。現在の課題や市場環境を踏まえ

て、自社が問うべき最も重要な疑問は何かを見極めることが、最優先の仕事かもしれない。中心的な質問は会社によって異なるだろうが、なるべく基本的な、企業の存在目的に関する問いから始めるのがよいだろう。

なぜ、私たちはビジネスをしているのか？（そもそも何のビジネスをしているのか？）

自分たちは金を儲けるために事業を営み、金を儲けているからこそ事業を続けられる――たいていはどの会社もこの点には同意するだろう。けれども、その成り立ちをたどっていくと、ほとんどの会社は、もっと複雑な理由で会社を始めたことがわかる。本書で紹介している多くの会社（パタゴニア、WLゴア、ナイキ、エアビーアンドビー、パネラブレッド、ネットフリックス）は、まだ満たされていないニーズに応え、私たちの生活を少しでも快適で、便利で、楽しいものにしようとしてビジネスを始めた。良い会社はたいてい問いに答えようとして、そして問題を解こうとして生まれるものだ。それが初期の目的になる。けれども、創業者たちを突き動かしていた原則も、時間がたつうちにどこかに埋もれてしまう。

だが、「なぜ？」と問うことによって、それを掘り出すことができる（設立時の初心を確認した後で、もしそれを生き返らせ、新たな光を当て、いまの会社に生かそうと思えば、やはり問い続けることが推進力になる)。

企業の目的についてはさまざまな考え方がある。家具の小売店なら、人に家具を売ることを目的に選ぶかもしれない。だが、それとはまったく違ったかたちでビジネスにアプローチすることもできる。より高度な目的として、「予算の限られた人たちにある種の生活スタイルを採り入れてもらう」、あるいは「家具を通じて創造性を発揮できるようになってもらう」といったことが考えられるかもしれない。

そういった目的を正しく把握することはなかなか難しいものだ。広告宣伝のために一般的な、あるいは人工的な目的が追加されてしまうこともある。

しかし会社のトップに立つ人たちが、自社はどこから来たのか、何が最も得意なのか、だれに奉仕しているのかをじっくりと考えたなら、会社の起源についてもっと意味深い、本来の目的が明らかになるだろう。

ヤマシタは目的を確認しようとする企業に対しては一連の質問をすることからコンサルティングを始める。中にはじつに率直な質問も含まれている。

「あなたの会社は何のためにこの地球上に存在しているのですか?」

ヤマシタは、この問いはどの会社にとっても大げさに響くかもしれないと認める。けれども、いまの新しいビジネス環境では、企業は日々の関心事を超えた視点からものを考えることを要求されている。今日の企業が強力な目的意識を見つけ出すには、世界の人たちが何を望み、必要としているのか、何が障害になっているかを理解できるよう、世界的な視野を持つことが必要だ。同時に、ビジネスリーダーは内側にも目を向け、自社のコア・バリューや成し遂げたい大きな望みをはっきりと自覚しなければならない。

定期的に「過去の理想」を振り返る

経営陣が内部の価値を見極めるには、ときに過去を振り返って次の問いについて考えてみることをヤマシタは勧める。

「会社が最も素晴らしかったとき、私たちはどういう存在だっただろう？」

会社は最盛期にはコア・バリューがはっきりと見えてくることが多いとヤマシタは考えている。だが、ときには過去を振り返り、会社の存在目的を再確認することが必要かもしれない。

アウトドア用品を扱うパタゴニアのCEO、ケイシー・シーハンは、野外活動の促進と環境保護を目指すという力強く明確に定義された存在目的を掲げている彼の会社でさえ、目的やミッションを定期的に問い直さなければならないと認めている。「我が社では、企業としての成長を遂げることと、それが環境に及ぼす影響とのあいだには、日常的に極めて厳しい緊張関係があります」

会社の規模が大きくなるにつれて、この問題は難しくなっている。5億7000万ドルのビジネスを運営していると、莫大な二酸化炭素が排出される。これが環境に及ぼす影響をどうしたら最小化できるのかという課題にシーハンはいつも取り組んでいる。

どんなときでも指針となるのは創業時を思い出すことだとシーハンは言う。「創業者たちがこの会社を始めたとき、最も大事だったのは彼らの愛していたもの、つまり自然を守ることと、他の人にもその必要性に気づいてもらうために自分たちの影響力を拡大することでした」

これは、パタゴニアという会社の存在理由というだけでなく、今日に至るまで社員たちがパタゴニアで働いている理由でもある。「だからこそ、当社の社員は職場に来るのに一段飛ばしで階段を上ってくるのです」。同社はここ数年素晴らしい業績を上げ続けているが、ほとんどの人たちにとってパタゴニアで働く理由はそこにはない。シーハンが財務実績について語っても、社内で関心を示す人はほとんどいない。ところが、「『当社では、今度南カリフォルニア沿岸に50名を派遣して漂流ゴミの清掃を行います』と言うと、みんな立ち上がって拍手喝采します。そうしたことが、彼らがここにいる理由なのです」。

世のすべての会社がパタゴニアにとっての環境保全のようなミッションを持っているわけではない。しかしシーハンが言うように「どんな組織でも、確固たる目的と価値観を持つことはとても素晴らしいこと」だ。これを確認する手っ取り早い方法は、会社が設立された当時を振り返って、「当初の存在目的は何だったのか？　その周りに人を結集させるにはどうしたらよいだろう？」と考えてみることだ。

同時に、ヤマシタが指摘するように、目的について大きな問いを考えるときには、将来に目を向けることも同じくらい重要だ。ヤマシタはクライアント企業に、「恐れずに、どういう会社になっていかなくてはならないか」を考えるよう促している。これは難しい課題かもしれない。というのも、この問いに答えるには、「まだ存在していない、会社の新しい姿を思い描かなければならない」からだ。

だれがどのように使い、何を求めているのか？

会社の存在目的を問うことが重要なのは、これに答えられる経営者は、自分たちが確固たる基盤の上に立っていると確信していることになり、広範囲にわたってあらゆる機会や疑問を追う必要がなくなるからだ。「製品も、経営者も、そしてトレンドもやってきては去っていきます」とヤマシタは言う。「けれども、その移り変わりの中で、『自分たちにとっての真実、自分たちの中心にあるものは何か？』という問いへの答えは知っておく必要があります」

とりわけ会社が激流に投げ込まれていることに気づいたときには、それを知っているかいないかで会社の行く末は大きく変わるだろう。デジタル革命の結果、多くの企業が事業の根本的な見直しや立て直しを迫られ、なじみのない領域に押しやられる例もあった。そうした中で、自社のありようや目的といった基本的な問いに答えられる企業ほど、「そもそも自分たちは何のビジネスをしているのか？」といった未解決の新しい質問に対処できている。

ナイキは、「企業は自社の最も基本的なあり方を問い続けながら継続的に順応できる」ということを示す示唆的な事例だ。同社は企業秘密を厳重に守る傾向があるが、数年前、私はかつてナイキと仕事をしたことがあるデザイン研究者と話をする機会を持てた。彼によると、ナイキはアスリート（プロとも週末のジョガーとも）と野球場や、テニスコートや、競技用トラックに同行し、彼らの動きを研究し、ニーズを探っていたという。

いま残っている「不都合」を解決する

10年ほど前、ナイキの研究者たちは、デジタル技術がランナーをはじめとするアスリートに根本的な変化を及ぼしていることに気がついた。「走るという経験」を測定し、改善し、豊かなものにする方法がどんどん増えてきたのはいいが、面倒な事態も生じていた。ランナーたちは、ストップウォッチから心拍モニター、音楽プレイヤーまで、じつにさまざまな機械をあたふたといじくり回しながら走っていたのだ。

ナイキは、典型的な「なぜ？」モードに入った（「なぜ、こんな問題があるのだろう？」「なぜ、だれかが解決してこなかったのだろう？」）。そうして、「もし〜だったら？」の可能性を検討しているうちに、さまざまな機能がネットワークでつながるツールをつくり、それを何らかの方法でシューズにつなげるというアイデアが生まれた。

その製品は、「距離を測りたい」「進歩の度合いをグラフ化したい」「音楽で気分を盛り上げたい」「他のランナーとつながりたい」といった、ランナーが持っている新たなニーズの多くにまとめて対応できるものだ。つまり、ナイキは「ランニングシューズがランナーの人生に介入できたら？」という提案をしようと考えたのだ。

しかし、「どう、これを実現するか？」は別問題だった。ナイキはスニーカーをつくる会社であり、デジタル機器メーカーではなかったからだ。結局、これほど無鉄砲なことを実現するには、ハイテク企業と組むしかないという結論に達した。そこでスティーブ・ジョブズとアップルに提携を持ちかけたのだが、一筋縄ではいかな

Column

私たちは本当に「看板どおり」の会社だろうか？

ファスト・カンパニー誌によると、1990年代半ば、有料ケーブル局のHBOは新たな創造性を打ち出せず、一種のマンネリに陥っていた。当時のチーフプログラマー、クリス・アルブレヒトは他の役員と話し合うたびに、上記の質問を投げかけていた。アルブレヒトは同僚たちに、現場から一歩下がって、自社の作品を厳しい目で見直し、それらが本当にHBOの打ち出しているハイクオリティなイメージに見合うものかどうかをよく考えてもらいたかった。

アルブレヒトの質問に対する一致した意見は、「そこまでは達していない」だった。そこで役員たちは、番組ごとに「魅力的な特徴があるか？」「良い番組だろうか？」といった質問をいくつもぶつけては考えることにした。彼らは番組の背後にある中心テーマに関心を集中させた。「これはオリジナルで価値のあるアイデアだろうか？」「この番組はそのアイデアを最高のかたちで実現できているだろうか？」。こうした厳しい探求が、後に「セックス・アンド・ザ・シティ」や「ザ・ソプラノズ」などの大ヒットシリーズのかたちで実を結んだ。

かった（新聞記事によると、ジョブズは当初、ナイキはデジタル分野への拡大を図っているとCEOのマーク・パーカーを厳しくなじったという。罵倒まじりの『スニーカーだけつくってろ』が彼のメッセージだったとか）。

だが結局、ナイキはジョブズを口説き落としてNike+（ナイキプラス）というハイブリッド製品を生み出した。これはナイキのランニングシューズをワイヤレスでiPodにつなぎ、そこを経由してウェブサイトにつなげるという製品だった。こうして典型的な「スマートな再結合」が成立し、ランナーは、ナイキプラスを使って音楽を聴いたり、ランニングデータや健康データを記録したり、他のランナーと意思疎通したり、ランニングパートナーを見つけたり、走るヒントを交換し合ったりすることができるようになった。

「自分たちは何をしているのか？」を掘り下げる

この製品を出したおかげで、ナイキにはもっと重要な変化が起きた。足まわり以外のことを考えるようになったのだ。ナイキは、いまや大ヒットとなった「フューエルバンド」（日常の動きを数値化、記録できるリストバンド）などのデジタル製品を揃えられるようになった。

ナイキはシューズメーカーであると同時にデジタル企業へと徐々に変貌している。だから「そもそもナイキは何のビジネスをしているのか？」と考えたとき、答えはつねに変わるはずだ。もっとも、どのような形態かは別として、「アスリートのライフスタイルのニーズに奉仕する」というコアの目的から離れることはない。

近年、このような抜本的な変化を遂げている会社はナイキだけではない。ファスト・カンパニー誌の最近の記事は、ナイキ、アップル、ネットフリックスをはじめとする先端企業の多くは、次第にそれぞれの専門分野を離れたところに成功の源を見つけるようになってきたと指摘している。

「コア・コンピタンスの死」という挑発的なタイトルのついたその記事によると、ある会社の専門的な製品やサービスが何であれ、あるいは自社を現在の地位に導いたものが何であったにせよ、それらが会社を次の段階にまで引き上げてくれるとは限らないという。

比較的新しい会社ですらこの種の大きな変化を遂げなければならない。2008年、すでに1億人近くのユーザーを抱え、その意味では目を見張るほどの初期の成長を達成していたフェイスブックは、シェリル・サンドバーグという新しい役員を迎え入れた。そして報道によると、彼女は同社のリーダーや従業員に次のような根本的な問いを突きつけた。

「フェイスブックは、何のビジネスをしている会社ですか？」

登録ユーザー数がこれだけ急激に成長していたにもかかわらず、同社はまだ利益追求についての明確な方針を持っていなかった。サンドバーグの疑問は社内に論争を巻き起こし、その結果、広告収入に特化した戦略に切り替えることになった。このことは多くの企業の目を覚まさせた。もはやこれまでにしてきたこと、あるいはいま知っていることには頼れない時代なのだ。

　ビジネスに「初心」を持ち込もうとすると、たとえ一時的にせよこれまでの歴史と、過去にはうまく行ったあらゆる考え方をいったん横に置く必要が出てくるかもしれない。そうしなければ、新鮮な目で問いを発することができないからだ。

もし、この会社がなかったら？

　マイクロプロセッサ企業のインテルは、設立間もないころ、難しい決断に迫られていた。同社はメモリーチップのメーカーとして設立され、すぐに大成功を収めた。ところが事業が減速し始めると、共同創業者のアンドルー・グローヴとゴードン・ムーアは、主力製品をもっと有望な分野へとシフトすべきかどうかを決めなければならなくなった。意見は真っ二つに分かれた。メモリーチップは同社そのものであり、もしこれがなかったら、当時の地位を築けなかったはずだ。

　するとグローヴは面白い質問をパートナーに尋ねた。

「もし僕らがこの会社から追い出されたら、新ＣＥＯは何をすると思う？」

　新しいリーダーは、落ち目のメモリーチップ事業には思い入れがないので、たぶん手放すだろう、グローヴとムーアはそう考えた。そこで二人もそのように、つまりインテルの主力製品をマイクロプロセッサに変更することにしたのだ。こうして、同社がその後長年にわたって驚くべき成長を遂げる土台が築かれた。

企業が破壊的変化に直面すると（最近では、そのような経験のない会社などあるだろうか?）、古い習慣や伝統が進歩の邪魔をすることがある。「もし～だったら?」という質問のメリットの一つが、そうした制約を取り除いて新鮮な発想を（仮に短時間であったとしても）できることだ。

グローヴとムーアのように、「もし、別のリーダーが入ってきたら?」と考えてもよいのだが、クリステンセンはさらに大きな疑問を抱くことを提案する。「もし、この会社がなかったら?」。こう問うことで、業界や業界内での自社の位置づけについて白紙の状態を想定できる。自分の会社には何の歴史もないという前提で考えると、リーダーはそれまでの信念や構造（「すでに投資をしてきたこと」）にこだわらずに、新たな可能性を考えられるとクリステンセンは指摘する。

このような考え方は「もし、将来のどこかの時点で、中核事業が減速するかもしれないと思っているのなら」、じつに有益だとクリステンセンは言う（自分の会社がない世界を想定した場合、考えてみる価値のあるもう一つの問いは、「会社を惜しんでくれるのはだれだろう?」だ。これに対する答えを考えれば、最も重要な顧客はだれか、そして会社の本当の目的は何かが明らかになる）。

「やめるべきこと」を決める

どんな会社にとっても、これまでに手がけてきた事業をやめるのは簡単なことではない。ブランド・ベロシティの創業者でコンサルタントのジャック・バーグストランドは、企業が定期的に自問すべき最も重要な問いの一つは、「何をやめるべきか？」だと考えている。

企業のリーダーは、ともすると「何を始めるべきか？」ばかり考えがちだ。したがって、十分に納得してやめることのほうがつねに難しい、とバーグストランドは指摘する。

しかし、「何をやめるべきか？」に答えられないと、「次にしたいことで成功するチャンスが減ってしまう。なぜなら、リソースの一部が最優先事項ではなく、もはや必要ないことに吸い上げられてしまうからだ」。さらに、もし何をやめるべきかを見極められないのなら、それは自分の戦略がわかっていないという危険な兆候かもしれない。

していることをやめる、とくに以前成功したことのあるサービスや製品を終わらせるのはどんな企業にも難しい。それは、「これまで大事に育ててきた我が子を手放すのが平気な親などいない」のと同じだ。

社内政治が障害になる場合もある。自分たちのプロジェクトを守りたい個人やグループが社内にいても不思議ではない。「『何をやめようか』と尋ねるだけでも社内の一部の人を不愉快にさせるもの」だ。だからこそ、古いサービスや製品、古い習慣との関係を積極的に絶つためにも、「もし、この会社がなかったら？」と自問する心構えが必要なのだ。

「もし～だったら？」で想像力が爆発する

会社の前進を阻む可能性があるのは歴史と習慣だけではない。実世界でのさまざまな条件も、会社が環境変化に順応し、革新することを妨げる。たとえば、コストや予算といった現実の問題を心配しすぎると、創造的な発想の範囲がせばまってしまう。

だからこそ、一部のビジネスリーダーは（アップルを率

Column

「自分たち自身」と競争することになったら？

2007年、150年の歴史を誇るアトランティック・マンスリー誌は、他の多くの雑誌と同様、広告不足に苦しんでいた。社主のデイビッド・G・ブラッドリーは、新たな編集チームとビジネスチームを迎え入れた。そして、ニューヨーク・タイムズ紙によると、シリコンバレーのスタートアップ企業を創業するときのようにブレイン・ストーミングを行った。目的は、「同誌自身を打ち負かすこと」。つまり「自らの市場を奪うことを目標にすると、何をすべきか？」を考えることだった。そうして出た結論は、「デジタル分野を攻める」だった。ニュースのまとめサイトが雑誌を脅かしていることがわかっていたので、彼らは自前で「破壊サイト」をつくることにした。「アトランティック・ワイヤー・ドットコム」、「アトランティック・シティーズ・ドットコム」、そして「クオーツ」だ。

そして、それまで別組織だったデジタル部門と印刷部門のスタッフを徐々に統合し、アトランティック・ドットコムから有料読者限定の壁をなくし、社名からも「マンスリー」を外した。2012年後半には、ウェブサイトへのトラフィックが2500％伸びて売上げは倍増、同社は数十年ぶりに黒字化した。

いていたときのジョブズのように)、「もし〜だったら?」という仮定の質問を用いて現実の制約条件を一時的に取り払う。プロジェクトを手がけているチームに、「お金を稼ぐことが目的でなかったとしたら、我々のアプローチは変わるだろうか?」と考えさせるのも一つの方法だ。

制約条件を一時的に取り除くと、人の想像力は、コストを忘れ、ベストのアイデアを求めて解き放たれる。すると、これまでになかったまったく新しい可能性が見つかり、そこから価格を調整していくこともできるかもしれない。

また逆に、「もし〜だったら?」で制約をつくってもよいだろう。極端な条件を設定して、その下で何かをつくったり達成したりすることについてメンバーに考えてもらうのだ。「もし、100ドルかかるサービスに10ドルしか請求できないとしたら?」といった具合だ。すると、だれもが現実性や前提条件を考え直さざるを得なくなる。

もし、たんなる金儲けをやめて理念を貫いたとしたら?

企業が制約条件をかなぐり捨てて大胆に「もし〜だったら?」を突き詰めていくと、「当社は理念を貫けるか?」「なぜそうまでして理念を貫きたいのか?」といった野心的な可能性を考える会社が現れるかもしれない。

2番目の質問に対する答えは、消費者と企業との関係に新たな動きが生じていることが関わっている。インターネットとソーシャルメディアのおかげで、人々は企業やブランドについて以前よりも多くのことを知るようになった。そして、企業の行動、価値観、目標などへの関心をいっそう高めている。

企業の社員は、そうしたことをより強く感じている。とくに若い社員は、自分に近い信条と価値観を守る会社、そして大きな正義、つまり理念に貢献する会社にとことんついていきたいという意志を示すようになっている。

「いまの労働者は昔のサラリーマンとは違います」コンサルタント会社ピア・インサイトのティム・オジルヴィエは言う。「『自分が心から正しいと信じることをしたい』という若者が増えてきました」。つまり、会社がたんに売ったりつくったりする以外のことを目指すと、消費者とも従業員とも深い関係を築けるかもしれないのだ。

企業は「世界が切望しているものは何か？」と問うことで自社の理念を見つけ出すことができる、とキース・ヤマシタは指摘する。そのためには、自社の枠組みからあえて外に飛び出し、顧客と時間を過ごし、顧客が何を気にかけ、何に情熱を感じているかを見つけようとする努力、つまり一定の「文脈的探求」が必要かもしれない。さらにその次のステップで、顧客の前に立ちはだかっていそうなもの、つまり障害や問題が何かを確認する。その問題を緩和できると、その分だけあなたの会社は、たんに金儲けをしている企業以上の存在として見られるようになるだろう。

「お金がなくても食事できる店」は可能か？

典型的な例を紹介しよう。アメリカでベーカリーカフェのチェーンを展開しているパネラブレッドだ。ロナルド・シャイ社長によると、同社はコミュニティにもっと貢献したいと考え、自社の能力と経営資源に合いそうな問題を探していた。そんなとき、シャイは次のような質問を受けた。

「私たちが独自に提供できるもので、世界が最も必要としているものは何でしょう？」

シャイはこの質問としばらく格闘した後、「パネラケア」という答えにたどりついた。つまり十分にお金がなくても、（推奨されている寄付額を目安にして）払える分だけを支払えば、パネラブレッドのチェーン店と同じメニューを食べられるカフェをたくさんオープンすることにしたのだ。

多くの直販店に大量の焼きたてパンがあるため、パネラはいつも余ったパンを、それを必要としている人たちに何年も提供してきた。地域の食糧配給所に貢献してきたわけだ。

だが、慈善団体に寄付をすること（ほとんど機械的にしている企業が多い）と、ある理念の実現に向けて本格的に取り組むことはまったく違う。「私たちは『もっとできることはないだろうか？』と考え始めました」とシャイは言う。「社運を賭けてこの問題に取り組みたいと思ったのです」

パネラには、たんにパンを無料で配るだけでなく、お腹の空いた人たちにもっとしっかりした食事を取ってもらえる体制もできそうだ、ということがだんだんとわかってきた。

こうしたもう一歩踏み込んだ関与、シャイの言葉を借りれば「社運を賭けた」姿勢によって、同社の取り組みは、平均的な企業の慈善プログラムをはるかにしのぐ大きな活動になっていった。

最初の「パネラケア・カフェ」は2年ほど前にオープンした。現在は5つのカフェが毎年100万人を超える人たちに食事を提供している（しかも一部の

Column

あと何リットルのドリンクを、何人の体に何回流し込める?

ジェフリー・ダンがコカ・コーラ社のトップだったとき、同社のマーケティングでは上のような「美しくない質問」が中心テーマだった。コカ・コーラだけがそうだったわけではない。ジャーナリストのマイケル・モスいわく、菓子業界の会社は、おしなべて食塩、砂糖、脂肪のつまった食品の消費を増やそうとあれこれ知恵をめぐらせていた。アメリカ人のあいだでは肥満の蔓延が深刻な問題になっていたが、そんなことはお構いなしだった。

今日、ダンは、ニンジン会社「ボルトハウス・ファームズ」のトップとして、コーラよりも健康的な食品の販売に取り組んでいる。同社は「ベビー・キャロット」販売のパイオニアだ。きっかけは、いびつで不恰好なニンジンを捨てるのに飽き飽きした地元農家の疑問だった。「皮をむいて、小さくカットしてかたちのいいミニ・ニンジンにしたらどうだろう？」。いま、ボルトハウス・ファームズでは、ベビー・キャロットをスナック用のパッケージに入れて販売攻勢をかけている。これはダンの新しい疑問「ベビー・キャロットをジャンクフードのように売り出してみたらどうだろう？」への取り組みだ。

顧客からの高額の寄付によって、基準より下回る寄付額をほとんどカバーできている)。

「私たちから買わないでください」という広告

シャイによると、同社はパネラケアのアイデアを実行に移すにあたっては(CEO自らが最初のカフェで働いた)、プログラムの高潔さを確保するため、メニューを限定せずにすべて提供したり、レジで寄付を募るのでなくカフェ内に寄付箱を設置する(レジ脇に置くと、顧客に心理的なプレッシャーがかかることを懸念した)といった難しい判断をいくつも下さなければならなかった。

ステップを一つ進めるごとに、「自分たちはこれを手っ取り早くやりたいのか、それとも正しくやりたいのか?」と自問しなければならなかった、とシャイは言う。

コンサルタント会社ピア・インサイトのティム・オジルヴィエが指摘するように、理念に対して誠実であろうとすると、とても難しい判断を下し、ときには何かを犠牲にしなければならないこともある。

「利益と理念の両方を取れない場合は、どちらかをあきらめなければなりません」。オジルヴィエは自然食品スーパーを運営するホールフーズ・マーケットを例に挙げる。同社は人道的な飼育をするサプライヤーを見つけるまで、かなり長期にわたって生のロブスターの販売を中断していた。「これは経営的にはじつに厳しい選択ですが、会社の利益より理念を選ぶと、従業員はそれをわかるものです。そして会社のすることを信じ、理念を一段と大切に思うようになります」

企業が理念を貫こうとする際、マーケターがぶつかる一つの課題は、「自分たちは何かのために存在する」と言うことには慣れていても、逆に「自分たちは何に反対しているのか」を自問することはまずない、ということだ。過度な消費拡大主義《コンシューマリズム》に立ち向かう活動の一環として、パタゴニアは、あえて次の問いかけを行った。

「私たちから買わないでほしいとお願いしたらどうなるだろう?」

同社は、ビジネスよりも大きな理念を守るために売上が減少するリスクを進んで取ることにし、自社の衣料品を買わないよう（本当に必要でなければ、少なくとも新しいジャケットを買わないよう）呼びかける広告を出した。

パタゴニアのシーハンは、「あの広告は、人々に何でもかんでも消費すればいいのか考えてほしい、自分が買おうとしているものについて意識を少し高めてほしいという気持ちで出したものです」と言う。

これはかなり危険なメッセージだったが、シーハンによると、実際には、同社のブランドはその後多くの顧客を引きつけて市場シェアが高まったという。おそらく、パタゴニアが広告で明確にした姿勢に人々が敬意を抱いたからだろう。

どうすれば、もっと良い実験をできるだろう？

疑問を抱き、質問をすることは、製品開発などの企業の日常業務でも重要な役割を担っている。リーン・スタートアップのエリック・リースは、新しい発想が有効かどうかを試すときは、問うことが中心になると指摘する。

リースは、企業がいま自問すべき最も重要な問いの一つが、「どうすればもっと良い実験をできるだろう？」だと考えている。これは、ほとんどのマネジャーにはピンと来ないかもしれない。というのも、ビジネスに携わる人は「実験をする」ではなく、「ものをつくる」という観点から物事を考えがちだからだ。ところがリースが言うように、新しいことをするとき、人はいつも「実験」をしていることになる。なぜなら、「それはうまくいくとわかっているわけではない」からだ。

では、企業はどうすれば実験をうまくできるようになるだろうか？　リースは、まずは「自分たちは結果がどうなるか見当もつかない状況の下でこれをやろうとしている」ということ、つまり「製品をつくったり他の仕事をしたりする本当の目的は、その〝わからなさ〟を減らす実験を生み出すこと」だと認めようと言う。「何をしようか？」、あるいは「何をつくろうか？」ではなく、「何を学ぼうか？」を重視すべきだ、ということだ。「そして考えつく限りで最もシンプルなもの、つまり〝実用最小限の製品〟(MVP)まで戻ってそれに取り組めば、学ぶことができるはずです」

このように(リーン・スタートアップの複雑な段取りに取り組む前に)発想を一つ変えるだけで、世界はがらりと変わるとリースは主張する。「何を学ぼうか」と考えるだけで、会社の創造性を解き放つことができるの

Column

あなたのテニスボールは何か?(起業家のためのいくつかの質問)

オンライン・ストレージ・サービス「ドロップボックス」の創業者、ドリュー・ヒューストンは、起業家になろうと思っている人ならだれもがこの疑問に取り組むべきだと考えている。「大成功した人たちは重要な問題、つまり自分にとってどうしても無視できない何かを解くことに夢中になっているものです。それはテニスボールを追いかけている犬を思い起こさせます」。だから視野を広げようと思うのなら、「あなたが自然と追いかけてしまう、テニスボールのような何かを見つけることです」。

ペイパルの共同創業者ピーター・ティールは、起業家は「自分が信じられることの中で、ほとんどだれも同意してくれないことは何だろう?」と問い続けるとアイデアを見つけられると考えている。だが、自分で考えても出てこなければ、外に探しに行けばいい。アパレル業界の連続企業家《シリアル・アントレプレナー》、ブライアン・スパリーは、「客としていらいらするようなサービスや扱いを受けたときはいつも、『これは自分が解決できるのではないか?』と考えてみることだ」とアドバイスする。

さらに、「これは儲かるだろうか?」といった欲深い疑問にこだわりすぎないほうがいい。スタートアップビジネス・コーチのデイブ・カシェンは、ベンチャー企業を立ち上げるときは、「このビジネスは人々の生活を本当によくするだろうか?」という点を検討したほうがよいと考えている。

だ。「どんな会社にもアイデアはたくさんあります。でも、それらが実際に機能するかをどう検証すればいいのか、社員たちはわかっていません」とリースは言う。「それらのアイデアの実りをすべて得たいのなら、彼らにもっと多くの実験を認めることです。彼らは自分で答えを見つけ出せるはずです」

「やってはいけないこと」ができる場所をつくる

ピア・インサイトのティム・オジルヴィエは、企業にとって、社員が安心してアイデアをテストし、実験を行える場を提供することが重要だと指摘する。そのためには、企業は次の問いに答えられなければならない。

「私たちのシャーレ〔細菌培養用の皿〕はどこにあるか?」

その意味するところは、「社内のどこに行けば、過激な質問を安心して尋ねられるか?」ということだ。「一個の確立した事業体として、会社には、いまいるお客様に対して守り続けている約束があるはずですし、それには集中し続けなければなりません。けれどもそれだけでは未来は来ないかもしれない」。そこで、次の問いが必要になる。「社内のどこに、いまの事業を脅かすかもしれない、社内では到底受け入れられないような疑問を、立場を危うくすることなく探求できる場所があるだろうか?」

企業のトップは、「実験のための許可とルールを提供する必要があります」とオジルヴィエは言う。つまり社員に対して、「どうすればできそうか?《ハウ・マイト・ウィー》」を検討するセッションやエスノグラフィー(民族誌)、市場内実験などの手法を確立するためだけでなく、新しい問いを探求するために時間と資源を提供する必要がある。

これは、いまのビジネスの範囲を明確にすることも意味する。

中核事業と会社の「シャーレ」部分とのあいだに明確な線引きができていれば、互いに影響し合うことも可能になる。

この問いは、「『自分たちが再びスタートアップ企業になれるとしたらどの分野か?』と言い換えることもできます」とオジルヴィエは言う。そして驚くべきことに、スタートアップ企業も同じことを自問すべきだと彼は考えている。

「スタートアップ企業は、必死になってその地位から抜けだそうとします」(彼自身も以前はスタートアップ企業のCEOだった)。「あまりに早く売上と利益が気になるため、スタートアップ企業でいることの素晴らしさを、あまりに早くあきらめてしまうのかもしれません。スタートアップ企業は実行のために設立され、いったん成功するとすぐに『これまでにしてきたことをし続けなければならない』と考え始めるのです」

こうしたことはすべて、彼らが当初のシャーレからはみ出すほど成長してしまったのであり、新しいシャーレを必要としていることを意味している。

質問についてブレイン・ストーミングをしたら、ひらめきが下りてくるだろうか？

最近のビジネス界では、ブレイン・ストーミングの評判はまちまちだ。人は肩のこらないくつろいだ雰囲気の中で、それほど必死にはなっていないようなときこそ最も創造的な思考ができる、つまり「結合的探求」を通じて新鮮な切り口や脈絡のない連想を思いつきやすいということが、次第に理解されるようになってきた。

ブレイン・ストーミングの会議はこれとはまったく逆で、みんなが一つの部屋に押し込められて、必死になって独自のアイデアをひねり出そうとするものだ。

「そこには、他のメンバーからの大きなプレッシャーと影響があります」と、『赤い糸の思考法（Red Thread Thinking）』（未邦訳）の著者デブラ・ケイは指摘する。「ブレイン・ストーミング・ミーティングでは、いわゆる仲間からの圧力《ピア・プレッシャー》によって自由な連想がしにくく、当たり前の答えしか出てきません」

ところが多くの会社はブレイン・ストーミングをやめたがらない。グループで課題に取り組むことがどんなに重要かよくわかっているからだ。問題解決において、皆で考える共同思考が極めて重要なのは、多数の見方や幅広い背景的知識を持ち寄れるからだ。ときに創造性が孤独を必要とする（発明家のニコラ・テスラは、「一人でいなさい。アイデアが生まれるのはそのときだ」と言っている）としても、さまざまなアイデアや思考が交換されるとそれが化学変化を起こして大きく発展することを私たちは知っている。

この難問に対する一つの解決法は、ブレイン・ストーミングを、「アイデアをひねり出す」のではなく「疑問や質問を生み出す」場にすることかもしれない。この点については教育界、ビジネス界の両方から数多くのグループや個人が大変興味深い調査結果を発表している。

問いを通じて問題に取り組む方法を生徒たちに教える専門機関、ライト・クエスチョン・インスティテュート（ＲＱＩ）は、受講者（子どもも大人も）は、皆で質問を考え出すことに集中するクエスチョン・ストーミング（Ｑストーミング）のほうが自由な発想と豊かな創造性を発揮して物事を考えられるようだということを発見した。「この方法だと、ブレイン・ストーミングで参加者が感じるようなピア・プレッシャーが低下する」とＲＱＩのダン・ロスシュタインは考えている。問うときよりも答えるときのほうが厳しい反応を受けやすいのだ。

「Ｑストーミング」で質問を改善する

ビジネスの世界では、ハル・グレガーセン（インシアード教授）が大企業におけるＱストーミングの研究を続けており、従来のブレイン・ストーミングよりも効果が高いことを見出している。「アイデアを求めて行われる通常のブレイン・ストーミングは、無駄に多くのアイデアが出てきて壁にぶつかることがよくあります」とグレガーセンは言う。「その理由の一つは、間違った問いに基づいて考えているからです」。問題に取り組んでいて、「出口が見えなくなり、立ち往生してしまったと感じたときは、一歩後ろに下がり、Qストーミングをすべきです」。

グレガーセンはよくグループのメンバーに、考えようとしている問題について少なくとも50の疑問や質問をひねり出すようにとアドバイスする。だれもが見える場所にそれを書き出していくと、「他のメンバーも問うことの重要性に注意を振り向け、もっと良い質問を考え始めます」。

普通は、アイデアよりも疑問を思いつくほうが簡単だ。空中のどこかからアイデアを思いつく、あるいは途方もなく独創的な方法でアイデアを結びつける必要がない。少しだけ異なった視点からその問題を眺めてみるだけでよいのだ。

世界中のおよそ100のQストーミングを観察した結果、グレガーセンはある種のパターンに気づいた。「問いの数が25ぐらいまでくると、いったん〝問いはもう出尽くした〟といった雰囲気がしばらく漂うかもしれません。ところがそこを超えて、50、あるいは75までくると、最も素晴らしい問いが出てくるのです」

RQIのQストーミングでは、問いの「数」を多く出すよりも、クローズド・クエスチョン〔「はい」「いいえ」など、回答範囲が限定される質問〕をオープンにし、オープン・クエスチョン〔「どう思う?」など、回答範囲が限定されない質問〕をクローズドにすることによって、問いの「質」をなるべく早く改善していくことを重視している。

鍵となるのは、グループ討論を通じて「ベスト・クエスチョン」を求めることだ。ブレイン・ストーミングの場合は、この方法を採るとたいてい大きな問題にぶつかる。多くのアイデアは出ても、「ベスト・アイデア」を選び出す方法はわからないことが多いのだ。

ベストを選ぶのであれば、問いのほうがずっと簡単だ。というのも、最も素晴らしい質問には「磁力」があるからだ。人はその質問に魅了され、それについてもっと調べたくなる。RQIは、参加者が探求を続けたくなる3つの大きな問いを選び出すよう勧めている。

Qストーミングはブレイン・ストーミングよりも現実的で、結果を出しやすい。「答え」を得ようと思って（そうなることはほとんどなく、参加者はフラストレーションを感じることになる）ミーティングに臨むのではなく、数は少ないものの強力な問いを出してミーティングを終える——このほうが、進んでいく方向性と推進力を得られるだろう。

この「3語」が思考のスイッチを入れる

世界の最先端を走っている企業がブレイン・ストーミングを改革しようとしている様子を研究しているうちに、興味深いトレンドが浮かび上がってきた。それは、3語を使った特定の質問形式「How might we?」（どうすればできそうか？）だ。これは、イノベーターを目指している人たちが、正しい問いを考えられる簡単な方法だ。

この質問は驚くほどの効果を発揮する、そして質問の仕方一つで創造的な思考や自由奔放な協力が促される、とこの方法の提唱者、ビジネス・コンサルタントのミン・バサデューは言う。

「企業内でイノベーションを起こそうとする人たちは、創造性を促すどころか、阻止しかねない言葉を使って自分たちの直面している課題について語ることが多いのです」

バサデューは過去40年にわたって「How might we?」（ＨＭＷ）の質問形式をさまざまな企業に教えてきた。バサデューによれば、「人はつい『どうすればこれをできるだろう?』『これをどうすべ

Column

ニール・パトリック・ハリスならどうする?

マーケティング会社Ｍブースのアンドリュー・ロッシは、ブレイン・ストーミングの会議で創造性を刺激する最高の方法の一つは、課題について、通常では思いつかないような視点から考えてみるよう提案することだと気づいた。たとえば新しい歯磨き粉を検討しているのなら、「家具会社のイケアがこの課題に取り組むとしたら？」などと考えてみる。もう一つのアプローチは、少し変わった制約条件を加えてみることだ。「お見合いパーティに関係したアイデアに限定するとしたら？」など。

ロッシたちは、有名なアーティストや芸能人の視点から対象を見たらどうかと提案することもある。「ラッパーのジェイ・Ｚならこの状況でどうする？」「作家のＪ・Ｋ・ローリングならどう考える？」「ニール・パトリック・ハリスだったら何をするだろう？」（ハリスは「俳優、歌手、ダンサー、プロデューサー、ディレクター、ライター、子役スターの生き残り、悪の科学者、アマチュアの操り人形使い、マジック狂」という肩書なので、何をやってもおかしくない）といった具合だ。

きだろう?』と問うことから始めてしまいます。けれども、『can』や『should』を使い始めた瞬間、あなたは暗に『自分たちは本当にこれをできるのだろうか? そしてすべきなのか?』という判断をしていることになります』。ところが、「できそうか」(might) という言い回しをすると、「自分の判断を先送りできるのです。すると人は自由に選択肢をつくり出し、多くの可能性を開けるようになります」。

IDEOの最高経営責任者ティム・ブラウンは、どのような種類のものであれ、彼の会社が何かをデザインしなければならないときには、つねに「どうすればできそうか?《ハウ・マイト・ウィー》」という質問から入るという。

ブラウンは、この3語 (How might we?) は、それぞれが創造的な問題解決を促す役割を担っていると考えている。「How (どうすれば) という言葉は、解決法があることを前提としています。創造性に対する確信を与えてくれるんです。might (できそう) には、アイデアが実現するかもしれないし、しないかもしれないが、まあどちらでもいいじゃないか、というニュアンスがある。そしてwe (我々) は、この課題にこれから皆で取り組むのだ、お互いのアイデアを土台にしていくのだ、ということを示しています」

野心的な「HMW的質問」を考える

HMWは長年にわたってIDEOで使われてきたが、その起源は50年前のシドニー・パーンズにさかのぼる。パーンズは当時最先端の創造性に関する専門家で、ニューヨーク州バッファローにある創造的問題解決学会を率いていた。ミン・バサデューは1970年代前半、P&G社のクリエイティブ担当マネジャーの任期中に創造的問題解決学会で学び、同社のマーケティング力を強化するためにパーンズのブレイン・ストーミングのアイデアを採用した。P&Gは当時、コルゲート・パーモリーブ社が発売し、緑のストライプと爽快感で人気を博していた石鹸「アイリッシュ・スプリング」に対抗しようと必死になっていた。

バサデューがプロジェクトに取り組んだときには、P&Gはすでにコルゲートを真似た緑のストライプの石鹸を6種類試していたが、どれもアイリッシュ・スプリングを凌駕《りょうが》できずにいた。バサデューはP&Gのマーケティングチームが間違った問い（「どうすればコルゲートより良いグリーン・ストライプの石鹸をつくれるだろう？」）を追いかけていると見て、もっと野心的なHMW的質問を考えるようすぐに提案した。

そうして、「どうすれば、もっと爽快になれる石鹸を実現できそうか？」という問いにたどりついた。これが創造のエネルギーに火をつけ、バサデューによると、その後数時間のうちに「爽快感を生む」石鹸について数百ものアイデアが生まれた。そしてチームは最終的に、〝海辺の爽快感〟というテーマに至った。そこから、海を思わせるやわらかなブルーと白のストライプの「コースト」が生まれ、大ヒットとなった。

「コースト」の物語が示すように、HMWの手法には、たんに3つの単語を用いる以上の効果がある。バサデューはメンバーを「正しい」HMW形式の問いに導くために、さらに大きなプロセスを採用した。そこにはたくさんの「なぜ」が含まれていた（たとえば、「なぜ、我々はこんなに必死になって別のグリーン・ストライプの石鹸をつくろうとしているのか？」など）。

また、P&Gのチームに、競合他社の製品のことばかりを考えるのをいったんやめて、消費者の視点から状況を見直してみるようにも促した。消費者にとって大事なことは、石鹸の色（緑のストライプかどうか）ではなく、爽快になることだった。

バサデューは、企業が間違った問題設定をして、その解決に時間と努力を費やす例はいくらでもあると主張する。「ほとんどのビジネスパーソンは、問題の『発見』とか『定義』についでは、限られたスキルしか持っていません。MBAプログラムで教わっていないからです」

この「すきま」を埋めようと、彼はバサデュー・アプライド・クリエイティビティというコンサルタント会社を設立し、企業向けにHMW型の質問を中心に据えた創造的な問題解決プロセス「シンプレックス」を開発した。

「HMWアプローチ」は伝染する

バサデューは「どうすればできそうか？」（HMW）のアプローチを、P&G以外の会社にも少しずつ紹介するようになった。その中の一つにハイテク企業のサイエント社があった。そして、サイエントでバサデューの信奉者になったデザイナーのチャールズ・ウォーレンが、IDEOに転職したときにこの方法を持ち込んだ。

IDEOのティム・ブラウンは、「どうすればできそうか?」を問うという考え方を紹介されたとき、なんとなく「最初は懐疑的だった」という。けれどもウォーレンが言うには、ほどなくIDEOは会社全体でQストーミングを行うようになり、700人もが一緒になって質問をするようになった。

このHMWアプローチは人から人への〝伝染性〟が強く、チャールズ・ウォーレンがIDEOからグーグルに移るとすぐに新たなファンが見つかった。ウォーレンはユーザーエクスペリエンス・デザインチームを率いて、Google+(グーグルプラス)の立ち上げに取り組み、毎日、「どうすればできそうか?」を問い続けた。そうしてグーグルでも、「どうすれば、検索結果からインフルエンザの流行を予想できそうだろう?」から、「どうすれば、ソーシャルメディアで自分の生活をもっとシェアすることを、もっと多くの人に、もっと楽しんでもらえそうだろう?」まで、HMW型の問いが一気に広がった。

また、最近、グーグルプラスチームのメンバーを通して、HMWはグーグルからフェイスブックにも伝染した。

この質問形式がとりわけ効果的なのは「かなり大胆だが達成可能な課題」に対してだが、ほぼどんな課題にも使えるとHMWの支持者たちは言う。ただしブラウンによると、範囲があまりにも広い(たとえば「どうすれば、世界の飢餓を撲滅できそうか?」など)か、あまりにも狭い（「どうすれば、来期に5％の増益を達成できそうか？」）とうまくいかない。ブラウン曰く、正しいHMWの問いを見極めることは一つのプロセスであり、「最高のポイント《スイートスポット》を探し出さなければならない」のだ。

曖昧なリーダーに人はついていくだろうか？

「今日のビジネスリーダーがしなければならない最も重要なことは、会社にとっての〝最高質問責任者〟になることです」とジャンプ・アソシエーツのデヴ・パトナイクは言う。同時に、警告を加えることも忘れない。「ほとんどのリーダーは何よりもまず、自分がいかに質問下手かを認識すべきです」

　これは別に驚くべきことではない。大組織のトップにいる人たちはなぜ出世できたのだろうか。それは「答えを出すのがうまかったから」だ。「一方でそれは、問いを生み出した経験はあまりないことを意味しています」とパトナイクは言う。経営者の多くが慣れているのは、実務的な問いだ。「これはいくらかかるのか？」「この問題の責任者はだれだ？」「どれくらいの数字が見込めるのか？」

　この手の実務的な「事実を答えよ」式の質問は日常業務を回していくうえでは重要だが、それがビジネスをリードできるとは限らない。毎週ニューヨーク・タイムズ紙でトップ経営者へのインタビュー「役員室《コーナー・オフィス》」を連載しているアダム・ブライアントによると、最も優れたリーダーは、人に自由な意見を求めるような探索的な質問を投げかけると、「今後どのようなことが起きるのか」「どこに新しい機会がありそうか」を考えるのに大いに役立つということをわかっている、だからこそ会社を新しい方向に導いていけるのだという。

パネラブレッドのロナルド・シャイは、「チームやスタートアップ企業、上場企業などを率いる人の第一の仕事は、将来を発見することでなければなりません。未知の領域を進んでいくには、皆の関心を引くような、場合によっては破壊的な質問が効果的なツールになります」と指摘している。

「いま起きていること」の本質をつかむ能力

質問をすると、専門知識のないことが露呈して、自分の弱さを見せることになってしまう。この点を心配しているビジネスリーダーも少なくない。

けれども、今日最も成功しているCEOの多くが優れた質問家であるという事実は、グレガーセンやクリステンセンの論文にもある通り、この懸念が必ずしも的を射ていないことを示している。ところが、ビジネスリーダーというものは万事を承知し、決断力があり、確実な「本能的直観」を持っていなければならないという「神話」が幅を利かせているために、彼らはじつにものを尋ねにくい立場にある。

シリコンバレーでトップを走るベンチャー・キャピタリスト、ランディ・コミサーは、最も優れたビジネスリーダーや起業家は、「答え」に対して他の人たちとは異なった姿勢を持っていると言う。

「彼らは、答えは相対的なものにすぎないということがわかっています。いまは答えをつかんでいると思っていても、答えというものはつねに変わっていくものです」

いまは変化すること

Column

なぜ、だれでもカード決済を受け付けられないのだろう?

ツイッターの共同創業者の一人ジャック・ドーシーは、ビジネスリーダーとして「あらゆることに疑問を抱け」という信条を持っている。友人でガラス細工のデザイナーであるジム・マッケルビーが、カード決済を受け付けられないために2000ドルの売上げを失ったと聞いたとき、ドーシーは思った。「なぜ、企業しかクレジットカードを扱えないのだろう？」

ドーシーはマッケルビーとパートナーを組み、高価で扱いにくいカード読み取り機に代わる、もっと便利な方法はないかと考えた。「読み取りに必要なものがスマートフォンやタブレットだったらどうだろう？」。このアイデアを実現するために、ドーシーと彼の立ち上げたスタートアップ企業のデザイナーたちは、カードリーダーとして機能するプラスチックの小さなプラグ（スマートフォンの小さなジャックに簡単に差し込める）をつくり、これに、ユーザーがスマートフォンのアプリで直感的に使えるすっきりとしたインターフェースを加えた。その製品「スクエア」の（そしてドーシーが以前につくったツイッターの）みごとなまでのシンプルさは、厳しい探究の賜物《たまもの》である。ドーシーによると、優れたデザインとは、「これは本当に必要か？」「何を取り除けるだろう？」と問い続け、不要な機能を省いていくことだという。

が当たり前なので、リーダーは曖昧さを心地よく思い、むしろ積極的に受け入れることも重要だ。

今日の有能なリーダーは、竹を割ったような決断力があるようには見えないかもしれない、とコンサルタントのブライアン・フランクリンは指摘する。なぜなら、いまの市場では、互いに対立する勢力や矛盾と折り合いをつける必要があるからだ。そのようなリーダーは、「互いに矛盾して見える真実と真実の交差点に立たされる」ことが多い。たとえば、「成長と社会的責任とのバランスをどう取ればよいだろう?」「生産を合理化しながら、どうクオリティを上げればよいだろう?」などだ。

MITリーダーシップ・センターのデボラ・アンコナによると、そのような複雑な状況に立つリーダーには、たぐいまれな「センスメイキング」能力が必要だ。アンコナはセンスメイキングを「変貌する複雑な環境の中で何が起きているかを理解する能力」と定義している。

そのためには、リーダーは自分の思い込みを乗り越え、新しい情報を大量に取り込み、そのすべてを(ときには実験を通じて)自分のビジネスにどう適用するのかを見極められなければならない。そのプロセスが、結果として多くの「なぜ?」「もし~だったら?」「どうすれば?」という問いとなって現れることになる。

賢人はあえて「無知」な質問をする

リーダーだけがこうした疑問を抱いたり質問をしたりする必要はないし、実際そうすべきでもない。「質問型リーダーに近づくために知っておくべき最も重要なことの一つは、問いがすべてあなたから発せられる必要はない、ということです」とパトナイクは言う。他の人たちが質問することを認めれば、トップだけなら決して思いつかなかったような幅広い、さまざまな視点からの「なぜ?」や「もし~だったら?」が飛び出すかもしれない。

質問のアイデアや視点は、会社の外からも豊富に得られるだろう。たとえば会社から十分に離れた立場にある人が、素朴な第三者として発する疑問も有益なはずだ。

ビジネス界の伝説的教祖ピーター・ドラッカーは、外部者の目をもって企業に入り込むことで知られていた。だからこそ、内部の人間がつい見逃しがちな問題や課題を見つけることができた。

ドラッカーについては、しばしば多くの人が、「マネジメントの発明者」として、またGMからP&G、コカ・コーラに至るまでのあらゆる会社が頼りにした助言者として、彼はいかにしてその地位を築き、半世紀にもわたって維持できたのかと不思議がるが、ドラッカー・インスティテュートでエグゼクティブ・ディレクターを務めるリック・ワルツマンは、その答えは一語に要約できると言う。それは「質問」だと。

ワルツマンによると、ドラッカーは、「自分の仕事は答えを提供することではない」と考えていた。ドラッカーは自身の最大の強みを「無知な存在として、2つか3つの質問をすることだ」と言っていたという。彼は「貴社の顧客はだれですか？」「貴社は何のビジネスをしているのですか？」など、驚くほどシンプルな質問をすることもあった。

クライアントたちは、ドラッカーほど偉大なコンサルタントなら、どんな問題にもさぞかし見事な答えを提示してくれるだろうと期待していたかもしれない。けれども、ドラッカーがあるクライアントに語ったように、「答えはあなた自身が見つけ出さなければならない」のだ。

今日、ドラッカーのモデルに従うコンサルタントは多くない。彼らの仕事はむしろ「専門家」として答えを提供することになっている（著作家のダン・アリエリーは、企業のリーダーが質問より答えをもらうことを好むのは、「答えがあれば行動できるのに対し、質問をもらっても考え続けなければならないからだ」とハーバード・ビジネス・レビュー誌に書いている）。

けれども、部外者がある会社を見ても、おそらく内部の人ほどには会社のことを理解できないということをドラッカーは知っていた。だからこそ、部外者は「何をすべきか」を説くべきではないのだ。

部外者がすべきことは、内部の人がいつもとは違った角度から物事を見られるようになり、それまで当たり前と思っていたことに疑問を抱き、以前からの問題を改めて組み直し、優れた問いを発することで自ら解決法を見つけられるようになる手伝いをすることなのだ。

いつ質問をやめればいいのか？

リーダーは問いを抱えて部外者に支援を仰ぐことはできるが、リーダーが問いたい中心的な疑問には、内側から見ない限り答えを得られないものもある。

オフィス家具の老舗《しにせ》企業スティールケースのＣＥＯジム・ハケットは、社長になった際、リーダーとしての自分の役割が何なのかについてかなり悩んだという。「ＣＥＯというのは他人にはどう映り、どう思われているのだろう？　どうあるべきと思われているのだろう？」

このころハケットは、周りの人（とくに会社のオーナー一族）が自分に何を求めているのか、あるいは何を期待しているのかを気にするあまり、誤った疑問を抱くことが少なくなかった。けれども、リーダーとしての自分の役割は、「混沌に目を向け、なすべきことについての見解を示す」ことだということが少しずつわかってきた。

そしていまでは、リーダーができる最も重要な役割の一つを、人がついてこられるような、わかりやすく、明確なものの見方を提示することだと考えている。だが、そのような明確なビジョンは、深い省察と自問自答を繰り返しながら何度も修正し磨き上げた末にようやく描けるものだ。

ハケットは私に、今日のビジネス環境の下では、熟慮することがもはや「失われた技術」

のようになっていると言った。「仕事を終わらせることが賞賛されすぎているのです」「長いあいだ私は、『思考と実践とのバランスはどこで崩れてしまったのだろう?』という疑問を考えてきました」

ハケットは、行動を起こす前に批判的に思考し、疑問を抱くことについて、あえて講座まで開くほどその重要性を社内でことさらに強調してきた。「私たちは質問をできるよう自らを鍛えなければなりません。そのように自己管理する必要があります」とハケットは言う。

質問型リーダーがしなければならない重要なことの一つは、ハケットがスティールケースで実践しているように、人が積極的に質問する気になる方法を見つけることだ。質問を促すカルチャーを育てるにはさまざまな方法があるが、少なからぬ部分が個々のリーダーの個性や、リーダーが従業員とどう交流するかにかかっている。

最も優れた質問型リーダーは、まわりの人にただ答えを与える（あるいは質問責めにして答えを要求する）だけ、ということはない。深く創造的な思考を促すソクラテス型の問いかけをすることがよいアプローチとなるだろう。

リーダーは問うことを止めるタイミングも知っている必要がある。「考えられる可能性があまりにも多いと、自問自答しているうちに、どうやって進むのか、あるいはそもそも進むべきかについてまで考えるようになり、行動できなくなることがあります」とパタゴニアのケイシー・シーハンは指摘する。「疑問を抱くことは重要ですが、ベストの方法を見つけたと思ったなら、どこかの段階で行動に移るべきです」。では、問うのをやめて行動に移るタイミングはどうやって知るのだろう。

「ほとんど勘です」とシーハンは言う。「リーダーとして、ある段階で苛立《いらだ》ちが抑えられなくなってきて言うのです。『さあ、やろう』と」

ミッション・ステートメントはミッション・クエスチョンになるべきか？

哲学者のバートランド・ラッセルは次の言葉を残している。「どんなことでも、当たり前と思っていることにときどき疑問符をつけてみるのは健全な行為である」

そこで、これを企業の経営理念や社訓を明文化したミッション・ステートメントに当てはめてみよう。ミッション・ステートメントは社内では当たり前のものとしてとらえられ、無視されることも多く、揶揄《やゆ》されることさえある。典型的なミッション・ステートメントの末尾に疑問符をつけたらどうなるだろうか？

まずは、なぜ会社はミッション・ステートメントにあえて疑問を差し挟むとよいのかを考えてみよう。会社は「意思表明《ステートメント》」をすると自信が生まれ、「会社の果たすべき責務《ミッション》」を確信し、決意を新たにできると考えられている。だが、ミッション・ステートメントからはしばしば違った影響も見られる。それは傲慢に響きがちで、それほど当てにならないという印象を与える。いかにも「企業」「オフィシャル」という感じがして、堅苦しい雰囲気が漂っている。往々にして陳腐な宣言（「人々のお金を節約して、より良い生活を実現する」ウォルマート）や疑わしい主張（「ヤフー！はトップ・デジタルメディア企業です」）だったりするなど、会社が本当に大義に沿えているかを測る指標にならないものも少なくない。

また、ミッションがすでに達成されていて、現在はメンテナンス・モードにあるかのようなステートメントを見かけることもある。

現在のような激動期には、そうした活気のない意思表明をもっと柔軟で流動的で、それでいて野心的な「ミッション・クエスチョン」に変換することが適切に思える（たとえば、「私たちはロボット工学を通じてこの世の中を住みやすくします！」なら、「どうすれば、ロボット工学を使って世界を住みやすくできそうだろう？」に置き換える）。

企業のミッションを問いのかたちに変えれば、「私たちが目指しているものはこれです。まだそこに至っていないことはわかっていますが、ここに向かって旅をしているのです」というメッセージを世界に表明できる。順応性があり、変化の余地やさらなる可能性があることも示せる。

「私なら、『どうすればできそうか？』というミッション・ステートメントを掲げます」とコンサルタントのミン・バサデューは言う。「もう達成しているかのように響くミッション・ステートメントなんて要りません。たとえば、『どうすれば、世界最高の自動車部品メーカーとして認められそうだろう？』と言えば、〝自分たちはつねに試行錯誤しており、これを成し遂げる新しい方法があれば積極的に受け入れる〟というメッセージを伝えられます」

おそらく最も重要なことは、「ミッション・クエスチョン」が人の〝参加と協力〟を歓迎しているという点だ。IDEOのティム・ブラウンは、「質問は、アイデアや課題に関わるよう人を刺激し促すもので、企業のミッションも問いのかたちにすれば同じことが期待できます」と指摘する。

実際、会社のミッションを共通の努力目標、つまり大きく大胆な問いへの答えを全員で協力しながら追究し続ける試みと考えることは、上意下達の格言に従わされることよりはるかに望ましいように思える。

Column

書店がサマーキャンプみたいだったら?

地域密着型の書店がここ数年厳しい局面に立たされていることはよく知られている。テキサス州オースチンを拠点とする「ブックピープル」のCEO、スティーブ・ベルクをはじめ、独立系の書籍販売業者は「アマゾンができないことでわれわれが提供できることはないか？」といった基本的な疑問を抱き続けている。ベルクの出した答えの一つが「子ども向けのサマーキャンプ」だ。これはブックピープルのスタッフが、「もしブックピープルで、人気小説『パーシー・ジャクソン』シリーズに出てくる“ハーフ訓練所”の現実版をつくったら？」と考えたことが始まりだった。

ベルクは、キャンプの準備や運営については何も知らなかった。そこで実験をしてみた。地元の公園にキャンプ場を見つけ、野外の活動と本の紹介を組み合わせた活動を企画したのだ。このプログラムはいまはかなりの人気となり、売り切れ前に申し込もうと親たちが何時間も並ぶほどの人気となっている。人々の好意で地元のパブリシティも広がり、ベルクの店舗は過去最高の書籍売上げを記録することとなった。

ミッションをどう実現していくかに関して、困難な質問に答えようと努力している会社と、自分たちはすでにすべてを解明し尽くし、公式のステートメントにその本質が反映されていると主張する会社とでは、どちらがより魅力的に映るだろうか？

「ミッション」を全員のものにする

ミッション・ステートメントが問いのかたちかどうかはともかく、それは次のような問いに答えられるものでなくてはならない。

「このステートメントは今日でも通用するのか？」

「自分たちは会社として、（昔はそうだったとして）いまもこのステートメントに従って行動しているか？」

「ミッションが成長し、自分たちを牽引《けんいん》してくれているか？」

そして最後に、「自分たち全員がこのミッションを負っているか？」

最初の3つは説明不要だろう。けれども最後の質問については、会社はよく考えてみる必要があるかもしれない。ミッション・ステートメントは、たいてい経営幹部によってつくられる（経営委員会によってにわか仕込みでつくられたかのようなものも多い）。けれども、もし会社中の人が「自分はそれに打ち込んでいる」と感じられるものではないとしたら、そのミッションに意味があると言えるだろうか。

社員に自分もミッションに関わっていると感じてもらうには、ミッション・ステートメントの作成や改定に社員が参加する機会を提供するという方法がある。

ミッション・ステートメントは、作成に多くの社員が参加している企業もあれば、経営トップがつくっている企業もある、とキース・ヤマシタは指摘する。「どちらが正しいとか間違っているとは言えません」。とはいえ、会社のミッションづくりに関わると、「改めて会社についての考えや気持ちをまとめることになるので、関わった人のあいだでは自分たちのしていることへの意識が高まり、その正しさを深く信じるようになります」。

数万人単位でも議論できる

ヤマシタは、スターバックスが数年前にミッションをつくり直したときに用いた手法を紹介している。まず、CEOのハワード・シュルツは経営幹部たちと協力してミッションのすべての言葉を書き換えた。

次に社の上層のリーダー300人を集めてミッション案を検討させ、さらに1万2000人以上のストア・マネジャーを、ニューオーリンズでの4日間にわたる検討会に参加させた。

「数人の幹部から始めて、最終的には全員を巻き込んだこの方式は、ミッション策定の素晴らしい事例です」とヤマシタは言う。

IBMも、サム・パルミサーノがCEOを務めた際に、スターバックスとは別の方法で現場からの意見集約を行った。パルミサーノは、「世界中をオンラインで結んだディスカッション・フォーラムを開催し、社員たちが何に最も高い価値を置いているかについて、さまざまなアイデアや考え、ストーリーを引き出しました」。8万人以上の社員が参加し、一緒になって会社の価値について考えを書いたという。これはいまも現CEOのジニー・ロメッティに引き継がれている。

ロナルド・シャイは、パネラではミッションをどう守っていくかについてのアイデアはどこから出てきてもおかしくないと言う。たとえば、パネラケアのアイデアは、シャイがフランチャイジーのグループと夕食をともにしたときに尋ねられた「どうすれば、会社はコミュニティに奉仕する努力を続けながら拡大していけるでしょうか」という質問がきっかけだった。この質問から問いを深めていき、同社がすでに取り組んでいたパンの寄付プログラムをもっと高いレベルに引き上げる方法を考え始めた。

ミッションについての疑問や質問が全社員から出てくるか、あるいはリーダーから発せられるかはともかく、重要なことは問い続けることだ。「自分たちは何をしているのだろう?」「なぜ、これをしているのだろう?」「どうすれば、もっとよくできそうだろう?」

シャイが言うように、「継続的な探求を通じて何を成し遂げたいかを見極めるのです。そして質問とは探求をするための手段なのです」。

どうすれば、探求の文化をつくれるだろう?

「どうすれば探求の文化をつくれるか」はビジネスリーダーが取り組むべき極めて重要な課題だが、その前に次の点について考える必要があるだろう。「自分たちは本当に探求の文化を必要としているのだろうか?」

「私は、歴史ある会社の多くはこれを求めていないかもしれないと考えています」とキース・ヤマシタは言う。「疑問を封じ込めている企業文化によく出会うからです」

なぜだろうか? それは、あまりに多くの質問が社内で発せられると「会社から集中力が削がれる」からだとデヴ・パトナイクは指摘する。「企業は曖昧さを嫌います。彼らは〝答え〟を扱いたいのです。それゆえ、疑問を抱く文化が必要だとわかっているときでさえ、それをつくるために必要なことをしようとしません」

疑問や質問を積極的に受け入れたり奨励したりすると、企業文化に波風が立つことも多い。従業員に質問の余地が与えられるということは、会社の方針に異議が唱えられるかもしれないということだ。すると、すでに確立された手法や習わしが、「どうしてこんなやり方なのですか?」と、突然新たな視点にさらされることになる。中間管理職ばかりでなく、上層部のリーダーの中にも、説明したり正当化しなければならないことを苛立たしく感じる人がいても不思議ではない。

企業の中で発せられる質問は、権威を脅かす行為と取られる可能性もある。自分が知っている見解に素人が疑問を差し挟むことに腹を立てる専門家もいるだろう。物事をどんどん推し進めたいマネジャーは、部下の質問にいちいち答える必要などないと感じるかもしれない。質問は進行を遅らせると見られることもあるだろう。会社が最も必要なものは「答え」であり、疑問を増やすことではないと考えている人にとってはとくにそうだ。

「最も厳しい質問」が「最も素晴らしい質問」になる

そのような懸念にもかかわらず、イノベーションを必要としている会社、市場環境の変化や新しい競争、その他の破壊的な問題に適応していかなければならない会社にとって、「探求の文化」は非常に重要だ。

なぜなら、この文化が育っていると、創造性と適応力の高い新しい思考が組織全体に流れやすくなるからだ。組織のリーダーを「最高質問責任者」に据えるのも悪くないが、それだけでは十分でない。今日では多くの企業が、専門分野を超えた協力的な問題解決を必要とする複雑な課題に取り組んでいる。創造的な思考は会社のあらゆる部分で（そして会社の外でも）なされなければならない。

社内に探求の文化が根づいていると、質問や学び、情報共有が広がりやすくなる。そして社員はさまざまな組織の境界や縄張りを超えて新しいアイデアを自由に探し求めることができる。

そのような文化が会社にとって適切で、望ましく、そしておそらく本当に重要だ——リーダーがそう考えるのであれば、まずは自分からそういう文化をつくり、育てようと行動しなければならない。

企業のリーダーが、自ら「尋ねよう」という意思を明確に示し、企業のミッションから戦略、方針に至るまで、どんなことについても質問ができる雰囲気を守る必要がある。「もし私がビジネスリーダーで、社内に探求の文化をつくろうとするなら、まずは自ら挑発的で、破壊的な質問を投げかけることから始めなければならないでしょう」とインシアードのハル・グレガーセンは言う。

企業のトップは厳しい質問をするだけでなく、それらに積極的に答えなければならない。そして理想的には、質問は社内のあらゆる階層、あらゆる部門から発せられるべきだ。

グーグルは、幅広い（そしてときには混沌とさえした）質問フォーラムを開催し続けている。毎週金曜のセッションで、すべての社員が経営者、つまりラリー・ペイジとセルゲイ・ブリンへの質問を出すことが奨励されているのだ。質問はすぐに他の社員による投票にかけられ、最も高得点を得た質問が（それは最も厳しく、最も論争を生むようなものが多い）、二人にその場でぶつけられる。

グーグルのトップエンジニアだったチャールズ・ウォーレンが話してくれた。「だれもが何の制約もなく質問ができるセッションに参加するのは、とても充実した体験でした」。ウォーレンによると、グループやプロジェクトを率いている人たち（ウォーレンもグーグルプラス・プロジェクトのリーダーの一人だった）もまた、社内中の従業員から質問を受ける立場にある。

グーグルの「質問文化」は、つねに礼儀正しいわけではない。「質問が個人的なことに及んだり、攻撃的になることもあります」とウォーレンは言う。もしあなたがだれかの気に入らない製品を開発したなら、「なぜ君は会社を潰すようなことをするんだ？」といった質問にさらされることもある。

要はグーグルでは、会社がするあらゆることに対して、だれもが質問ができ、しかもそれに耳を傾けてもらえる、というメッセージが貫かれているのだ。

質問すると「得をする」仕組みをつくる

会社が質問を容認し、積極的に対応する姿勢を示すことは重要だが、おそらくインセンティブ、つまり「質問にどう報いるべきか？」のほうが大きな問題だろう。

リーン・スタートアップのエリック・リースはこう指摘する。会社が探求の文化をつくろうとするときには、「スローガンを唱えたり、会社にポスターを貼ったりするのではなく、積極的な質問を促す仕組みやインセンティブをつくることが大事です。もしあなたが経営幹部の一人で、社員から発せられる疑問や質問のレベルが気に入らないのであれば、まずは自分たちがしていることを考えるべきです」

また彼は、たいていの企業では「経営資源は、最も自信があり、最高のプランを持っている人か、失敗した記録のない人に配分されている」と言う。「この問題を解決するため、企業は、未解決の問題を探求し、有望な実験を行い、取るべきリスクを取る人たちに多くの予算配分をしなければなりません」

これはほとんどの企業にとって過激な発想に見えるだろうが、「失敗した実験」(これは次のイノベーションへの道を開くことが多い)も、とくにその実験または問題提起によって有益な教訓が得られた場合には、成功と同じく報われるべきだ。

企業のリーダーは、社員が質問をすると社内で(わざと、あるいは何となく)しっぺ返しを食う風潮がないかどうかに目を光らせなければならない。問いのかたちで考えるなら、「社員のだれかが社内で何かを尋ねたら、何らかのトラブルに巻き込まれるか?」だ。

ビジネスライターのデイル・ドーテンが、職場の問題、たとえば、会社がなすべきことをしていない場合などに、それについて声をあげる人がだれでも遭遇する状況について書いている。たいていこう言われるのだ。「問題を見つけたのかね。じゃあそれを改善するのが君の仕事だ。言うまでもないが、勤務時間外でね」。ドーテンが指摘するように、上司からこんな対応をされたら、問題を見つけ、質問をしようとする人などいなくなるはずだ。わざわざ自分の仕事を増やしたい人はいないのだから。

問題を見つけた人には、いったいその問題にどの程度、そしてどのように関わりたいのかを尋ねるのが良いアプローチだ。当然だが、彼らは一人ではないこと、可能な限り多くの時間と支援が与えられること、そして、最終的に答えを得られなくても、その質問を発しただけで会社に貢献したと認められること――そういう理解が社内になければならない。

「一歩下がる」時間がなければ成功しない

一般に、難しい問いを見つけ、具体的に取り組むには時間が必要だ。いつも急いで物事を終わらせようとすると、「一歩下がる」ことができない。こういうときこそ、グーグルで尊重されている「20%ルール」のような方針が役に立つだろう。このルールでは、社員は社内で過ごす時間の20%を、自分が担当している業務以外の分野に使うことができる。言い換えれば、自分の問いに取り組むことができる。

Gメールやグーグルニュースといったグーグルの最も重要なイノベーションのいくつかは、社員が自分の時間の20%を使って、日常業務ではないことについて「もし～だったら？」という疑問に取り組んで生まれたものだ（最近の報道によると、グーグルが成長するにつれ、負荷の高い仕事を背負っている社員が20%ルールを使うことも、使うことを正当化することも次第に難しくなっているという)。

リンクトインやスリーエム、WLゴアなど、同じようなプログラムを導入している企業はほかにもある。リンクトインの「ハック・デイズ」では、CEOジェフ・ウェイナーによると、社員はそれを使って、「丸一日、自分が心の底からつくりたいものをつくれます」。WLゴアのプログラムでは、社員は時間の10%を自分独自のプロジェクトに費やさなければならない。この仕組みからも素晴らしい成果が生まれている。この会社は防水素材の「ゴアテックス」が有名だが、じつに幅広い製品をつくっている。

ギターの弦の有名ブランド「エリクサー」もその一つ。開発したのはゴアのエンジニアのデイブ・マイヤーだが、彼は普段は医療製品を担当していた。マイヤーは、サブのプロジェクトとして、「もっとスムーズに切り替えができるマウンテンバイクのギアはできないか?」という問いに取り組んでいた。そしてついに、プラスチックでコーティングした自転車用の新しいケーブルワイヤーを開発し、ヒット商品となった。

その後、さらに結合的探求を続ける中で、「プラスチックのコーティングをギターの弦に使ったらどうだろう?」と思いついた。その結果、(「どうすれば?」の段階で技術的な困難を乗り越えるのに数年かかったものの)、既製品より耐久性があって切れにくい大ヒット商品を生み出したのだ。

マイヤーが日常業務から一歩下がる時間と機会を与えられていなければ、関心のある問いを追求できず、このような快挙も成し遂げられなかったはずだ。

上司を置かず、「ネットワーク」で仕事を回す

ゴアの社内には質問の文化が根づいている。「成長と拡大のためには、そうした文化が必要不可欠だと私たちは考えています」と副社長のデブラ・フランスは言う。「質問の文化があるからこそ、つねに可能性が広がっているのです」

ゴアは世界で最も革新的な会社の一つと考えられているが、他社とはまったく異なる独特の組織構造でも知られている。同社はこの世に存在するすべての大企業の中で、最もフラットで階層構造が少ない会社の一つなのだ。

官僚的な手続き主義や階層制は社内での質問やオープンな意思疎通を阻害すると創業者のビル・ゴアはわかっていた。そして、ほとんどの会社で、社員が自由に話せる唯一の場所が社内の駐車場であることを経験的に知っていた。そこで、会社を創業したときに「どうすれば駐車場のような会社をつくれるだろう?」という疑問に真正面から答えようとした。

そうして設立した会社には役職がなかった。一万人の社員に一人のマネジャーもいない。ゴアに入社した人はたいてい、「私の上司はだれですか?」と尋ねることから会社生活を始める。そのうち、本当に上司がいないことに気づく。

ゴアは、「格子《ラティス》」と呼ばれる柔軟なプロジェクト型組織によって編成され、社員全員が他の社員と平等に結びつく精巧なネットワーク型構造になっている。新しく入った社員には、

それぞれに「スポンサー」（メンター）がつき、「自分のラティスを築くまで、スポンサーが自分の信用とラティスを新人に貸します」とフランスは言う。

このネットワーク状の、階層のない構造がもたらす最も重要な影響の一つは、社員が入社一日目から自発的になれるということだ。だれからも何をしろとも言われないので、自身の探求力を使って（スポンサーの助けを得ながら）すべきことを見つけ出さなければならない。

ゴアのネットワークでは、自由に意思疎通が行われる。どのような質問もアイデアも、だれとでも共有できる。「これはとても個人的なつながりです」とフランスは言う。「だれかにフィードバックをするときには、直接伝えればよいのです」

ゴアは尋ねたり、疑問に思ったり、調べたりといった探求をとても重視しているので、社内の全員に良い質問の仕方を訓練している。新しいアイデアを試したり、追求している機会やイノベーションの可能性の価値を計ったり（これは現実性があるのか？　必要としている人はいるか？）、他の社員との協力関係を改善したり、といったことのために何をどう尋ねればよいのかについて具体的な指導を行っている。とくに強調されるのは、スポンサーが新入社員をうまくコーチするにはどのような質問が有効かという点だ。

仕組みで、会社を「学び」の場に変える

ゴアの社内組織はかなりユニークだ。マネジャーや階層を取り払える（あるいは取り払う

べき）会社などほとんどないだろう。けれども、伝統的な組織構造に近い会社であっても、質問を促す雰囲気や、デヴ・パトナイクの言葉を借りれば、「好奇心を基本的な価値として受け入れる」文化を育てることはできるはずだ。

好奇心と学びは切っても切れない関係にある。「どうすれば職場を学びの場に変えられるか？」という大きな課題に取り組んでいる会社もある。

ここでもまた、グーグルが他社をリードしているようだ。同社はゲスト講師を招くプラットフォームとして「グーグル・ユニバーシティ」を設立したが、さらに「グーグラー・トゥー・グーグラー」というプログラムもつくった。

これはグーグルの社員が他の社員に教えるためのプログラムだ。専門知識やノウハウ、ビジネス・スキルを教えるコースがあるのはある意味当然としても、スピーチや育児法のカリキュラムまである。グーグルでエンジニアをしていたチャディー・メン・タンは、マインドフルネス（瞑想。これは一歩下がって疑問を抱くときに有益だ）のコースを教えている。

学ぶ文化を育てるために、グーグルは「大学としての会社」というたとえを用いている。MITメディアラボは、「研究室」と「幼稚園」というたとえを使う。「サロン」や「スタジオ」をつくろうとしている会社や、自社を「アイデア・ビレッジ」とか「アイデア・シティ」と位置づけようとしている会社もある。

学ぶ姿勢を大事にする会社であれば、自社を継続的な「アイデア・カンファレンス」に見立てて「社内に毎日、TEDカンファレンスのような場をつくり出せたらどうなるだろう?」といったことを考えるかもしれない。

TEDの創立者リチャード・ソール・ワーマンは、集団の好奇心をかき立てる最も良い方法の一つは、なるべく多くの独創的なアイデアや独特の見方に触れさせることだと話してくれた。

会社は、社員のためにゲストを招くだけでなく、社員自身にTEDのようなプレゼンテーションをしてもらってもよいだろう。他の人は知らないであろう、自分が学んだ興味深いことについて話してもらうのだ。

たとえが何であれ、最も素晴らしい企業の学習空間にはいくつかの共通要素がある。外部の人を連れてきて教え、刺激してもらう、内部の人同士での教え合いを呼びかける、社員の仕事、とりわけ進行中の仕事の内容を壁に貼ってアイデアを共有する——どれも質問とフィードバックを歓迎し、協力を促すための仕組みである。

「くだらない質問」ばかりになるという問題

会社での学びの中には、質問の技術を教えることに集中する時間も組み入れるべきだろう。質問をし、疑問を投げかける文化を会社がつくりたいと思うなら、それをうまくやる方法を教えなければいけない。でなければ、社内が非生産的な質問であふれてしまうかもしれない。

スティールケースのジム・ハケットによると、最近は、社内の探求活動を活発化しようとするあまり、あらゆる質問を促そうという会社が多く、そこから出てくる問いの中には明らかに情報不足や本質からずれていたりする「小賢しい」質問もまじっているという。

しかし、本当に促進されるべきは「良い質問」、つまり会社が直面している特定の課題や問題に関する深い批判的思考に根づいた質問であるべきだとハケットは言う。そのために、スティールケースは「シンキング2・0」と名づけた講座を通じて批判的思考のスキルを教えようとしてきた。「このコースは、議論の中に緊張関係をどう見つけるのか、そしてさまざまな問題において質問の足場をどう固めるのかを学ばなければならないと提案しています」とハケットは言う。

クラスでは、「もしあなたが郵政省を経営したとしたらどうしますか?」といった難しい質問を出し、受講者たちが大きな問題に対して疑問と戦略を組み立てられるよう指導を行っている。

ハケットによると、本当に効果的な探求の文化をつくろうと思えば、経営陣と社員は互いに歩み寄る必要がある。社員は「熟慮したうえで質問をしないと、質問をする自由を含め、手にしている機会を手放すことになるかもしれない」ことを理解する必要がある。経営陣は真の問題やそれに関連のある質問を求め、そのような質問に答えようと思っている。「小賢しい質問をするのはいいですが、機会を無駄にするだけです」

一方で経営陣は、「さまざまな問題の足場は数多くの疑問で成り立っているのだから、質問の数に当惑し、質問を制限しようとすべきではない」と理解すべきだとハケットは付け加える。

自由に「外に出られる」ようにする

イノベーティブな質問が勢いをつけるには、さまざまなアイデアを生かし、質問しやすい雰囲気を全社的に保ち、オープンで参加を促すような言葉（「どうすればできそうだろう？」）を使おうという積極的な意思が社内中にあふれていなければならない。

探求的な質問に対して現実的な質問で答える（「費用はいくらかかりますか？」「新しい仕事はだれが担当するのですか？」「それが失敗したらどうなりますか？」）のも重要だが、それは必ずしも議論の初期段階でする必要はない。

探求の文化を構築するには、新しいアイデアと大きな疑問を探っているあいだは結論を先延ばしにするようメンバーに説くことも一つの方法だ。疑問に早く答えようとしたり、揚げ足を取って反論したりといったクセのついてしまった人も多いので、こうしたプロセスも必要なのだ。

最も「頭のかたい人たち」には、「イノベーションを生む質問は、非現実的な問いから始め、だんだん実践的なものに移していくとき最も機能する」ということを教える必要があるかもしれない。

「夢見る人たち《ドリーマー》」は大きくて、野心的で、非現実的な質問をする機会を与えられる必要がある。

現実的な（ミン・バサデューの用語を使えば）「実践派の人たち」は、どうアイデアを発展させ、現実のものにしていくかという「どうすれば？」のステージで力を発揮するだろう。

ＩＤＥＯのティム・ブラウンは、質問の技術の習得は会社の教室や会議室で起きることはまずない、と強調する。「むしろ世間に出て行き、観察し耳を傾けることからうまくなっていく」。対象と時間や経験を共有しながら問いを進める「文脈的探求」は、社員が身につけられる最も重要な質問スキルかもしれないが、これもたいていは現場の経験を通じて伸びていくものだ。

会社のリーダーやマネジャーは何を探すべきかについて基本的なヒントぐらいは与えられるかもしれないが、社員に与えることのできる最も重要なことは、会社という安全な場所から思い切って外に飛び出し、自分で探求をする自由を与えることだ。

質問を使って「質問家」を見つけだす

探求の文化を育て、維持する素晴らしい方法の一つは、根っから問うことが好きな人をメンバーに加え続けることだ。

会社のリーダーやマネジャーをつかまえて、優れた質問家を雇うことに関心があるかと尋ねれば、躊躇なく「イエス」という答えが返ってくるものだ。ところが、彼らが実際に新入社員候補と面談をすると、テスト中心の教育システムの「答えがすべて」のモデルにならって、回答だけをもとに相手を判断することが多い。けれどこのモデルでは「質問し、創造し、イノベーションを起こす能力」をうまく評価できない。以上のことから、次のような問いが浮かんでくる。

「もし就職面接で、『答えを出す能力』と同程度に『問う力』もテストしたらどうだろう？」

その論理的な方法は、候補者たちに質問を考えてもらうことだろう。就職面接はたいてい「何か質問は？」で終わる。だがこれは決まり文句のように添えられているだけで、仮に質問が出ても、「いつから出社すればいいですか？」「出張はどれくらいありますか？」といった類のもので、深い考えに基づく創造的な質問ではない。

面談希望者に、いくつか質問を持ってくるように言っておくのもよいかもしれない。その際、質問は「なぜ？」「もし〜だったら？」「どうすれば？」といった野心的でオープンエンドの質問でなければならないと明示しておく。また、質問は会社または業界に関連したものでなければならない、ということも。

会社とその提供する製品やサービスを拡大あるいは改善していく方法、顧客に対しての課題や社会的課題、あるいはこれから模索していく未知の領域についてなど、さまざまな質問が出てくるだろう。

質問を聞けば、彼らがどういう人間かもよくわかるはずだ。質問は独創的で、しかも想像的なものなのか、それとも無難で実践的な内容だろうか。質問を練る際に、調査に時間を割いただろうか（もしそうなら良い兆候だ。候補者は文脈的探求の方法を知っていることになる）。

当意即妙に質問できるかどうかを試すため、面談の最中に、準備してきた質問のうちのいくつかをベースに追加の質問をするよう求めるのもよいだろう。

たとえば、もし候補者が「もし～だったら？」という質問を尋ねてきたら、自ら「なぜ？」を使ってその質問の前提条件に異議を唱えられるか試したり、「どうすれば？」の質問でアイデアをもっと実践的な水準で考えるよう促したりするのだ。

こうすると、候補者が「質問について考える」方法を知っているかどうかがわかる。候補者が少なくとも一つ興味深い質問を提示し、面談中にそれを進化させることができれば、その人には明らかに質問家《クエスチョナー》としての才能があり、会社の「探求の文化」への歓迎すべき新メンバーになる可能性が十分にあるだろう。

第5章 「無知」を耕せ

——問いであらゆる可能性を掘り起こす

Q：なぜ、私たちは「問いと生きる」べきなのか？
Q：なぜ、あなたは山を登っているのか？
Q：なぜ、あなたは探求を避けているのか？
Q：「リーン・イン」の前に、一歩下がったらどうなるだろう？
Q：すでに持っているもので始めたらどうだろう？
Q：ほんの少し変えてみたらどうなる？
Q：失敗しないとわかっていたらどうする？
Q：どうすれば、蓋をこじあけてペンキをかきまわせるだろう？
Q：どうすれば、「美しい質問」を見つけられるだろう？

なぜ、私たちは「問いと生きる」べきなのか？

1980年代の初め、大学の卒業を控えたジャクリーン・ノボグラッツは、学校の就職課から、チェース・マンハッタン銀行が就職面接をしたがっているとの連絡を受けた。ノボグラッツは銀行業界にはさほど興味はなかった。実際、卒業後は短い休みを取って、バーテンダーでもしながら「どうやって世界を変えてやろうかと考える」つもりだった。

とはいえ、面接には真面目に臨んだところ、意外にもオファーを受けたので入社を決意した。決め手となったのは、世界中を旅する機会を与えると約束してくれたからだ。彼女は、各国の市場でローン審査を行うグループに配属された。

ノボグラッツはその仕事をかなり好きになったが、気になることが一つあった。チェースがビジネスをしている発展途上国には、素晴らしいアイデアと起業家精神に満ちた夢を持った人がたくさんいたにもかかわらず、彼らの多くは「信用度が低い」とみなされてローン審査に通らなかったのだ。

もし彼らにチャンスが与えられれば、各国が切実に必要としている〝持続可能なビジネス〟を現地に立ち上げられるはずだ、とノボグラッツは考えた。彼女は次のような疑問を抱くようになった。「発展途上国にとって最も切迫したニーズに応え、各国の最大の問題を解決できるかもしれない起業家たちが、どうして融資を受けられないのだろう？」

自分の人生で「最も重要なこと」は何か？

チェースがそんなハイリスクのローンを引き受けないことはわかっていた。そこでノボグラッツは、金融業界のどこかで、この手のローンを手がけるところはないか探し始めた。

そして、経済学者のムハマド・ユヌスが設立したバングラデシュの「グラミン銀行」が、貧しい女性たちに少額の融資をして大成功を収めていることを知った（実際に融資をしてみると、彼女たちは借りたお金をきちんと返す信用できる人たちであることがわかった）。

さらに、ニューヨークの複数の女性たちが始めた小規模金融《マイクロファイナンス》の組織が、起業家精神の旺盛な世界中の女性たちに資金を提供していることも知った。ノボグラッツは好奇心からこの組織に近づいたが、「自分に何かできることはないか」とも思っていた。そして、彼女は仕事をオファーされた。

ここでノボグラッツは、答えを出さなければいけないいくつかの難問に直面した。

「自分は、非営利セクターのリスクの高い仕事のために、身分が保障され、待遇も十分な銀行員の地位を捨てたいのか？」

「いま、私の人生にとって最も重要なものは何だろう？」

とりわけ心配だったのは、「将来を約束されたキャリアから下りてしまったら、家族はどう思うだろう？」という疑問だった。

この問いは心に重くのしかかった。ノボグラッツは決して豊かではない勤勉な家庭の出身だった。家族は彼女がチェース・マンハッタンに職を得たことを喜び、誇りに思っていた。

ノボグラッツは、数年後に自伝に書いている。

「私はおじに、ウォール街での高給の仕事を辞めて、女性のための非営利組織に入り、海外に行くと話している自分を想像しようとした。家族も親戚も私の気が変になったと思うだろう。なぜ成功のチャンスをわざわざ捨てるのか、と」

けれども、「心の奥底に耳を澄ますと、冒険してみたいと叫ぶもう一人の自分もいた。ここで飛ばなければ、もう二度と飛べないことだけはわかっていた」。

彼女はその団体で働くことを選び、すぐにアフリカに旅立った。「自分は人生で何をしたいか」の答えを出すなり、次の10年を使って次の疑問への答えを探し求めることにした。「貧しい起業家に資金を融通する道をどうやって見つければよいだろう？」

壁にぶつかったら「なぜ？」で乗り越える

ノボグラッツにとってそれは決して平坦な道ではなかった。とりわけアフリカに行ったばかりのころは苦労の連続だった。当時を振り返ると、世界の人たちを助けたいとの思いで仕事に乗り出したばかりの多くの若い社会活動家たちと同じく、彼女も自分が直面している問題がいかに複雑かということをよくわかっていなかった。国や地域によって文化の差があるということすら忘れてしまうこともたびたびだった。

けれども何とか乗り越えられたのは、「何でも見てみようという探究心があったから」だ。

ノボグラッツは、何か理解できないことがあったり間違いに気づいたりすると、「なぜ？」という問いを次々と発した。やがてついに大きな「もし〜だったら？」の瞬間がやってきた。

ノボグラッツは、世の中で発展途上国に対する投資への関心が高まるとともに、社会起業の機運も高まっていることを知った。社会起業家とは、世界のさまざまな問題をイノベーティブな収益事業によって解決しようとする人たちのことだ。

彼女はこの新しい現象と従来のフィランソロピー〔企業による慈善事業〕の考え方を活用するには、ベンチャー・キャピタル投資とフィランソロピーを組み合わせることがベストだと考えた。具体的には、新規事業を立ち上げ、雇用をつくり、途上国の問題の解決をめざす起業家たちを支援するベンチャーファンドを立ち上げるというアイデアだった。以前から、ノボグラッツは「目的としてではなく手段として投資ができたらどうなるだろう？」と考えていた。

投資家は当然の権利としてリターンを期待する。だが、そのリターンをスタートアップ企業の成長のために再び使うことを承諾してもらう。それがノボグラッツの言う「ペイシェントキャピタル（忍耐強い資本）」だ。このやり方が長期的に成果を生むかどうかを知る方法はなかった。だがノボグラッツはこの考え方に多くの関心を引きつけることに成功し、2001年、非営利の「アキュメン・ファンド」を立ち上げた。

人が「本当にほしいもの」を中から考える

ノボグラッツのチームは、投資の機会を探し始めた。するとさまざまな問いを追い求めている人たちが見つかった。

「世界中の干上がった小さな農場の収穫量を倍にできないだろうか？」

「太陽熱発電を使えば、低コストの照明を貧しい人たちに提供できるのではないか？」

「なぜインドには救急搬送システムがないのだろう？」

「アフリカでマラリアの拡大を止める活動をすることで雇用をつくりだせないだろうか？」

アキュメン・ファンドから投資を受けることで、起業家たちはこうした問いに答えるための「どうすれば？」の局面に取り組むことができた。その結果、次のような答えが成果として現れた。


太陽熱発電による低コストの照明を実現しようという起業家グループは、発展途上国の2000万人（学校に通う800万人分を含む）に照明設備を提供できた。ある製品デザイナーは、アフリカの乾燥地域にある小規模農場向けに27万5000の点滴灌漑《かんがい》（施設を利用して水や肥料の消費量を最小限にする灌漑）システムを販売した。インドに救急搬送システムをつくりたいという計画を持った人は、いまやアジア最大の救急会社を率いている。アフリカの蚊帳《かや》メーカーは1600万個の蚊帳を製造し、7000の雇用を創出した。

プロジェクトのいくつかはリターンも素晴らしいものとなった。200万ドルを投資した太陽熱発電による照明プロジェクトの価値は2倍になった。利益は再投資され、今後数年で1億人に照明を提供できる見込みだ。

投資家を説得して、成果が出るまでに時間のかかるリスキーなベンチャーに資金を出してもらうことは、アキュメン・ファンドのさまざまな取り組みのほんの一部にすぎない。

多くのケースで、資金提供を受けた、夢は大きくても経験不足の起業家たちは、自社のイノベーションを市場にどう打ち出すかという困難なプロセスにおいて、「なぜ?」「もし~だったら?」という課題に取り組まなければならず、何らかの指針や専門的な助言、精神的な支援（さらに、ときには再度の資金提供）を必要とした。

とりわけリソースとインフラの足りない発展途上国で前例のないことに取り組むときは、プロジェクトを回しながら学び、順応していくことが重要だとノボグラッツは指摘する。そのためには、現実問題として何ができて何ができないのか、そして人々が（どうあるべきかを机上で考えるのではなく）実際に何を欲し、必要としているのか、といった多くの疑問を突き詰めなければならない。

たとえ善意はあっても、援助団体でもない限りこれほど詳しい調査をすることはあまりなく、解決策が外部の視点から提供されがちになる。すると、自分たちでも何が必要なのかよくわかっていない人たちに物が押しつけられることになるとノボグラッツは言う。

マラリアよけの蚊帳のケースを取り上げてみよう。ノボグラッツは、人々は健康上の理由から蚊帳をほしがるだろうと考えた。「けれども人々が本当に関心を抱いていたのは、虫に邪魔されずによく寝られる環境と、蚊帳の見栄えの良さでした。健康への懸念は優先順位としてはずいぶん下のほうでした」

こうしたことを学んだ結果、アキュメン・ファンドと蚊帳メーカーは、効果的に製品を世に送り出すことができた。

「一緒に床に座ってじっくりと耳を傾けないと、彼らについて何も知ることができないし、何が彼らを突き動かしているかもわかりません」

「不安」を飲み込み、好奇心に従う

最近、ノボグラッツは、ペンシルベニア州にある大学の卒業式でスピーチをした。彼女はその大半の時間を使って、先行きに対する不安を飲み込み、自らの好奇心に従うことを強く勧めた。その中で彼女は、オーストリアの詩人、ライナー・マリア・リルケの詩から有名な一節を引き、学生たちに「問いと共に生きてください」と言った。

私はそのスピーチとテーマについてノボグラッツに尋ねた。「私の人生はこれまでずっと、さまざまな壁にぶつかって、簡単ではっきりとした答えなどないと気づくことの繰り返しでした。そして、長い時間がたってようやく、自分にできる最善のことは、良い質問をできるようになることだと気づいたのです。私は卒業生たちに、そのことをなるべく早く学んでほしいと思いました」

ノボグラッツは学生たちを「レールに乗った子どもたち」と呼ぶ。同じ年ごろのときの彼女もそうだった。「彼らは、良い学校に通い、投資銀行で2年働いてと、そうすべきと考えられていることを何でもしようとします。そんな彼らが私に、『次は何をすべきだと思いますか？』と聞いてくることがあります。私は、『自分の心がすべきだと言っていることをしなさい』と答えます。するとぽかんとした顔をされるのです」

こうしたことを念頭に、ノボグラッツは学生たちに考え方を少しでも変えてほしい、レールに乗って定められたステップを進むのではなく、もっと自由で、予想もできない、不確実な道を歩む学生が現れてほしいと考えている。

「いまの世界はあまりに変化が激しいので、一歩ずつ道を示してくれる地図なんて本当はないのです」と彼女は言う。「手にできる最良のものは、自分を導いてくれる優れたコンパスぐらいのものです。それを理解し、喜んで受け入れられる人なら、素晴らしい冒険を経験できるはずです」

なぜ、あなたは山を登っているのか？

ノボグラッツのアドバイスは大学の卒業生だけにあてはまるものではない。自分がなぜそうしているのかを考えることもなく、決まったレールの上を歩き続けたり、階段を上ったりしている人は世の中にたくさんいる。

あるいは、すべての電話に出て、すべてのメッセージに答え、すべてのツイートを読み、すべての機会をとらえようとする、要するに、あらゆることをやろうとする人がいる——べつにそうしたいからではなく、ただ取り残されないためにそうしなければならないと感じて。ノボグラッツのアドバイスは、世代を問わず、そういう人たちにもあてはまる。

人はときに「目が回るほど忙しい」と感じることがある。けれどもその程度が、ここ1、2年のあいだに限界まで来てしまったようだ。２０１３年半ばに開催されたハフィントン・ポストのカンファレンスは、人々に生活のペースを落とし、エネルギー切れになってしまうことを防ぐように促した（「〝もっと、もっと、もっと〟というアプローチは長続きしない」と主宰者は宣言した）。

ソーシャルメディアやネットワークデバイスから「プラグを抜く」ことの重要性を特集する雑誌が増えている。人がストレスで疲れ切り、働き過ぎ、情報に溺れている狂信的な時代を生き抜く手段として、瞑想やマインドフルネスへの関心が高まっている。

今日のこのような状況について、オックスフォード大学の心理学教授、マーク・ウィリアムズは、「いつもかけずりまわり、自分が何をしているのかに気づくこともなく、一つの仕事から次の仕事に飛びまわっているとき」、脳は厳戒態勢になっている、と興味深い描写をしている。「あたかも略奪者から逃げまわっているかのようです」

けれども、いったいだれが、いや何が略奪者なのだろう？　それはなぜ私たちを追いかけまわしているのだろう？

人は何か大きな計画や目標があって、それを達成するためにかけずりまわり、死にものぐるいで「何かをしている」かのようだ。けれども、その計画や目標が何かははっきりとはしていない。

リンクトインのCEO、ジェフ・ウェイナーは、入社希望者に次のような合理的で、極めて率直な質問をぶつけるという。

「いまから20年か30年たったとき、キャリアを振り返って、自分は何を成し遂げたと言いたいですか？」

「この質問に対する答えを持っていない人がいかに多いかを知ったら驚かれると思いますよ」とウェイナーは言う。

これはたんにキャリア設計に関する質問ではない。「自分は何者なのか？」、あるいは「人生の目標は何か？」という根本的な疑問につながる問いだ。

Column

自分を描く「1文」は何だろう?

これは著作家のダニエル・ピンクの好きな質問だ。彼は『モチベーション3.0』（大前研一訳、講談社）の中で、この言葉の源流をたどると、ジャーナリストで女性議員の草分けでもあるクレア・ブース・ルースまでさかのぼれると書いている。ルースは、ジョン・F・ケネディが大統領になって間もないころ、彼を訪ねたことがある。そのときルースは、ケネディがあまりにも多くのことをしようとしているあまり、焦点がぼけているのではないかと懸念を示し、「偉大な人物というのは1つの文章だ」と伝えたという。明確で強い目的を持った指導者は「1文」で表現できるというのだ（たとえば、「エイブラハム・リンカーンは合衆国を守り、奴隷を解放した」）。

この考え方は大統領だけでなく、だれにでも通用するとピンクは考えている。1文は、「彼は4人の子を幸せで健康な成人に育てた」でも、「彼女は人々の生活を楽にするものを発明した」でもいい。あなたの1文がまだ達成されていない目標であれば、自分に対して次の問いを発しなければならない。「自分の『1文』にふさわしくなるには、どうすればいいだろう？」

映画製作者のロコ・ベリックは、旅先で多くの人たちと出会うが、人と知り合うと必ず尋ねることがある。「あなたという人間はいったい何者ですか？　あなたを突き動かしているものは何ですか？」

「驚くべきことに、この質問に答えられる人はほとんどいません」とベリックは言う。「人はとても複雑なものだということはわかっています。ただ、この質問に何らかのかたちで答えられないのは、『生きているとはどういうことか』という基本的な問いに注意を払っていない、ということだと思います。つまり、そのような問いを自らに発してこなかったのだと思うのです」

「人は何かをすることに忙しすぎて、自分がなぜそれをしているのかを本当に考えてはいない」というのが事実だとすれば、その習慣は若いころに形成されるようだ。高校教師のデイビッド・マカローは、学生たちが頑張りすぎる風潮に反応して、卒業式のスピーチで次のようなアドバイスをした（これは後にインターネットで大きく広まった）。「旗を立てるためではなく、挑戦を受け入れ、空気を楽しみ、景色を眺めるために山を登りなさい。世界が君たちを見るためではなく、君たちが世界を見るために登りなさい」

「じっくり考えること」から逃げ続けている

山を登る方法や、登りながら何をすべきか、についてのマカローの助言は理に適《かな》っている。とはいえ、だれもがみな、同じように登りたいわけではないだろう。もしかすると、あなたが山を登っているのは、本当に旗を立てたいからかもしれない。あなたにとっては、頂上から景色を眺めることより、頂上に立っているところを人に見られることのほうが重要かもしれない。

けれども、「そもそも私はなぜこの山を登っているのか？」といった基本的な問いを発しない限り、そんな判断をすることもできないはずだ。

この問題を考える時間を取り、その重要性を噛みしめ、相応の検討を十分にしてみると、あなたはジャクリーン・ノボグラッツと同じように、自分が間違った山を登ろうとしているという結論に達するかもしれない。あるいは、次のような問いを考えてみるのもいいだろう。

「頂上では何が待っているだろう？」
「頂上に着いたら何をしよう？」
「私は登山そのものを楽しんでいるのだろうか？」
「もっとスピードを落とすべきか、それとも上げてみようか？」
「下には何を残してきただろう？」

山登りのたとえは、キャリアを考えるのにとてもわかりやすい。キャリアを前に進めるとは、多くの場合、出世の階段を上ろうとする努力にほかならないからだ。

人は、一歩下がってキャリアの階段そのものに疑問を抱くことはほとんどない。あるとすれば、「どうすれば出世し続けられるのか?」といった現実的な内容になりがちだ。「社内での立場を強くし、自分の雇用を守るにはどうしたらよいか?」「どんな手を使えば偉くなれるだろう?」などだ。

出世を目指すこと自体は悪いことではない。ただし、「なぜ昇進を望むのか?」「偉くなったらどうなるのか?」といった問いをよく考えてから「どのように?」の段階に進まなければならない。出世のために、本当に好きなこと、あるいは得意なことをあきらめてしまう人があまりにも多い。

すでに敷かれているレールの上を、それが正しいかどうかを十分考えもせず進もうとする傾向は、キャリアの問題だけにとどまらない。たとえば、「なぜ、多くの人は郊外の大きな家を望むのだろう?」。それを素晴らしい選択と思う人はいるだろうが、全員そうというわけではないはずだ。自分にとっての答えを知りたければ、「自分は市街地の歩いて通えるところに住みたいと思っているのではないか?」といったことを意識して定期的に自問するしかない。

夫婦や親子の関係、あるいは家族間のやり取りや触れ合いのあり方について、疑問を抱くこともあまりない。友情も同じだ。だが、こうした〝人のつながり〟はすべて変化し、時間がたつにつれてすりきれてくる。私たちが親しい人たちとの関係に疑問を抱かないのは、それに「注意を払っていない」ことを意味する。当たり前のものととらえているためか、人間関係を深めたり改善したりする方法を見つけようとしないのだ。

なぜ、私たちは自分の人生に関する重要で基本的な問題について改めて考える時間を取ろうとしないのだろう? 仕事から仕事、気晴らしから気晴らしへと動き回っているのは、「疑問を抱く」こと自体から逃げ回っているのだろうか?

なぜ、あなたは探求を避けているのか?

人が人生の中でしていることの多く(とりわけ重要なこと)について根本的な疑問を抱くことを避けてしまう理由としては、とくに次の4つが考えられる。

1. 非生産的に見える

ほとんどの人が見つけようとしているのは答えのほうだ。答えこそが問題を解決し、前に進み、人生を改善する道を提供してくれると信じられている。

2. 問うべきタイミングが「いま」だとは思えない

いつでも早すぎるか、遅すぎるような気がしてしまう。

3. 正しい問いを知ることが難しい

ならば尋ねないほうがましだ、ということになる。

4.「答えが見つからなかったらどうしよう?」と考えてしまう

これはおそらく最も大きな理由だ。このことを恐れるあまり、不安材料をわざわざ増やして自分の人生に疑いを加えないほうがいいと考えてしまう。

ほとんどの学校では生徒たちは質問よりも答えを重んじるよう教えられており、しかも大半の問題について正しい答えは「一つだけ」だと言われることが多いため、「答え」というものが世界のどこかにあって「発見される」、あるいは「偶然見つかる」「調べられる」「獲得される」「購入される」「手渡される」のを待っている、と私たちが考えてしまうようになるのも不思議ではない。

ビジネス界全体が、自己啓発書、セミナー、ライフコーチングなどのかたちで、用意された「答え」を提供するのに躍起になっている。こうなると、「専門家」に来てもらって、われわれはどうすべきかを語ってほしいと思うのは自然なことだ。

選択はすべて「質問」のかたちをしている

ときには外部の視点に学ぶことも有用かもしれない。しかし、最も優れたコーチ、コンサルタント、そしてセラピストのだれもが強調するのは、「自ら問うことに代わるものはない」

ということだ。多くの場合、助言者にできる最も重要なことは、正しい疑問に人を導くことだ（ドラッカーが世界のトップ企業の経営者を指導するときにしたのがまさにこれだった）。

コーチングやアドバイスをする役割の人が、あまりに一般的な答えを提供していたら警戒すべきだ。なぜならあなたの人生、ましてやあなた固有の問題や課題にぴたりと合う答えを提供できる人などいるはずがないからだ。

思慮深い、信頼できる友人でさえ、あなたのために正しい答えを提供することはできない。スタートアップ企業を立ち上げたカスパー・ハルティンは、思い切って新規事業に乗り出すかどうかという難しい問題と取り組んでいるときにこのことに気づいた。「人に助言を求めたときに聞けるのは」とハルティンは言う。「彼らならこうする、ということです」。だが、他人の状況と動機は自分のものとは大きく違う。結局、ハルティンはキッチンテーブルにひとり座って、自らの問題に向き合った。

本書のために調査をしてくれたあるボランティアが「ビューティフル・クエスチョン」プロジェクトに参加した理由の一つは、「次のキャリアを考えるために膨大なキャリアアドバイスの本を読んだときに、そこに書かれていた『答え』が互いに矛盾しているように感じたから」だという。「どの答えも何か違っていました。私に必要だったのは、答えを自分で見つけるプロセスへの支援でした」と彼女はメールに書いてきた。

ここで重要なのは「プロセス」という言葉だ。人生の複雑な問題（あるいはビジネスでも、どんな種類の複雑な問題でも）への答えが「パッと見つかる」ことはない。人は苦労しながら前進し、それぞれの段階で質問を発しながら、少しずつ答えに近づいていく。

「答えはどこかにあって、それを見つけ出すことができるはず」という幻想を持つと、理想の仕事から「幸せ」とか「目的」といった大きな概念まで「見つけ出せるもの」と考えるようになってしまう。『人生は「幸せ計画」でうまくいく！』の著者グレッチェン・ルービンによると、昔から人は幸福について、「突然見つかるか、到達する状態のことだ」という誤解を抱いている。

だがルービンや他の専門家が言うように、幸せとは自分でつくるものだ。自分はどんなときに幸せを感じるかを理解するよう努力し、そのような機会を日常に増やしていく。その過程で問いを持ち、さまざまなことを試しながら少しずつ、自分の力で獲得していくのだ。

「意味」や「目的」にもほとんど同じことが言える。著作家で創造性のコーチでもあるエリック・メイゼルは、人が「どうしたら人生の意味を見つけられるだろう？」と考えるとき、彼らは「完全に無意味な疑問」を抱いていると言う。この古典的な疑問は、「意味」とは世の中のどこかに見つけ出せる客観的な真実であるという誤った考え方に基づいている。

メイゼルは、次のように考えたほうがよいと言う。「私たちは、日々のさまざまな選択に基づいて、人生に意味をつくりださなくてはならない。その選択の一つひとつは、『なぜ、自分はXをしなければならないのか？』『Yをすることは時間と労力を費やすに値するか？』といった『疑問や質問』のかたちをしている」

著作家兼コンサルタントのジョン・ヘーゲルは、何に時間を使い、どの可能性を追求すべきかを日々選択しながら、次の質問を自分に投げかけるよう提案する。「5年後に振り返って考えたとき、いまどの選択肢を選ぶとよりよいストーリーをつくれるだろう?」。ヘーゲルが指摘するように、「よりよいストーリーにつながる道を選んで後悔する人はいない」はずだ。

「いつか人生に向き合える」と誤解している

ライフコーチのケリー・カーリンは、「自分の人生における選択はすでに決められてしまった」とはっきり意識してコーチを受けに来る人たちがいることにいつも驚かされている。彼らは、自分は与えられたレールの上にいる、あるいは自分はもう生き方をあらかた決めてしまい、それを変更するには遅すぎると感じているという。「実際にはいまからでも多くのことを変えられると指摘すると、みなハッとするんです」

何年も前に「決まってしまった」と思えることの多くは、じつはしっかりと自分たちで決めたものではない。若き日のジャクリーン・ノボグラッツがそうだったように、何かの機会がひょっこりと落ちてきて、突然考えてもいなかった銀行員になることもあるのだ。

人生の初期のころのこうした判断は、家族や友人のアドバイスの影響を受けるか、何かの本で読むか、感受性が豊かだったときに偶然見たコマーシャルに感動してなされるのかもしれない。

人がいかに他人に決められたレールの上を走っていることが多いかという議論の中で、著作家のセス・ゴーディンは次の問いを自問することを勧めている。

「他人から求めるように言われてきたこと以外で、自分がこうしたいと思っていることはないだろうか？」

そのような疑問を抱くのに遅すぎることは決してない――もちろん早すぎることも。

Column

お年寄りのために電球を交換するには「何人」が必要か？

高齢者の生活の質をどうやって高めればよいだろう？　このことをいつも考えていたイギリスのソーシャルデザイナー、ヒラリー・コッタムは、決定的な要素が「社会につながりを持ち、電球を取り換えるといった細かなことに気をわずらわせなくてよい状態にあること」だと気づいた。2007年、コッタムのデザイン集団は１年をかけ、ロンドン郊外に住む高齢者の生活に密着して文脈的探求を実施、「サウスワーク・サークル」というプロジェクトで彼らの理論を試した。

サウスワーク・サークルとは、ロンドン南部のサウスワークの居住者を中心とした、家事手伝いサービスや自助グループ、協同組合、ソーシャルクラブなどの機能を兼ねた一種の隣組組織だ（メンバーは少額の会費を払い、サービスの交換なども行う）。近隣に住む高齢者のあいだに交流関係、つまり社会的サークルができると、コミュニティの一体感が生まれ、コストの高いソーシャルワーカーがそれほど訪問する必要がなくなる。興味深いことに、コッタムは高齢者にとっての理想的な社会的サークルには、家族、安心して任せられる専門家、同じ年齢の仲間、そして若い人など「大きく異なる役割を担った６人の人が含まれる必要がある」ことを発見した。

シリコンバレーのベンチャー・キャピタリスト、ランディ・コミサーは、「繰り延べライフプラン」について語っている。とりあえずいまは金儲けをしておけば、いつかじっくりと考える時間ができて、自分にとって本当に重要なことを追求したいとなったときに元手に困らないだろうという考え方だ。

このような、「いまのうちは財政的安定を得ることに全力投球し、人生で本当にしたいことを考える時間ができたときのために、資金的に心配のない地位を築いておこう」という姿勢の人はどこにでもいる。これは、頂上に登れば視界がすっと晴れるだろうという「山登り」の発想を思い起こさせる。

だが、山登りそのものについてのさまざまな大事な質問はどうなるのだろう？　私たちは、あえてそれらを無視している。さらにコミサーによると、「繰り延べライフプラン」はたいてい予定通りに進まない。世の中は変化し、大きなアイデアはしぼんでしまい、軌道修正が必要になる。遅かれ早かれ、あるいは好むと好まざるとにかかわらず、あなたは厳しい問いに直面することになる。だとするなら、それをもっと早く問う習慣を身につけたほうがよいのではないだろうか？

「もやもや」を抱えながら前進する

疑問や質問に向かい合っても答えが得られないかもしれないと恐れているのであれば、革新的な問題解決者《プロブレムソールバー》たちに共通する特徴の一つが、「答えがわからなくても積極的に問い続ける」点にあることを思い出すといいだろう。複雑で難しい問題に取り組むために必要な素養の一つは、物事を知らなくても何の問題もないと思えることなのだ。質問の上手い人は、不確かさを気持ちよく受け入れている。

けれども、私たちの多くは不確かなものを前にすると落ち着かない。作家のジョナサン・フィールズも、よくわからないことについて考えると、だれでもお腹のあたりが落ち着かなくなってくる、と指摘している。質問家《クエスチョナー》は、苦悩を演じる俳優がそうしているように、不安を腹に抱えつつも前に進むことで気持ちに折り合いをつけなければならないのだ。

不安に慣れてくると、そのうちに、興味深い、未踏の地に足を踏み入れ、何かワクワクしたものに向かっているような気持ちに変わってくる。不安や怖さが歓迎すべき徴候になるのだ。

問うことは、すればするほど楽になってくる典型的な行為だ。イノベーターは、時間とともに知らないものを理解し、さまざまな問題を解くのが得意になっていく。いろいろなことを経験するうちに、いまは暗闇でも最後には光を見出すことができるという自信がついてくるからだ。

不確かなものに対する安心感を自らの努力で高めることには価値がある。フィールズが指摘するように、人生とは不確実性に満ちあふれているものだからだ。

そもそも問うべきことがわからないというのなら、ライト・クエスチョン・インスティテュートでの演習（あるいは270ページで紹介したハル・グレガーセンのQストーミング）が示しているように、ある課題や話題を持って席に着き、適切な疑問や質問をひねりだそうと努力すれば、たくさん出てくることはほぼ間違いない。だが、難しいのはそこから先だ。思いついた問いについて考えること、つまり、最も素晴らしい問いを選び出し、改善し、どう行動を始めればよいのかを考えだすことこそが難しい。

問うという行為は生活習慣の中に組み入れられる必要がある。そうしなければ、日々の忙しい予定の中で、わざわざ人生の意味を問う時間など見つかりそうにない。日常生活の中から良い疑問を見つけ出し、考えを深めるという大変な作業を進めるには、文脈的探求や結合的探求や実験など、これまでに紹介した技術が役に立つ。

けれども、自分自身の人生を反省し、さまざまな問題や、機会や、解決しがいのある課題をはっきりと見つめ直すためには、まずは生活のペースを緩め、現実から一歩下がり、見方を変えようとすることから始めなければならない。

「リーン・イン」の前に、一歩下がったらどうなるだろう？

必ず成功しよう、必ずやり遂げようという気が満々の人にとっては、ペースを落とす、ましてや後ろに下がるなんて考え方は直感的に受け入れられないものがある。そもそもそんな発想は、課題を追求し、機会をとらえるために「前進しよう」「リーン・インしよう」(身を乗り出そう)と促す社会のメッセージとも相容れないように感じるだろう。

たしかに「後ろに下がる」ことと「リーン・イン」の考え方は矛盾しているように見えるかもしれない。

だが実際には、ときおり足を止めて疑問を抱いたり、よく考えたりする人は、本格的に取り組み、大胆に行動し、機会をとらえることができる。疑問を抱いて後ろに下がると、方向感と目的が明確になり、一歩前に進みやすくなる。

質問が歓迎されない文化では、そのためのときと場所を見つけることはなかなか難しい。仮に疑問を抱くことを「スロー・シンキング」とするなら、われわれは日常生活で(とくに現在のような動きの速い、情報過多の環境で)求められる「ファスト・シンキング」から遠ざかる機会をつくらなければならない。

イギリスのコメディアン、ジョン・クリーズは創造性についての講義の中で、自分自身の「カメの囲い地」を見つけることが必要だと説いている。外の世界の雑音から隔離された静かな環境で、だれに邪魔されることなく、いつまでも考えることのできる場所だ。クリーズは、人はそういうところでこそ、ものを書き創造的な活動ができる、さらには深い疑問を考えられると言っている。

「ハイテク安息日」をつくる

今日の世界では、後ろに下がる、あるいは自分の創造的な殻の中に潜り込むには、インターネットの接続を断つ必要があるかもしれない。ウェブは、実際的な疑問に対してはすぐに答えを得られる偉大なツールで、問題の表面をすくい、アイデアからアイデアへと次々に飛び移るのには便利なものだ。だが、だれにも邪魔されずに深い疑問を集中して考えるのには向いていない。また、人の思想やアイデア、専門知識があふれているので、自分で創造的にものを考えられなくなるかもしれない。

また、ネットにつながっていると、邪魔が途絶えることがない。メール一通、ツイート一回のたびに思考を中断する恰好の口実ができてしまう。

「ネットの接続を断とう！」というアイデアの提唱者の一人が映画監督兼プロデューサーのティファニー・シュラインだ。シュラインは、日常的にネット依存度が極めて高い生活を送っているが（ウェブベースの映画を専門とし、ソーシャルメディアの世界でも知られている）、土曜日を「ハイテク安息日」にすれば、彼女も家族も内省や穏やかな楽しみのための時間をもっと取れるはずと書いて注目を集めた。

週に一度、ネットに接続しない日を設けただけで「私の生活は完全に変わりました」とシュラインは話してくれた。「いつのまにか、土曜のために思索の種を取っておき、大局的な思考にひたれるようになりました。ネットにつながっているときの活発な思考も好きですが、じっと考えるだけで動かない状態もとても重要だと思っています。料理のマリネのように思考をじっくりと漬け込んで、自然と発酵するのに任せるのです」

シュラインはネット断ちのメリットの一つとして、疑問が浮かんだら、いつものようにオンライン上で答えを探すのではなく、独力で格闘せざるを得なくなることを挙げる。

「毎週土曜日はネットを使えないので、疑問が湧くと、普段とは違う方法で、じっくりと問題に取り組むようになります」

考えるとは「一つのことに集中する」こと

現在のような環境で、外の世界から離れ、静かな場所でじっくりと考える機会を持つには、日常生活に習慣として組み込むことが必要かもしれない。まずはそのための「場」に関する疑問が出発点になるだろう。

「私の〝カメの囲い地〟はどこにある?」

「私の〝ハイテク安息日〟はいつ?」

考える時間と場所を持つのは最初の一歩にすぎない。創造性コーチのエリック・メイゼルによると、「わからないことにじっくり取り組み」、日常の「細々とした思考」を忘れて心にスペースをつくるには規律が必要だ。細々とした思考は、私たちが深く考えようとしているときに「ニューロンを盗んでいく」。

実際的な疑問（「昼食は何を食べようか?」「何時に子どもを迎えに行く必要があるだろう?」）は、「カメの囲い地」の中であれこれ悩むことではない。囲い地で考えるべきは「なぜ?」「もし〜だったら?」という大きな疑問だ。

著作家のウィリアム・デレズヴィッツは書いている。「考えるとは、一つのことに集中することだ。それについてのアイデアがまとまるまで集中し続けることを意味する。（中略）独創的なアイデアにたどりつくには、集中し、疑問にこだわり、忍耐を重ね、頭のすべてを活性化させなくてはならない」

すでに持っているもので始めたらどうだろう?

イノベーターはまわりの世界を見回す際、何が欠けているのかを探すことが多い。けれども、自らの人生について問うときは、「鑑賞的探求」（対象の価値を認めたうえで疑問を抱く方法。44ページ参照）の視点から、そこに何が「ない」かだけでなく、そこに何が「ある」のかを探すことも重要だ。

鑑賞的探求が前提としている主な条件は、「ポジティブな疑問」だ。問題や欠点ばかりに焦点を当てるのでなく、強みや資産に注目すると効果的な結果が出やすい。強みに立脚するとは、日々の暮らしの中でうまく機能していることに着目し、それに頼り、そこから多くのものを得ようとすることだ。これが重要なのは、自問自答を続けていくと、ともすると不満や後悔、無力感にとらわれがちになるからだ。

「なぜ、自分にはもっとお金が、もっと良い仕事がないのだろう。もっと多くの友人がいないのだろう……」といった具合だ。足りないものや欠けているものは進歩や改善の機会にもなり得るが、このような問いは悲観的な感情を生みやすい。「人は希望があると感じ、環境が味方してくれていると実感できるときに積極的な行動を取ることが多い」と、鑑賞的探求の生みの親であるデイビッド・クーパーライダーは指摘している。

幸福に関する研究者で、ハーバード大学で教鞭を執っていたタル・ベン・シャハーは、「感謝の習慣をつけることが重要」だと考えている。ベン・シャハーによると、毎日、一日の終わりに「自分は何に感謝できるだろう?」と考え、その答えを「感謝ノート」に書き記すと、それだけで人は「幸せな気持ち、楽観的な気持ちになり、何事もうまくいきやすく、目標を達成しやすくなる」。

なぜ、「彼ら」のほうが幸せそうなのか?

これについては、映画制作者のロコ・ベリックも同じ考えを持っている。ベリックは「感謝は幸せへの近道」と考えている。彼は自らの問いの答えを探すべく、何年もかけて世界中を歩き回った。その問いとは、「なぜ、一部の人は他の人より幸せなのだろう?」、そして「人はいまより幸せになることができるだろうか?」というものだ。

その答えは、ベリックが撮ったドキュメンタリー映画「HAPPY」に見ることができるが、彼の重要な発見を一つ挙げると、「家族や友人、コミュニティの一員であるという意識や、趣味に興じたり新しいことを学んだりして得られる単純な喜びなど、基本的なことに価値を置き、大事にしている人のほうが幸せを感じている傾向がずっと強い」ということだ。

幸せに関するベリックの疑問は、映画をつくる前から少しずつ醸成されてきたものだ。最初の「なぜ?」は18歳のときだった。モザンビークの内戦で難民になった人たちのために資金を集めようと、グループでアフリカ旅行をした際のことだ。「難民たちは相当な被害を受けていました」とベリックは言う。「ところが私たちが現地に到着すると、だれも惨めな顔もせず、怒ってもいませんでした。みな生きる喜びに目を輝かせ、ボールペンを目にしたり手品を見たりといったほんの小さなことに大喜びしてくれました。そこには、私の多くの友人たちが置き忘れてきてしまったような、純粋な感情の爆発がありました」

ベリックの疑問は次のようなものだった。

「なぜ、ほとんど持ち物もなくとてつもない苦しみを背負った人たちが、もっと幸運な人たちよりも幸せそうなのだろう?」

その後何年も経ち、ベリックがハリウッドで働いているとき、同じような疑問を抱いた友人がいた。ハリウッドの映画監督、トム・シャドヤックだ。「アメリカ人は比較的豊かな生活を送っているのに、経済的に貧しい国の人たちよりもなぜか幸せを感じていないという新聞記事をシャドヤックは読んでいた。「それで、トムは言ったのです。『これは個人的にもよくわかる。僕のまわりにも、才能があってルックスもよく、運に恵まれ、健康な映画スターたちがいっぱいいるけど、うちの庭を管理してくれている庭師のほうが幸せなんだ』と」。これを聞いて、ベリックには新しい疑問が浮かんだ。

「美しく、才能に恵まれ、お金のある映画スターでも幸せでないのなら、いったいどうなれば幸せなのだろう?」

幸せにつながらないことに時間を使っている

彼とシャドヤックは、二人で映画をつくって答えを探すことにした。そのためにベリックはインド、アフリカ、中国の貧困地域を含む世界のあちこちをまわった。旅を通じてわかったのは、どんな環境であれ、最も幸せな人たちは「コミュニティとの連帯感」を持っているということだった。「これは、すごく社交的になったり、大量に友だちをつくらないかぎり幸せになれない、ということではありません」。とはいえ、事実、彼が出会った最も幸せな人たちは、周囲の人たちと強い連帯感を持っていた。「彼らは声をたてて笑い、愛する人たちのそばにいることを心から楽しんでいました」

幸せであることと、強い人間関係との結びつきは驚くべき新発見というわけではない。だが、ベリックは指摘する。「私たちの多くは、友人たちと時間を過ごすより——ほとんどの場合、大きな家に住み、素晴らしい車や素敵な洋服を買うために——カネ儲けに多くの時間を使っています」

また、「『自分にとって重要なことは何だろう？』といったシンプルな問いを考えるだけで、自分が本当は、ライフスタイルにもう少し価値観を反映させて、幸福度を高められるような生活のシフトチェンジをしたいと思っていることに気づけるはず」とベリックは考えている。

ベリックは自身の生活を振り返ってみて、彼自身、友人と過ごしたり、本当に楽しいと感じられるようなことに十分に時間を使っていないことに気づいた。

「私はいつも、歳を取ったら友だちともっと会いたい、もっと遊びたい、もっともっと冒険に出たい、と思っていました。けれども30歳になるころには、親友と会えるのは一年に一度か二度ぐらいになっていました。私は責任感のある大人として仕事に没頭しようとしていました。〝子どもは遊び、大人は働くもの〟という考え方を受け入れていました。サーフィンをやめた理由はいろいろありますが、こうした考え方もその一つです。友だちとサーフィンを楽しむのは大好きだったのですが」

映画制作を通じて学んだ教訓をもとに、ベリックは自分が人間的なつながりをどう強められるか、そして生活の中でシンプルな喜びをどう高められるかを追求したくなった。そして親しい友人の一人とサーフィンを再開した。

ベリックの自問はほかにも変化を引き起こした。たとえば、「近所の人たちのことをもっと知るべきではないだろうか？」と思い始めた。ベリックは、映画のための取材を通じて、最も幸せなコミュニティでは「だれもがお互いのことをよく知っている」ことを知ったが、彼の住むウェストコースト近郊の人たちは快適な自宅に閉じこもりがちだった。

「どうすれば、アフリカやインドの小さな村で経験したようなコミュニティの感覚や連帯感を抱けるだろう？」

ロサンゼルスの高級トレーラーハウスが集まるエリアに住んでいる友人を訪ねたとき、彼はすぐに自分の家を引き払ってそこに引っ越した。そのハウスはフロントドアが共有地に向かって開いていて、近所の人たちがお互いに関わり合わざるを得ないようになっていた。

自分を「美しく」感じられるのは、どんなときか？

ベリックは生活を変えるために、「これまで自分にプラスに働いてきたものは何だろう？どうすればそれをもっといまの生活に取り入れられるだろう？」と考えた。鑑賞的探求は、いまの強みに立脚するのが普通だが、ときには過去を振り返ることによって、現在と将来の生活をどう改善できそうかを考えてみてもいいかもしれない。

『人生は「幸せ計画」でうまくいく！』のグレッチェン・ルービンとライフコーチのエリック・メイゼルは二人とも、「子どものころに大好きだったものは何だろう？」といった疑問を考えてみることを提案している。

「6歳とか8歳のときに夢中だったものは、おそらくいまでも好きなものです」とメイゼルは言う。そして子どものころを振り返ってどんな活動が好きだったか、何に興味を持っていたかのリストをつくり、「それらがいまも心に響くかどうかを確認します。これは自分の持っていた愛情を更新するプロセスです。子どものころは、いまは存在していない、あるいはいまの生活には何の意味も持たないものを大好きだったかもしれません。けれどもその新しいバージョンを見つけられるかもしれません」。

もちろん子ども時代に限定する必要はない。ベリックは青春時代を振り返って、友人たちと楽しむサーフィンの重要性を再発見した。また、もっと最近の、映画の取材旅行で出会った「コミュニティ」の感覚にも触発された。

ジャクリーン・ノボグラッツはこの発想に独自の解釈を加えた。それは次の質問に要約される。

「自分が最も美しいと感じるとき、あなたは何をしていますか?」

アキュメン・ファンドで出張をするとき、彼女はこの質問にはあまりそぐわない状況でこれを尋ねることがある。「私は、ボンベイのスラム街に住む女性たちにこの質問をぶつけました」

最初のころは、うまくいかなかった。「『私たちの生活に美しいものなんて何もないよ』と言われました。けれども、庭師として働いていた別の女性がついにこう言ってくれました。

『冬のあいだはずっと汗水たらして働いてるけど、ここの花が地面一杯に咲き誇るときは、美しいと感じるわ』」

ノボグラッツは主張する。「自分が輝き、最も生き生きと感じる時間と場所と活動について考えることは重要です。私にはありとあらゆる答えが思い浮かびます。課題に取り組んでいるとき、何かをつくっているとき、だれかとつながっているとき、そして旅をしているときなど」

それは何でもいいのだと、ノボグラッツは言う。「ただそれが何かということを確認して、大切に思うこと。そしてもしできれば、同じことをもっとできる方法を見つけだす必要があります」

なぜ、そのとき「輝いている」と感じるのか？

ときに、私たちは自分が本当にやりたいことや得意なことに気づけないことがある。これもまた、現実から一歩下がって、自分の行動を客観的に、あたかも他人が詮索《せんさく》するように振り返ることが大切である理由だ。

「『自分がついやってしまうことって何だろう？』と考えてみてください」とグレッチェン・ルービンは勧める。「時間を忘れてしてしまうことも、自分がなすべきことを教えてくれているのかもしれません。というのも、何も考えずにしていることは、自分が自然に楽しめることや、得意なことであることが多いからです」

著作家でスピリチュアル・カウンセラーのキャロル・アドリエンヌは、自分が自然に抱いている関心を確認するのに役立つ疑問を紹介している。

「書店に入ると、どのコーナーについ寄ってしまうだろう?」

自分が気になること、大好きなこと、上手にできることなどが、「探求」の素晴らしい出発点になる。たとえば、次のようなことを考えてみるといい。

「あることをしているときに、自分が〝輝いている〟気がするのはなぜだろう?」(自分の最良の部分が表に出る活動や場所は何だろう?)

「もし、そうした関心や活動、あるいはその一部を人生の中にもっと組み込めたらどうだろう? さらには、仕事にも採り入れられたらどうだろう?」

「どうすれば、それに取り組めるだろう?」

アイデアを思いつくより実践することのほうが難しいが、控えめに「実験」しながら変化を試みていくことは役に立つはずだ。

ほんの少し変えてみたらどうなる?

「実験」などと言うと白衣や顕微鏡のイメージが思い浮かぶかもしれない。あるいはカエルの解剖をしたときの気持ち悪さを思い出す人もいるだろうか。だが実験とは、疑問に答えるためにいろいろと試してみることだ。何か新しいことやこれまでと違ったことについて考え、それを試しにやってみる。そして結果を評価する。これが実験だ。

心理学者でコンピューター・サイエンティストのロジャー・シュランクは、「実験とは科学者が行う退屈で、日常生活とは何の関係もないもの——私たちは学校でそう教わってきた」と書いている。けれどもシュランクが指摘するように、私たちは「新しい職を得たとき、あるいは遊んでいるゲームで新しい技を試そうとするときなど」、それと意識せずに実験をしていることも多い。

そして、私たちはもっともっと実験をすべきだ。なぜなら、「人生のあらゆる側面がある種の実験だからだ。そう認識すれば、人生をもっとよく理解できるかもしれない」。

何でもやみくもに試すだけでは偶然の結果しか生まれない。だが、新しい方法や実験にじっくり取り組むこと——つまりなぜ試す価値があるのか、ベストの方法は何かを時間を取って考え、試みは成功したのか、そして実行する価値はあったのかを検証すること——は、自分の人生に実のある変化をもたらす現実的な方法だ。

「聖書男」が発見した人生の秘密

自らに問い、行動してみるということの「人生における実験」というテーマについて考えていたとき、友人の一人がA・J・ジェイコブズを紹介してくれた。ジェイコブズは「人生全体を実験に次ぐ実験ととらえて生きている」という。私はジェイコブズがエスクァイア誌に連載していたユーモアあふれるエッセイをよく読んでいたが、彼の作品の「実験的」な性格については十分に理解していなかった。

ジェイコブズは好奇心が極めて強く、ある人たちが独特の生き方をしているのはなぜだろうとつい思ってしまう。そして、「自分がやってみたらどうなるだろう?」と考える。

そして一気に「どうすれば?」の段階に飛んで、その経験を生き始める。たとえばジェイコブズは、「私は聖書のすべての戒律に従う」と言っている人たちについて不思議に思っている自分に気づいた。「たしかに、彼らはそう言っている。だが、もし本当に聖書の戒律どおりに生活をしたらどうなるだろう?」。そして一年にわたって聖書に書いてあるままの生活を送ってみた(その経験の詳細は『聖書男』〈阪田由美子訳、CCCメディアハウス〉に記録されている)。

彼は長い、ゴワゴワとした髭を生やし、だらりと長い礼服を着て、つねに祈り続けた。感謝についての聖書のメッセージを守り、一日に数百回も感謝の言葉を口にした。「電灯にスイッチを入れる際には、ついた照明に『ありがとう』。エレベータのボタンを押して、エレベータが到着したら『ありがとう』、地下に落ちて鎖骨を折らずに済んだことに『ありがとう』と言い続けた。こうしているうちに気がついた。毎日、無数のことがうまくいっているのに、私たちはたった三つか四つの『うまくいかないこと』にとらわれている」

ジェイコブズの他の実験には、ブリタニカ百科事典全32巻を最初から最後まで読むというものもある（「そこに書いてあるすべてを知るというのはどんな感じだろう」と思ったのだ）。

また別の実験は、ビジネスの「アウトソーシング」の大流行を目の当たりにして、「自分の人生をアウトソースしたらどうなるだろう?」と考えたのが出発点だった。そこでインドに数人のチームを雇い、メールの返信から息子が寝る前のおとぎ話の読み聞かせまで、ありとあらゆることを代行してもらった。「彼らは私のために妻と口論までしてくれた」という。

ジェイコブズはユーモア作家なので、そのエピソードは普段の生活ではありえない、驚くほど極端なものになりがちだ。だが、そんな毎日の些細《ささい》な実験の積み重ねによって、私たちに、変化に向けた最初の小さな一歩を踏み出す際の面白い教訓を提供してくれる。

変化を生むコツは「ふりをする」こと

ジェイコブズが行った実験で私たちの生活に近いものの一つが、エスクァイア誌に掲載された「合理性プロジェクト」だ。日々行っていることをすべて書き出して、どんな小さなことについても「なぜ自分はこの決断を下したのだろう?」と考えるのだ。

たとえば、「なぜ、僕は〝クレスト歯磨き粉〟を使っているのだろう?」という理由は、これを問うことで初めて気づいた。それは「僕が12歳のときに参加したキャンプで、何人かの友だちが『すごくいい歯磨き粉だ』と言っていたからだ。これこそが、もう30年もこれを使っている理由だった」。日々の行動や選択にも同じことが当てはまった。この実験をすると、「私たちがいかに多くのことを無意識にしているかがよくわかる」。

私たちは、ときどき朝起きてから寝るまでの行動を書き出して、そのすべてに疑問をぶつけ、点検してみるべきだ、とジェイコブズは考えている。「これは全部スキーみたいなものだと思うことがある。スキーをするとシュプールができる。それをたどって滑っていくと簡単だ」。けれども、「そのシュプールから外れて滑ると、世界を別の視点から見ることができる」。

小さな変化は、仕事に行くときの道順でもいい。家まわりのこと、たとえばベッドメイキングの仕方でもいい。料理は実験の素晴らしい機会だ。シェフのクリス・ヤングはそのことに気づいてもらおうと、「皆さんの自宅には、実験に最適な場所があります。それはキッチンです」といつも言っている。小さな変化は、ファッションや髪型でも試すことができる。「なぜ、いつも同じやり方でしているのだろう?」「違ったことを試してみたらどうだろう?」と考えてみることだ。

ジェイコブズはユダヤ教原理主義の女性にインタビューしたときの話をしてくれた。彼女は安息日にはいつも、ちょっとしたことを変えてみようとするのだという。「たとえば、いつもは口紅を左から塗っているのだとしたら、右から塗ってみる。自分の行動にいつもより少し意識的になってみる。すると何かしら素晴らしいものが見えてくる」。小さなことを少し変えてそれがうまくいくと、ほかのこと、もっと大きなことを変えてみようという自信につながる。

ジェイコブズは「小さな変化」について別のヒントもくれた。必要なら、「できるようになるまで、ふりをせよ」というのだ。ジェイコブズは貧困層の住居問題に取り組むハビタット・フォー・ヒューマニティ・インターナショナルの創設者ミラード・フラーの言葉を引用する。「新たな行動の仕方を考えるより、行動によって新たな考え方に向かうほうが簡単だ」

ジェイコブズは自身の「小さな変化実験」を通じてこれが真実であることを発見した。「これまでと違ったことをやり続けていると、やっているうちに気持ちのほうが変わってくる。無理に笑顔をつくると、その動作が脳をだまし、幸せな気持ちになってくる」

ジェイコブズはこの「ふりをする」アプローチを、「姿勢を変える」という基本的なことから、「実際より自信があるように振る舞う」といったことまで、ありとあらゆるレベルで試した。プロジェクトについて疑念を持っている自分に気づくと、「楽観的な自信家だったらどうするだろう?」と考える。そういう人物なら、きっとこんな疑念はわきに置いて進むはずだ。そうして、ジェイコブズもそれにならうというわけだ。

「経験のバリエーション」を持てるように工夫する

実験は小さな変化だけでなく、大きな変化にもあてはめることができる。転職はいい例だ。インシアードで組織行動論の教授を務め、『ハーバード流キャリア・チェンジ術』（金井壽宏監修、宮田貴子訳、翔泳社）を著したハーミニア・イバーラによると、新しいキャリアを見つける最も素晴らしい方法は、「これをやってみたらどうなる？」と考えて次々と実行していくことだ。

これはいくぶん直感とは違うように響くかもしれない、とイバーラは言う。というのも、新しいキャリアについてほとんどの人は、たっぷりと時間をかけ、十分に調査し、綿密に計画を練ってから行動すべきと考えるものだからだ。

職場や仕事を変えようとするときには、自己啓発書を熟読し、周囲の人に相談してアドバイスを求め、「本当の自分はこれだ」という天啓が降りるのを待ち、ようやくそこから新しい方向に自信を持って進んでいけるというプロセスになることが多い。

だが、「これはことごとく間違っている」とイバーラは言う。「私たちは行動しなくてはならない」

イバーラは研究を通して、ほとんどの場合、キャリア・チェンジには3年程度の時間が必要で、しかも予定通りまっすぐに進むことはめったにないと知った。試行錯誤を何度も繰り返すうちに、思ってもみないところにたどりつくことも少なくない。だが何より重要なのは、できるかぎり速やかに、何度も試し、行動しながら学んでいくことだ。

イバーラによると、キャリア・チェンジを成功させるための最初の重要なステップは、いろいろな経験を積めるように工夫することだ。出向したり、外部の仕事を受けたり、顧問を引き受けたり、未経験の業界で経験を積んだり、スキルを磨くためにアルバイトをしたり。
エグゼクティブ研修やサバティカル（研修休暇）、長期休暇なども実験の貴重な機会を与えてくれる。「私たちは、現実の中で実験をすることで、自分を――理論的にでなく、現実の自分を――知ることができる」とイバーラは結論づけている。

失敗しないとわかっていたらどうする？

「力強い質問」には、伝染しやすいという特徴がある。「失敗しないとわかっていたらどうする？」という問いは、数十年前にアメリカ人牧師のロバート・シュラーによって広く知られるようになった。全文を紹介すると、「絶対に失敗しないとわかっていたら、何に挑戦するだろう？」だ。

ここ数年、この質問の人気に一気に火がついたようだ。アメリカ国防高等研究計画局（DARPA）の局長を務めていたレジーナ・デューガンがTEDトークで紹介し、その後この動画は世界中で繰り返し再生された。グーグルXの創設者、セバスチアン・スランも注目し、ニュースサイトのレディットをはじめさまざまなところで取り上げて称賛している。

もはや古くなり、欠陥があると指摘する声もあるが、これは想像力を奮い立たせ、刺激する能力があるという意味で「美しい質問」といえる。そして「小さな変化を起こす」というアドバイスの適切な補足にもなる。「小さな変化」を起こすとはちょっとした行動を起こすことだが、この問いはそこからさらに大きなことを考えるきっかけになる。

先に、一部の企業が「もし〜だったら?」という問いによって、野心的な思考の妨げになっている制約を一時的に取り除くという話を紹介した(「もし費用の問題がなかったら、どういうやり方をするだろう」など)。個人においても、新しいアイデアを追求する、あるいは人生の変革に乗り出そうとするときには同じ原則が役立つ。よくある最も大きな制約条件は「失敗への恐れ」だ。

「失敗への恐怖」が行動を妨げている

セバスチアン・スランに、「失敗しないとわかっていたらどうする?」という問いになぜ共鳴したのかを尋ねたところ、「人が失敗する主な理由は、失敗を恐れることだからです」という答えが返ってきた。自動運転車にせよ大学教育にせよ、スランが根本的な変革を起こすときに大事にしている基本的な考え方は、「早く失敗して、失敗したらそれに感謝すること」だという。さらに、こう付け加える。「イノベーターは失敗を恐れてはいけません」

これこそ、レジーナ・デューガンが「失敗しないとわかっていたら?」をテーマとしたTEDトークで伝えたメッセージだ。

「本気でこの問いを考えたら」と彼女は聴衆に言った。「きっと居心地が悪くなるはずです」。なぜなら、失敗への恐怖が「偉業に挑戦しようという気を抑えている」ことに気づくからだ。「そうして人生は退屈なものとなり、驚くほど素晴らしいことは起きなくなる」。けれども恐怖を乗り越えられれば、「不可能なことが突然可能になる」。

失敗を積極的に受け入れるという考え方は、シリコンバレーでは強く支持されている。それどころか最近は「失敗は素晴らしい」というメッセージが主流となり、たとえ

Column

もし、テレビドラマが実生活の変化を促せるとしたら?

社会派刑事ドラマ「ザ・ワイヤー」が2008年に終了したとき、主演を務めたソーニャ・ソーンは、物語の舞台となったメリーランド州の都市ボルティモアを離れる心の準備ができていなかった。彼女自身、とても厳しい環境で生まれ育ったため、「ザ・ワイヤー」で描かれた人たちの境遇に心から同情し、何らかのかたちで支援したいと思っていた。

そこで彼女は考えた。「『ザ・ワイヤー』を学校に持ち込み、それぞれのキャラクターが自分の境遇とどう折り合いをつけているかを分析して、『自分ならどうするか?』を子どもたちに話してもらったらどうだろう? すると自分の枠を超えて、どのように意思決定をすればよいのか、何を変えられそうかが見えてくるのではないだろうか?」

ソーンは、2009年に地域密着型の非営利法人「リワイヤード・フォー・チェンジ」を設立した。彼女は(他の学科や生活技能のレッスンとともに)「ザ・ワイヤー」のエピソードを教材に使うことで、厳しい境遇の子どもたちが自分の生活について打ち明ける気になったことに喜びながらも、道徳や、原因と結果、意思決定、行動の持つ意味合いなどについて、批判的な思考を教えている。

ばテレビ司会者のオプラ・ウィンフリーも、２０１３年のハーバード大学の卒業式で行ったスピーチでこのことに触れている。

もっとも、このアイデアが突然広まったことに対し、ウェブサイト「ビッグ・シンク」のライターから小さな反発も起きた。彼は「失敗フェチ」という表現を用い、いまマスコミでどんなに好意的に報道されていようとも、実際には失敗は痛みを伴うことが多く、ときには徹底的に痛めつけられてしまうことさえあると指摘している。

それでもなお、「失敗を積極的に受け入れよう」というメッセージを強く押し出す人は多い。ライターのピーター・シムズは、「私たちは子どものころから、失敗への恐怖を心に植えつけられて育ってきた」と主張する。「スポーツでも勉強でもボーイスカウトでも仕事でも、やり遂げろ、やり遂げろ、やり遂げろと親たちは叫ぶ。教師は〝間違った答え〟には罰を与える」。ビジネスの世界に入ると、状況はもっと悪くなる。「現代産業の経営は、基本的にリスクを緩和し失敗を防ぐことが前提になっている」

一方、起業家精神が旺盛で創造性の高い分野では、失敗は創造性とイノベーションにつながる、不可避な、またしばしば極めて有益な段階として認知され、評価されるようになってきた。

「アイライター」を発明したミック・エベリングは、「失敗すると、私は笑い始めます。それは〝やることリスト〟にチェックを入れるようなものです。『よし、この問題は片づいた。これでまた一歩進んだ』というわけです」

経験豊富なクリエイターならこのことを知っている。詩人のジョン・キーツはこう書いている。「失敗とは、ある意味、成功への道である。人は間違いを発見するたびに、正しいことを本気で追い求めるようになるからだ」

失敗を笑えるだけの余裕がない人は、失敗の本質と、自分がそれをどう見ているかを問うことから始める必要がありそうだ。

「自分にとって失敗とはどういう意味があるのだろう？」「私はそれを結末と見ているのか、それともあるプロセスの一時的な段階ととらえているのか？」「受け入れられる失敗と受け入れられない失敗をどう区別するのか？（すべての失敗が同じというわけではないし、すべての失敗が前進に結びつくわけでもない。なかにはすべてを終わらせてしまうような失敗もある）」「生産的な〝小さな失敗〟を、破滅的な〝大きな失敗〟を回避する手段には使えないだろうか？」

何もしなかったらどうなるのか？

著作家、ブロガー、そして連続起業家《シリアル・アントレプレナー》のジョナサン・フィールズは、成功よりも失敗の多さで知られているが、フィールズはこれまでを振り返って、「失敗の可能性について自問すべき問い」についていくつかの興味深いアイデアを思いついた。

フィールズは「絶対に失敗しないとわかっていたら？」という問いはあまり好きではな

い。「それは夢のようなシナリオを提案することになる。むしろ現実に直面して、実際的な行動を起こす気になるような疑問を次々とぶつけることのほうに関心があります」

彼は、新たな取り組みを始めるときには、まずは次の問いを通じて失敗の可能性に向き合うべきだと考えている。

「もし失敗したら、どう克服しよう?」

フィールズによると、私たちは失敗をただ漠然と、誇張されたかたちで考えがちだ。それは、失敗を具体的にイメージしたくないという気持ちがあるからだ。そこで彼は、リスクのある何事かをしようとする人に対して、「もしうまくいかなければ何が起きるのか? そしてその失敗で生じる困難を修復するには何が必要か?」を思い浮かべてから始めることを提案する。

すると、どんな失敗でも、それまでの努力がすべてダメになることはほとんどないということがはっきりする。ほぼどんな状況においても後戻りする方法はあるものだ。いったんそれを認めれば、自信を持って前進できる。心理学者で著作家のジュディス・ベックも、患者との会話でこれと似た質問を使っていると話してくれた。「もし最悪の事態が起きたら、どう対処できるだろう?」というものだ。「人は、『最悪の恐怖でも乗り越えられる』『乗り越えるための手段や方法がある』ということに気づくと不安感が低下します」

私たちが自問すべきだとフィールズが考えるもう一つの重要な問いは、「何もしなかったらどうなるだろう?」だ。

重要な変革に取りかかろうとするときは、自分自身が変わらなければならない場合であることが多い。自ら動かなければ、何もしないままただ不幸になってしまう可能性が高い。この問いは、そのことを強調している。何もしないと、すでに抱えている問題や不安が悪化するかもしれない。「脇道などないのです」とフィールズは言う。「人生においては、前に進んでいないときには、たいてい後退しているからです」

最後に、フィールズは「成功したら、どうなるだろう?」と自問することを勧める。「私たちの脳は、何の働きかけもないと悲観的なシナリオを描くように設計されているので、この問いは重要です」とフィールズは言う。「何かポジティブなことや、行動につながる原動力を心に注入するには、この努力の先にどんな成功が待っているのかをある程度明確にすることが役に立ちます」

つまり、失敗のリスクを冒してでも行動したくなるような強いインセンティブを自分に与えるのだ。

ブロガーのクリス・ギレボーは、ロバート・シュラーの言葉をひとひねりした問いを提案している。「『絶対に失敗しないとわかっていたら、何に挑戦するだろう?』よりも良い質問は、おそらく、『失敗するにせよ成功するにせよ、本当にする価値のあることは何だろう?』というものだ」

どうすれば、蓋をこじあけてペンキをかきまわせるだろう？

ギレボーの「失敗するリスクを冒してもする価値のあることは何か？」という疑問には、人の想像力に火をつけ、それぞれの心に語りかけ、多くの人を一つにまとめる力がある。社会活動家の故フランシス・ピーヴィーは、「戦略的質問」と彼女が名付けた質問を得意としていた。これは広い心と慈《いつく》しむ気持ちを持った質問と特徴づけられるだろう。ピーヴィーの質問は、バンコクのスラム街、戦争で破壊されたボスニア、インドのガンジス川、そして彼女の第二の故郷であるカリフォルニアのオークランドまで、世界のあちこちに痕跡《こんせき》を残した。

ピーヴィーは、控えめな言い方をしても、一種の変人だった。あふれんばかりの情熱を持った大柄な女性で、活動家としても活躍したし、奇抜なコメディアンでもあった。旅行をすると、駅や人の集まるところに座って「アメリカ人、話を聞きます」というプラカードを掲げた。

それはじつに奇妙な行動だったが、効果はあった。人々は、ときに警戒しながらもピーヴィーに近づいて、何がしたいのか知ろうとした。数十年にわたって、彼女はこの方法で数千ものインタビューを行った。「私はインタビューの技術を磨きました」と彼女はメルボルンのジ・エイジ紙に語っている。「『人生をどのように変えたいと思いますか？』といったオープンエンドの質問をきっかけに、さまざまな意見や物語が語られました」

ピーヴィーはオープンで、好奇心に満ち、ときに挑発的でありながら、決して「正しい」とか「正しくない」といった決めつけをしない、いわば正しい質問をすれば、文化的にも、政治的にも、気質的にも自分とは大きく異なる人たちと意義深い対話ができると信じていた。

そのような質問は人と人のあいだにある壁を超え、共通の基盤や関心事を見つけることに役に立つ。そして、質問と会話が十分に深まると、衝突や問題が解決に向かい始めることもある。

ピーヴィーは「戦略的質問」を使って、あらゆる種類の問題についてさまざまな人に協力した。ニュース番組で報道されたように、彼女は近隣住民から立ち退きを要求されていたタイの娼婦を救い、日本の大阪のホームレスに食糧を配給するプログラムをつくり、クロアチアの都市ドゥブロブニクの植物園を再生させ、練習場所から追い出されたカリフォルニアのスケートボーダーたちの支援までした。

「自分で考える」ように仕向ける

ピーヴィーが手がけたプロジェクトの中でも興味深いものの一つは、ガンジス川の浄化プロジェクトだ。彼女はさまざまな問いを駆使してこの問題についての理解を深めたうえで、地元住民に次のような質問をぶつけた。

「ガンジス川の状況をどう感じていますか?」

「ガンジス川の状況を子どもたちにどう説明しますか?」

ピーヴィーは「汚染」という言葉を使わないなど(ガンジス川を神聖なものと信じている人たちに不快感を与えるかもしれないからだ)言葉遣いには気をつけ、「川を大切にする」といったテーマで質問や討論が進むように工夫した。すると、人々がガンジス川を浄化することの大変さに二の足を踏んでいることがわかってきた。そこで質問の内容をなるべく長期的、継続的な目的に絞っていった。

「ガンジス川をきれいにするために、子どもたちにどのような教育をしていますか?」

ピーヴィーが尋ねると、みんな、何もしていないことを認めざるを得なかった。「この国の人たちはガンジス川を愛し、わが子を愛している。にもかかわらず私の質問に答えられない。これでは彼らも心の均衡が保てない」とピーヴィーは書いている。

そこで親たちはポスター・コンテストを開催して、川の健康をテーマとして、子どもたちにポスターを描いてもらった。応募作品を公の場所に掲示すれば、「子どもたちが何を見ているかを大人が知って気まずい思いをするだろう」という考えだった。このコンテストはその後数年のうちに、毎年開かれる一大イベントへと発展した。

けれども、ピーヴィーも書いているとおり、これは彼女が発案したものではない。きっかけはピーヴィーの質問だったかもしれないが、現地の人たちが考え出したアイデアなのだ。

質問で「共通項」を見つける

ピーヴィーにとって、質問はペンキ缶の蓋《ふた》をこじあけるテコのようなものだ。「しかしテコがもっと長いと、缶の中のペンキをかきまわすこともできる。つまり質問が大胆なほど、物事を本当に引き起こすきっかけになる」と彼女は書いている。いい質問を使えば、人の心の中にあるアイデアや答えを刺激できる。

さらにピーヴィーは、異なる文化や考え方を持つ人たちを分け隔てている「壁」を質問で崩すことも狙っていた。このことは、現在のように価値観の分裂した時代にはじつに重要だろう。

人々が大きく異なる観点から問題を見ているときは、一方の側が他方の側に自分の答えを押しつけようとすると問題が生じる。論争になるか、対話が途切れるかのどちらかになる。だからおそらく、最も敵対している疑問についての行き詰まりを打破する唯一の方法は、すぐに結論を出そうとはせず、次の点について考えることだろう。

「もし答えについて合意できないのであれば、少なくとも問いについては折り合いをつけられないだろうか?」

広告マンから活動家になったジョン・ボンドは、２０１２年にコネチカット州ニュータウンで起きた小学校銃乱射事件をきっかけに、妻のレベッカとともに銃反対運動「進化《エボルブ》」を始めた。この市民グループは、銃規制というテーマを「命を救うために私たちに何ができるか？」という大きな問題に組み替えようとしている。

「私たちはさまざまな質問をすることで、銃の所持者とそうでない人とのあいだに共通の基盤を見つけました」とボンドは話してくれた。銃の所持者たちとも、以下の疑問については合意できそうだった。

Column

自分を見つけるために何をしたい?

フィラデルフィア近郊のある一帯は、麻薬問題を抱える貧民街「バッドランド」として知られている。ジョエル・ヴァン・ダイクはこの地域の聖書教会の牧師として、地元の若者たちと交流しようと考えたものの、何年もどうすればよいのかがわからなかった。あるとき彼は、E・E・カミングスの「美しい質問」についての一節に偶然出会い、問いかけることで彼らの心に訴えようと決めた。そして、「君たちに必要なものが何かを知っているよ」と言うのではなく、「君たちは自分を見つけるために何をしたい？」と尋ねることにした。

コミュニティにどっぷりと浸かり、そんな質問をしてくるヴァン・ダイクの気持ちは彼らに通じ、驚くべき会話へと発展した。若者たち（ギャングのリーダーもいた）はハンドボールをする場所がほしくてたまらないのだが、地元の施設からは締め出されているというのだ。「ハンドボールのビッグ・トーナメントを開いてほしい」と彼らは言った。「そうすれば友だちを全員連れてくる」。そうしてヴァン・ダイクの教会は１年に４回のトーナメントを後援することになり、この大会は教会のメッセージを伝えるよい機会となっている。

「私たちは銃の暴力について懸念しているか？」

「銃の所持は責任を伴うことに賛成か？」

こうした質問が無条件の「イエス」を引き出したのに対し、「銃の所持者はもっと責任を負うべきだ」といった声明には、個別の防衛的な答えしか引き出せなかったという。

ボンドは質問を「言葉による非暴力の紛争解決手段」と考えている。対立している問題に何らかの方向性を与える唯一の方法は、両サイドの人たちの関心を引きつけることであり、「彼らを脅して屈服させることではありません」。

ボンドが指摘するように、質問は言葉遣いに気を配れば、対立する両者に敬意を示し、参加を促し、対話を始めさせることができる。元広告マンのボンドは、「これは駆け引きの技術であり、質問なしではとてもできません」と言っている。

「考えの違う人」の視点で考える

ピーヴィーもボンドも指摘しているが、こうした質問は異文化への配慮があり、相手を十分に理解し、敬意があり、人を引きつけるものでなければならない。相手のそばに身を置き、状況を理解しながら質問を重ねる「文脈的探求」が必要になる場合もあるだろう。

ピーヴィーや、同じようにジャンル越境のエキスパートであるジャクリーン・ノボグラッツが用いたアプローチを見ると、考え方の異なる人たちの世界に飛び込んで、「一緒に床に座り」、その視点からさまざまな問題を見ることに優る方法はなさそうだ。

そこまではできなくても、フェイスブックの共同設立者クリス・ヒューズが最近ある卒業式のスピーチで話したように、「自分の殻から抜け出せるような習慣をつくること。たとえば、自分が同意できない相手をツイッターでフォローしてみる」くらいはできるだろう。

また、私たちは自分と意見の異なる相手に質問をすべきだ（ただし、偏見のない気持ちと好奇心を持って）ということにもヒューズはきっと同意してくれるだろう。

「彼らはこの問題になぜこうした見方をするのだろう?」「なぜ私の見方はそれとは違うのだろう?」「彼と私はそれぞれどういう前提に立って物事を考えているのだろう?」

こうしたことを考える際には、マイクロソフトのトップエンジニアであるマイケル・コーニングが強く勧める問いがある。コーニングは仕事でもプライベートでもこれによく頼るという。

「自分が間違っている確率はどれくらいか?」

ときどき一呼吸置いてこれを自問すると、自分が一つの考えにとらわれすぎているのではないか、という点をチェックできるとコーニングは言う。さらに、日ごろからこのスタンスを取っていれば、「自動車の鍵を持っていったのはだれだ?」といった濡れ衣で始まるうんざりするような議論など、家庭内で起きるあらゆるトラブルを避けるのにも役立つはずだと付け加える。

疑問を「疑問視」する

意見の割れた問題について「隔たりを乗り越える」のに役立つような思いやりのある疑問は、「部屋の風通しを良くする」のにも役立つ。つまり親しい友人、近所、同僚、兄弟、義理の姉妹、長男など、近しい関係の人たちとの間柄をよくすることができる。尋ねることは、人間関係のさまざまな課題に対する理解を深め、関係修復の可能性を試すために使えるのだ。

先に紹介した仮定の疑問「お義父さんはどうしてこうも付き合いづらいのだろう？」を例に取ると、疑問を疑問視する（「それは本当か？」「彼は本当にだれにとっても付き合いづらいのだろうか？」）ことで間違った思い込みをしていないかをチェックできる。

もしお義父さんが、あなたと同世代の別の義理の息子など、ほかの人とはうまくいっているのなら、もっと良い「なぜ？」の問いは、「なぜお義父さんと私はなかなかうまくいかないのだろう？」となる。

文脈的探求の一環として、ほかにも「なぜ？」を加えられるだろう。

「私たちはうまくいっていない。私はなぜそう感じるのだろう？」

「私はどうしてこの関係を変えたいのだろう？」

「なぜ、もう一人の義理の息子との関係のほうが良いように見えるのだろう？（私はそこから何かを学べるだろうか？」）」

最初の段階で考えるべきこうした疑問への答えが、次の段階で考える「仮定」の問い（「私たちが会うのは家族でもめ事があったときだけだ。もし、もっとくつろいだ雰囲気の中で会えるように段取りを整えたらどうなるだろう？」）や「どうすれば？」の問い（「そうした会合にお義父さんを誘うにはどうすればよいか？　最近買った大画面テレビで野球を一緒に見ようと招待するのはどうだろう？」）のベースになる。

このような問いかけを繰り返すうちに、問題点を洗い出し、相手の視点から物事を見ることができるようになる。そのうえで、慎重に実現可能なアイデアや解決策を提案するために戦略的質問を使っていく。

共通の基盤を見つけ出すことは相手と通じ合うための鍵だ。家族関係については、家族みんなで一緒に考えることが必要かもしれない。『幸福な家族の秘密（The Secrets of Happy Families）』（未邦訳）の著者、ブルース・ファイラーは、毎週定期的に家族会議の時間を取るだけで、家庭内の意思疎通を劇的に改善した。その会議では毎回同じ質問が問われている。

「今週、家族内でうまくいったことは何だろう？」

「もっとよくできることはないだろうか？」

「家族のために、〝来週、これをする〟と約束できることは何だろう？」

ファイラーは、作家・経営コンサルタントのスティーブン・コヴィーのアイデアを利用して、家族も企業が用いるような「ミッション・ステートメント」を決めるように提案している。

もっとも、家族の目標をみんなで考えるというアイデアは素晴らしいが、ステートメント（宣言）より、「ミッション・クエスチョン」のほうがいいかもしれない。家族のミッション・クエスチョンとは、「私たちは、家族としてどうすればコミュニティにもっと貢献できるだろう？」とか、「どうすれば、祖先から伝わる伝統を守れるだろう？」といったものが考えられそうだ。

家族として追求できる最も有意義で楽しく、将来につながる質問を見つけ出す努力は、やりがいのある経験になるだろう。そんな質問を（人と一緒にでも、一人ででも）探すときは、そう簡単に決めてしまいたくはないはずだ。

どうすれば、「美しい質問」を見つけられるだろう？

2008年、スーパーマーケット・チェーン「トレーダー・ジョーズ」の社長だったダグ・ラウチが退任して栄光のキャリアを終えたとき、あとはもうビジネス界から引退してゴルフをしていてもよかったのかもしれない。ところが、多くの人と同様、ラウチは従来の「引退」というコンセプトに居心地の悪さを感じていた。「人は自分より大きい何かに真剣に取り組んでいると、自然と目的を見つけるものなのだと思います」とラウチは言う。「そして人生で幸運に恵まれると、ある重要な分野（キャリア）から、さらに次の重要な分野へと動いていくことになります」

しかし、いったいどうやって「重要な分野」を新たに見つければよいのか。ラウチは、はじめはそれがわからなかった。それで調べてみたところ、引退した経営者に慈善活動への取り組みを促すハーバード・フェローシップ・プログラムの存在を知った。

このプログラムは、経験深い有能な退職者は追求すべき大きな課題を探し求めているはずだという想定に基づき、具体的なテーマを見つけたいと思っている入学者にコーチングや大学の教育リソースを提供している。とはいえ、プログラムの参加者は（もちろんラウチもそうだが）、何に取り組みたいのかは、当然自分で見つけなければならない。

「私はたくさんの課題に目を向けましたが、どの分野を調べても〝自分の知っていることに取り組もう〟という考えに戻ってきました」とラウチは当時を振り返る。「私が知っているのは食品のことでした」

そしてもう一つ知っていたのは「アメリカには5000万の飢えた人たちがいる」という事実だった。

ラウチはこの問題を考え始め、さまざまな「なぜ?」「もし〜だったら?」「どうすれば?」を何度も行き来した（むろんラウチは質問についてずぶの素人だったわけではない。「疑問を抱くことはイノベーションの中心だ」との信念に基づいて、トレーダー・ジョーズでもさまざまなことに問いをぶつけ、技術を磨いてきた）。

「外」と「内」に答えを探す

ラウチはまず、「なぜこの国では6人に1人が飢えているのだろう?」という疑問から取り組み始めた。問題の性質を理解するために文脈的探求を進めたところ、その過程でほかにも疑問が浮かび上がり、謎はどんどん深まっていった。アメリカでは、ときに飢えと肥満が共存していることがわかると、思わずこう尋ねる自分がいた。

「なぜ、肥満の人が飢えられるのだろう?」

この疑問を追求していくうちに、「飢えはカロリー不足によるものだ」という基本的な前提を捨てることになった。裕福でない人たちはジャンクフードで空腹を満たす傾向がある。そのほうが安いからだ。「たとえば、3ドルしか持っていない人は、ポテトチップを食べながらソフトドリンクを飲むと相当のカロリーを摂れる」。ところが、栄養の観点からは、それでも飢えている。

さらに、「この国で育つ食物の40%が決して消費されない」ということも知り、最も腹立たしい疑問が湧いた。「当然、『なぜ、これほど大量の滋養のある食べ物がゴミ捨て場に捨てられるのか?』と思いました」

次に、結合的探求を試すことで解決できないかという問いが浮かんだ。「調べたことを整理しているうちに、『一つの問題を解決するために、別の問題を利用したらどうなるだろう?』と考え始めたのです」

スーパーマーケットのプロとして、ラウチは食品がたくさんある場所を知っていた。それはスーパーの棚だ。そこで、「どうすればスーパーの食品を〝食品砂漠〟に持ってこられるだろう?」と考えた。食品砂漠とは、コンビニやファストフード店はたくさんあるのに、生鮮食料品店のないエリアのことだ。

そしてついにあるアイデアにたどりついた。スーパーや他の生産者から売れ残りの食品を割安で購入し、栄養価の高い持ち帰り用の食品として包装し直し、市価よりずっと安い値段をつけてボストンの大規模な産地直売所で提供するという方法だ。

2013年半ばごろ、ラウチはこのアイデアの実現に向けて動き始めた。会社立ち上げの費用を調達し、販売場所も選んだ。内装はコミュニティアートを使って地元感を演出する計画だ。ラウチはそのフードマーケットが、トレーダー・ジョーズ的な魅力、つまり高品質の食品を安く買えるという特徴を持ってほしいと考えている。

「食品を配ってしまったらどうだろう?」という可能性も検討したが、この方法は持続的なビジネスとして成り立たず、必ずしも人々が望んでいることではないと結論づけた。食品の無料サービスは疑いの目で見られがちだ。みな、きちんとした取引をしたいと思っているのだ。そう気づくことで、「無料で配るのでなく、値引きして提供したらどうなるだろう?」という仮定の疑問にたどりついた。

このラウチの物語がどうなるかはまだわからない。本稿執筆時点では、彼はまだ「どうすれば？」」の難しい段階にいる（「スタートするにはどうすればよいか？」「人を引きつけるにはどうすればよいか？」「どうすれば帳尻を合わせられるか？」）。けれども彼の経験は、どうすれば追求すべき「美しい質問」を見つけられるのかという課題の良い実例を示してくれる。

ラウチは自らの疑問を大胆かつ野心的に広げていった。そして現代で最も深刻で、解決の困難な問題の一つに取り組んでいる。しかも、一般的には、もう厳しい現実や新しいことから は身を引いて快適な生活に落ち着くような人生の段階でこれを始めた。

疑問を追求していく過程で、ラウチはハーバード・フェローシップ・プログラムなど、外に注意を向け、支援や助言を求めた。さらに、世界で最も必要とされていることは何かを確認するためにさまざまな観点から周囲の状況を見渡しもした。

だが同時に、自らの内側も観察した。自分の得意なことは何かをよく調べ、これまでに身につけてきたスキルを新しく有意義な方法で使えないかと検討したのだ。

「力強い疑問」は眠らない

追求すべき大きくて、美しい質問を見つけ出すのは容易ではない。だから（いつもと同じように「なぜ？」から始めることにし）、「なぜ、それをすべきなのか？」をまず考えてみよう。私たちはだれもが目標、計画、情熱、関心、懸念を持っている。すべきことも考えるべきこともたくさんある。それなのになぜ、「大きくて、難しく、まだ答えのわからない疑問」

をそこに加える必要があるのだろうか？

なぜなら、問いは推進力になり得るからだ。人はだれでも引き出しの奥に、やるべきことや達成すべき目標などをどっさりしまいこんでいる。だが魅力的な疑問が湧くと、それを脇に置いたり無視したりするほうが難しくなる。

鑑賞的探求の生みの親、デイビッド・クーパーライダーの言葉を借りれば、「力強い疑問は決して眠らない」。それは頭の奥深くに入りこみ、ふと気づくと、意識的にも無意識的にもそのことについて考え続けている。

Column

引退の概念を引退させるべきだろうか？

ベビーブーム世代が高齢化するとともに、「私たちは、60代に入って引退の時期が近づいている多くの人たちを支えていけるだろうか？」、さらには、「引退は本当に最も満足できる、生産的な老後の過ごし方なのだろうか？」という疑問が湧き上がっている。「アンコール・ドット・オルグ」の創設者、マーク・フリードマンは、60歳以上の人口の伸びを見て考えた。「彼らをむしろ資産に変えられないだろうか？」。高齢労働者の持つ経験と知識は、高いレベルのスキルが求められる非営利組織、慈善団体、学校などで「アンコール」（再演）のキャリアとして使えるかもしれない。

フリードマンの「アンコール・ドット・オルグ」運動は、財政支援、求人情報、互助組合、ハンドブック、各種教室を通じて、高齢化の進む数百万人のベビーブーム世代を有効な労働力へと変える機会を提供している。フリードマンは新しい環境への移行や自己変革に伴うコストをカバーする（ＩＲＡ＝個人退職口座ならぬ）ＩＰＡ（個人目的口座）の制度を整えることによって、「あらゆる世代の人たちが人生の“アンコール”段階への計画をつくる運動を盛り上げていくべき」と考えている。

個人的な課題を疑問のかたちで表現することにはほかにもメリットがある。だれでも何でも問うこと自体は自由なので、大胆で冒険的になれるのだ。質問をするのに、専門家として世間に認められる必要はない。ただ、「私は疑問と共に世界に踏み出し、何が見つかるかこの目で見たい」と言えるだけの意志があればいい。するとあなたは、アイデアを組み立て、支持を引きつける強い立場に立つことになる。もしあなたが答えを持って人前に出ると、人は無視するか異議を唱えるだろうが、素晴らしい質問に対しては、助言や手助けをしようという気に抗しきれなくなる。

これらのことはすべて勢《モメンタム》いをつけるのに役立つ。問いには（正しく問われなければならないが）モメンタムを生み出しやすい特性がある。だからこそチェンジメーカー（社会起業家など、社会変革に取り組む人）は問いから始めることが多いのだ。

「美しい質問」の見つけ方

あなたは、「なぜ、自分は一つの問いに集中したいのだろう？　もし一つに集中するとしたら、どうすれば自分にとって正しい問いを見つけ出せるだろう？」と思うことがあるかもしれない。

重要な一つの（あるいは、せいぜい二、三の）疑問に照準を合わせることは、進歩するために十分な時間をかけて取り組めるというメリットがある。私が研究したイノベーターたちは、だれもが素晴らしいアイデアをたくさん持っており、達成したい案件も山ほど抱えていた。それでも、彼らは一度には一つの問いに集中する傾向があった。

グーグルのセバスチアン・スランは自らのプロジェクトの一つひとつを登山にたとえている。まず山を一つ選んで、それが「たんに頂上まで登りたい山であるだけでなく」、自分が好きな山であることを確認する。というのも、場合によると「今後数年はそれを背負い込むことになる」からだ。

では、どれを選択すべきなのだろう？　ある程度は山、つまり問いのほうから名乗りを上げてくれる。問いが、自分だけが理解できる何らかの理由であなたと共鳴するのだ。それが「美しい質問」、ずっとつき合う価値のある問いになるかどうかは、あなたがその問いにどの程度の情熱を感じられるかにかかっている。

野心的でありつつ行動につながる——あるいは物理学者のエドワード・ウィッテンが言う「面白いと言うには難しすぎて、でもそれに答えられるいくばくかの希望が持てるほどには現実的な」——問いを探すのだ（もっとも、美しい質問のすべてに答えを見つけなくてはいけないわけではない。たとえば「超弦理論」の専門家であるウィッテンは、彼が抱いた宇宙の性質についての最大の疑問には完全には答えられなかった。けれどもそれを追求したからこそ、その過程で興味深い多くの発見ができたと語ってくれた）。

本書で紹介したいくつかの物語にあったように、人は多くの場所で、しかもさまざまなかたちで重要な問いに遭遇する。義肢をつくったヴァン・フィリップスのように、不幸な事故に見舞われたことで偉大な疑問が降りてくることもあれば、ポラロイドのエドウィン・ランドのように、詮索好きな子どもから思いがけない贈り物のような質問が発せられることもある。家賃の支払いや、朝なかなか起きられないといった日常的な問題を解決しようとしているときに問いが生まれることもある。

「美しい質問」は、地元のコミュニティ、会社、もしかすると手のひらの上など、意外と近くにあることが多いので、遠くまで探しに行く必要はない。ただし、それを見つけ出すにはコツがある。現実から一歩下がったり、視点を変えたり、ときには周囲のものを「ヴジャデ」レンズで眺められるように訓練する必要があるかもしれない。

見慣れた環境の外に美しい質問を見つけることもある。ゲイリー・ホワイトは水について の重大な疑問に答えようと、非営利組織「ウォーター・ドット・オルグ」でいまも努力を続けているが、これはすべて、学生時代に、アメリカ中西部からグアテマラに旅行してきれいな水の不足しているスラム街の人たちを目にしたことがきっかけだ。

「何でも揃うアメリカからほんの数時間のフライトで行けるところで、子どもたちが汚水の中を歩き、飲んだら死ぬかもしれない汚染した水を飲んでいました。『なぜ、こんなに多くの人に、私たちには当たり前になっている基礎的なものがないのだろう?』。そう思わずにいられませんでした」

この疑問が心に浮かぶやいなや、ホワイトはこの問題にのめりこんだのだ。

群衆の狂気に敏感になる

この世界は非常に厄介な問題が尽きることなく存在し、美しい質問を取り巻いている。困難な問題の奥の奥、その中心部分には、まだ発見されていない、偉大な価値のある疑問や質問が横たわっている。それを表面化させられれば、問題の本質がもっとはっきりと見えてくるかもしれない。

たとえば複雑な社会問題について。質問家《クエスチョナー》たちは懸命になって問題をとらえ直そうとしている。医療問題、飢餓、環境保護、高齢者介護などは言うまでもなく、さまざまな問題で新しく、より優れた解決法が強く求められている。それらが鋭い質問で切り込むことによって明らかになるかもしれない。

そして、教育。教育は、「問い、答える」という行為そのものだ。教師や学生、ライト・クエスチョン・インスティテュートなどの教育のイノベーターたちが問うべき質問とはどんなものだろう。もちろん保護者の抱く疑問も極めて重要だ。保護者が「どうすれば子どもに問いを促せるだろう?」という問題にじっくりと向き合うほど、詮索好きの子どもが育ち、そうした子どもたちは引き出しの豊かな、問題解決型の大人に成長する可能性が高い。だからこそ、美しい質問は追求する価値が高いのだ。

また、美しい質問を追求すればするほど、「充実して、好奇心が強く、面白い」自分ができあがる。IDEOのポール・ベネットに、彼にとっての美しい質問は何かと尋ねたところ、「いつも自問しているのは、『どうしたら自分をつねに奮い立たせられるだろう？』という問い」だと教えてくれた。

ベネットはそれが彼の仕事の一部でもあると感じている。「600人が働いているクリエイティブ部門のヘッドとして、彼らを刺激し続ける必要があります。それには、まず自分自身を奮い立たせなければいけません」

ベネットはつねに周囲の刺激に気づき、意識できるよう自らを訓練してきた。「いつもできるわけではありませんが、一日の中で、『ちょっと待て、いまを心のスナップに撮っておこう』と思える瞬間があるものです。そのためには、群衆の狂気に敏感になる必要があります。そして一呼吸置いたうえでその中心にあるものをつかむのです。人と共有できるような興味深いものや重要なものを」

ベネットはそうした小さな要素を集めて、最も優れたものをIDEOの人たち、あるいは自分のブログ「キュリオシティ・クロニクル」に来る多くの人たちと共有している。

多くの人を突き動かす美しい質問は、ベネットが話していることのバリエーションだ。「どうすれば、人をしびれさせるようなひらめきをいつも得られるだろう？」

この問いは毎回新しい気持ちで、何度も何度も問われ、答えられなければならない。少なくとも成長、改善、イノベーションを続けたい創造的な個人には〝完全な答え〟は存在しない。「よくわかった。これが自分の課題で、これが自分のやり方だ」と言い切るのは、堅実に見えながら、一点にすべてを賭けているのと同じことだ。

「答えからは距離を置き、問いの中に居続けること」――アイルランドの小説家コラム・マッキャンの仕事部屋の壁に書かれていた言葉だ。

マッキャンに意味を尋ねたところ、こう返ってきた。「私たちは、答えはとても退屈なものだということを受け入れなければなりません。アイルランド人はこの点はうまく、苛立たしい存在でもあります。私たちは質問に対して質問で答えるのです。けれども私は、人生の複雑さに対して少し当惑しているこのスタンスは素晴らしいと思っています」

自分は「何」を言いたいのだろう？

「私はなぜ、この仕事をしているのだろう？　ほかの場所、別の立場でこの仕事をしたらどうなるだろう？　具体的にどうするだろうか？」

仕事に関するこの手の美しい質問は、すでに成功した人たちの多くも抱え続けている。これに関して私は、2012年にニューヨーク・タイムズ紙に掲載された、映画俳優ジェイク・ギレンホールのインタビューをとても興味深く読んだ。映画をしばらく休み、舞台で難しい役に取り組んでいた彼は、それについて聞かれ、それまで出演してきた大型映画は、成功はしたけれども、自分の抱いていたいくつかの深い疑問への答えを示してくれることはなかったと答えている。
「私はどの映画に出演したいのかについて、本当の意味では心の声に耳を傾けてきませんでした。自分がどんな俳優になりたいのかを見極め、演じることに自信を持たなければならなかったのに、それをしてこなかったのです」（ただし、若い映画俳優がこの種の内省をするのは難しいとも言っている。なぜなら、「ハリウッドは、だれもが自分のしていることを確信している場所であり、疑問を抱くことは必ずしも歓迎されない」からだ）

俳優から映画監督に転じたベン・アフレックも、アカデミー賞を受賞した監督主演作品「アルゴ」に取りかかったとき、同じような疑問を感じていたようだ。

アフレックはすでに二つの映画の監督を務めており、一定の成功を得ていた。「できるということはわかった。では、自分は何を言いたいのだろう？」

これこそ、永遠の美しい質問だ。「自分は何を言いたいのだろう？」「なぜそれを言う必要があるのだろう？」「これまでになかった方法でそれを言えたらどうなるだろう？」「どうすればそれができるだろう？」

「知らないこと」を質問で耕していく

自分の美しい質問を見つけたら、それにこだわることだ。もし追求する価値があれば、あなたは混乱し、苛立ち、疲れ果てるだろう。そして行き詰まったときには、アキュメン・

ファンドのノボグラッツのアドバイスに従おう。「ただ、次の問いに手をつければいいのです」。大きな疑問を小さな疑問に分解して、それに取り組むのだ。「なぜ？」「もし〜だったら？」「どうすれば？」のサイクルを繰り返すことで、すべてを（あなたの行き詰まりさえも）新たな疑問にして考える。

質問の内容を変えることを恐れてはならない。レベルを一段下げてもいい。内容を拡大したり、範囲を広げたり、何かを加えたりすると、質問が込み入ったものになるかもしれない（見栄えは悪くなるけれども、美しいことには変わりない）。それでもいい。問いをつねに持ち歩くことが大切だ。もちろん美術館にも持っていく。ヴァン・フィリップスも言っている通り、インスピレーションは予想もしない波としてあなたのもとにやってくる。そのための時間と場所を確保しよう。

イノベーターはさながら、「自分に合った波がくるのを待っているサーファーのようなもの」とフィリップスは言う（そう、彼は走るだけでなくサーフィンもしているのだ。自らつくった足で）。

波は、脳の奥のそのまた奥のところで予想もしないつながりが発生することで起こる。それがいつ生まれるのかはわからない。だが、そのための準備はしておかなければならない。自らの問いについて十分に考えていないと（あるいはそもそもそれを問うてさえいなければ）、つながりは起きず、波は永遠にやってこない。

多くの質問家《クエスチョナー》は、ある問題を掘り下げて研究し始めると、最初に想像していたよりもはるかに多くのことを知らなければならないことに気づくものだ。あなたもそうなるかもしれない。

学び続けることを通じて、自分が知らないことを着実につぶしていこう。これまで、暗闇はつねにあなたを取り囲んで存在していたのだ。ただ、質問というサーチライトを使って調べるまで、それがいかに広大かわかっていなかっただけだ。

質問家はその偉大な無知を愛するようになる。なぜなら無知こそ、創造性とイノベーションにとっての「チャンスの土地」だからだ。コロンビア大学のステュアート・ファイアスタインは、私たちも無知を同じようにとらえるべきだとして、次の美しい質問を提示する。

「無知を恐れるのでなく、耕したらどうなるだろう?」

その場合、道具が必要になるはずだ。穴を掘り、取り出し、植え直し、手入れをし、育てるためのものだ。

「もしその道具が、じつは私たちの後ろのポケットに、子どものころからずっと入っていることがわかったらどうだろう?」

訳者あとがき

本書はウォーレン・バーガー（Warren Berger）著『A More Beautiful Question: The Power of Inquiry to Spark Breakthrough Ideas』の邦訳である。著者はデザイン思考やイノベーションなどのジャンルを得意とするジャーナリスト。本書執筆のために世界中のトップイノベーター、起業家、クリエイティブシンカーらを対象に、彼らがどのように疑問を抱き、独創的なアイデアをつかんできたかについて取材を重ねつつ、ブログ「A More Beautiful Question」を立ち上げ、読者との対話を重ねながら本書を完成させたという。

出版直後にＩＤＥＯ社長兼ＣＥＯティム・ブラウン氏から「クリエイティブなリーダーが読むべき5冊の本」に取り上げられたことを手始めに、タイム誌、フォーブス誌、ニューヨーク・タイムズ紙、ハフィントン・ポスト紙など全米各紙誌で絶賛され、世界の革新的・創造的なビジネスリーダー、企業に圧倒的な影響を与え続けている。

原題を直訳すれば、「より美しい質問――突破力のある思考に火をつける探求力」ということになる。日本では「質問力」あるいは「問う力」というと、「人」を対象にして「相手から何かを引き出す力」という印象を持たれやすい。

ところが本書で「質問」や「疑問」、「問い」と訳している英語の「クエスチョン」の意味はこれよりもはるかに広い。目の前に起きているありとあらゆる現象（人も含む）に対して

「なぜ?」「もし〜だったら?」「どうすれば?」と問い続けていく姿勢のことを指しているのだ。そして「イノベーションを起こすための鍵は『答え』ではなく『クエスチョン＝質問／疑問／問い』のほうにある」と断言する。

本書のキーフレーズ「なぜ?」「もし〜だったら?」「どうすれば?」とは、言い換えれば、理由を探り、仮説を立て、方法を考えることだ。しかし著者はそんな堅苦しい論理学用語(?)を使わない。もっと気軽な乗りで素直に「なぜ?」と尋ね、何の条件もつけずに「もし〜だったら?」と問い、「どうすれば?」と考えることが大事だという。一言で言えば、本書を貫くもう一つのキーワード「子ども」の目を持て、と言っているのだ。

本書では「子ども」、それも4歳ぐらいまでの好奇心旺盛な子どもたちがイノベーションの観点からいかに優れた質問をするのかが至るところに紹介されている。小さな子どもの素朴な質問に窮してしまう大人の話(第2章)、ハーバードの学生が幼稚園児に負けた話(第3章)、娘の「なぜ?」という質問がきっかけでインスタントカメラの発明に結びついた話(第3章)などのエピソードが満載だ。

にもかかわらず、と筆者は嘆く。4歳までにあれほど活発に「なぜ?」「なぜ?」を繰り返していた子どもたちは6歳になるころには口を閉ざすようになり、学校に入り学年が進むうちに先生や親から「先生だけが知っている正しい答え」を出し、それを「覚える」ことを半ば強制され、授業の進行を妨げるような質問はできない雰囲気の中ですごすうちに、本来持っていた「なぜ?」の気持ちをなくして静かになっていく(しかも、筆者が取り上げているのはアメリカの学校なのだということをお忘れなく！）。そうして大人になったエリートたちが大企業に入り、出世競争に打ち勝ち経営者になったいま、新興企業にあっさり敗れてしまう理由を、クリステンセン教授のコメントを引きながら指摘する。「大企業の経営者たちは『問う力』を鍛えられていなかった」のだと（第4章）。

以上のように、本書は質問の重要性に始まり（第1章）、持つべき基本的な視点と背景（第2章）、ビジネス上での質問の方法や技術や訓練の仕方（第3〜4章）、そして人生における「美しい質問」とのつきあい方や心構え（第5章）までを論じた、おそらく世界初の「質問の教科書」ではないだろうか。

「自分が子どものような気分になって考えてみよう」「『ブレイン・ストーミング』ならぬ『クエスチョン・ストーミング』をやってみよう」「『ミッション・ステートメント』ではなく『ミッション・クエスチョン』をつくってみよう」など、読者がその気になればいますぐにでも始められる具体的な実践方法も紹介されている本書を読めば、あなたも今日からイノベーターへの一歩を踏み出せること請け合いである。

最後に、お礼を。まず、素晴らしい原書をご紹介いただいた株式会社ニューズピックスの常盤亜由子さん、文字通りの拙訳に適確なコメントと励ましをいただいたばかりか、実務翻訳の仕事に追われなかなか原稿が上がらなかった私を辛抱強くお待ちくださったダイヤモンド社編集部の三浦岳さん、そして私の健康に気を遣いながら日々の生活を支え続けてくれた妻暁子に心から感謝したい。ありがとうございました。

＊本書に未収録の原注は、以下のURLよりPDFファイルをダウンロードできます。
http://www.diamond.co.jp/go/pb/question_notes.pdf

［著者］
ウォーレン・バーガー（Warren Berger）
デザイン思考、イノベーションといった領域に強みを持つジャーナリスト。ハーバード・ビジネス・レビュー誌、ワイヤード誌、ファスト・カンパニー誌などに寄稿多数。世界中の何百ものトップイノベーター、起業家、クリエイティブシンカーらに、彼らがどのように疑問を抱き、質問を重ね、独創的なアイデアをつかみ、問題解決しているかを取材。本書は年間ベスト５（IDEO社長兼CEOティム・ブラウン選出）、クリエイティブリーダーへのベストブック、思想的リーダーのためのベスト５（ジェフリー・デイヴィス選出）などに選ばれた他、ニューヨーク・タイムズ紙他全米各紙誌で絶賛を受け、世界中で刊行。世界の革新的・創造的なビジネスリーダー、企業に大きな影響を与えている。

［訳者］
鈴木立哉（すずき・たつや）
一橋大学社会学部卒業。コロンビア大学ビジネススクール修了（MBA）。野村証券勤務などを経て2002年から翻訳業。訳書に『世界でいちばん大切にしたい会社』（翔泳社）、『ブレイクアウトネーションズ』（ハヤカワ・ノンフィクション文庫）など。

Q思考
――シンプルな問いで本質をつかむ思考法

2016年６月23日　第１刷発行
2024年４月19日　第５刷発行

著　者――ウォーレン・バーガー
訳　者――鈴木立哉
発行所――ダイヤモンド社
〒150-8409　東京都渋谷区神宮前6-12-17
https://www.diamond.co.jp/
電話／03･5778･7233（編集）　03･5778･7240（販売）

装丁――水戸部功
本文デザイン・DTP――matt's work
校正――円水社
製作進行――ダイヤモンド・グラフィック社
印刷――堀内印刷所（本文）・新藤慶昌堂（カバー）
製本――ブックアート
編集担当――三浦岳

©2016 Tatsuya Suzuki
ISBN 978-4-478-02342-6
落丁・乱丁本はお手数ですが小社営業局宛にお送りください。送料小社負担にてお取替えいたします。但し、古書店で購入されたものについてはお取替えできません。
無断転載・複製を禁ず
Printed in Japan